Hilo de Aracne

Áurea María Sotomayor

Hilo de Aracne
Literatura puertorriqueña hoy

EDITORIAL DE LA UNIVERSIDAD
DE PUERTO RICO

Primera edición, 1995

© 1995 Universidad de Puerto Rico

Catalogación de la Biblioteca del Congreso
Library of Congress Cataloging-in-Publication Data

Sotomayor, Áurea María, 1951-
    Hilo de Aracne : literatura puertorriqueña hoy /Áurea María
Sotomayor. — 1. ed.
    p.   cm.
    ISBN 0-8477-0211-1
    1. Puerto Rican literature—20th century—History and criticism
2. Feminism and criticism 3. Critical approaches 4. Poetry and women
writers
    I. Title.
PQ7428.S68 1994
860.9'97295—dc.20   64-22770
                                                        CIP

Portada: Wanda Torres
Tipografía: Héctor R. Pérez

Impreso en los Estados Unidos de América
Manufactured in the United States of America

EDITORIAL DE LA UNIVERSIDAD DE PUERTO RICO
PO Box 23322
San Juan, Puerto Rico 0031-3322

Administración: Tel. (809) 250-0435, FAX (809) 753-9116
Dpto. de Ventas: Tel. (809) 758-8345, FAX (809) 751-8785

A mi mamá, Flor Miletti.
A la memoria de mi Tata.

A mis profesoras:
Carla Cordua
✝ Consuelo Lee Tapia de Corretjer
Jean Franco
✝ Nilita Vientós Gastón

CONTENIDO

This need is like the spider's need who carries before
her a huge burden of silk which she must spin out
—the silk is her life, her home, her safety —her food
and drink too—and if it is attacked or pulled down,
why, what can she do but make more, spin afresh,
design anew—you will say she is patient —so she is
—she may also be savage—it is her nature —she must
—or die of surfeit—do you understand me?

Christabel LaMotte en
Possession, de A.S. Byatt

PREFACIO

Este libro resume una trayectoria que abarca aproximadamente doce años, desde mi regreso a Puerto Rico en el año 1980 hasta el verano de 1992. Es posible leer en él mis preocupaciones como poeta y como crítica, varios gestos asumidos por mi escritura respecto a diversas polémicas. Sostuvo esta madeja de escritos la necesidad de incorporarme al quehacer cultural de mi país, ilusa como era entonces con la posibilidad de producir cambios, por ejemplo, en la actividad crítica. Me preocupó la ausencia de crítica sobre literatura puertorriqueña contemporánea, me preocuparon el insularismo, el dogmatismo político, cultural, académico y anti-académico. Entre los temas reiterados que desenvuelve el mismo hilo figuran la crítica literaria en Puerto Rico, la crítica de poesía y narrativa sobre generaciones recientes, el erotismo, el cuerpo y la mirada, la mujer como productora literaria y como tema.

Divido el libro en dos gestos diversos, dos ejercicios que comete la aguja: la hebra o el hilo solitario que se desplaza sobre un texto contiene las reseñas escritas durante varios años en el periódico *El Mundo* y en la revista *Reintegro*. Pretenden ser recensiones de una "atleta", apasionada y parcial. Las redes la constituyen artículos de mayor extensión publicados en revistas como *Postdata* o libros, así como conferencias que ofrecí sobre literatura puertorriqueña contemporánea que versan varios temas: el discurso político albizuista, la escritura y la mirada, el acto interpretativo mismo. Entre los autores puertorriqueños figura como protagónica la generación poética y narrativa de los setenta.

El buen lector hallará también en este libro ejercicios de interpretación en torno al cuerpo, la memoria, el erotismo, la poesía, la crítica, la mujer y, además, la urgencia de una crítica creativa que intenta ordenar un diálogo en torno a los últimos veinticinco años de nuestra historia literaria. Entre la hebra y la red se desplaza el movimiento constante de Aracne quien, ajena al reto de Minerva, convierte su narrración en flecha viva con la cual pretende cifrar las huellas y gestos suyos y de una generación de escritores. Espero no haya sido vano combate.

A.M.S.

REDES

Hilo de Aracne

Un lago tan transparente, Alejandra, que en sus aguas, al mirarme, pude ver a un poeta con una corona de laureles marchitos que blandía tristemente una espada en la mano, y pude ver a un pastor torpe que dejaba perder a las ovejas, mientras hacía versos, y vi —en las transparentes aguas del lago vi— a un guerrero sonámbulo que contaba ovejas, a la luz de las hogueras. Y los poemas se perdieron en el agua, y la espada enmoheció, y las ovejas huyeron a la montaña. Un poeta de aguas tristes, un pastor sonámbulo, un guerrero que persigue ovejas. No tan guerrero, Alejandra, como para dejar de ser poeta, como para destruirte. Esta es la melancólica historia de los falsos pastores, de los poetas tristes, de los guerreros que pierden las guerras.

Cristina Peri-Rossi

Soy el producto de esa mirada maldita que Minerva arrojó sobre mí. Su envidia la sobrecogió de tal forma que no tuvo la mesura de guardar silencio. Por eso su condena será ser mi revés y, mi castigo, este deslizamiento continuo tejiendo el tapiz de su vergüenza. Mi victoria es este tejido en que ella se abisma a mirar su impotencia, esta lectura que la forzaré a hacer en el límite de su desatino de no querer leerme.

✛ ✛ ✛

Atravesando la superficie que provee el lenguaje, las palabras se bifurcan como útiles. Útiles para el saber y el tanteo, para el deseo y sus contiendas. Para el estremecimiento y el desgarre. Palabras, hilos, madejas, que testimonian la fuerza y, sobre todo, la sobrevivencia. Nadie puede asegurar su sentido, nadie puede aherrojar su sentido. Son. Su levedad las cierne sobre los impostores que pretenden asignarle un sentido: sistematizarlas, jerarquizarlas, quebrarlas. Quien le asigne propiedad a las palabras y lo que se dice con ellas desconoce su música y su fuerza. Tejiendo este tapiz voy agotando mi fuerza, pero en él ella podrá leerse.

✢ ✢ ✢

de Ariadne no. No es este el hilo de la búsqueda, del encuentro y la reconciliación. Es más bien el vestigio de la transformación, la pugna desigual y la batalla perdida. No es tampoco el femenino tejido domesticado en el calor del hogar. Es sobre todo una secuencia de nudos, una narrativa de la desilusión. de Aracne sí, la abocada a la presa. La abocada por el poder de Minerva a ocultarse tras el ropaje del animal. Su "victoria": el tejido, la sucesión de una escritura empedernida y salvaje. La escritura es este periplo desde donde me desdoblo. Este espacio sagrado donde se pugna.

✢ ✢ ✢

El objeto existe en la medida en que se palpa, se reconoce, se sufre, se mira, se reflexiona, se convierte uno mismo en objeto. No hay quehacer crítico que no se abisme en su propio movimiento, abismal movimiento hacia el límite de su propio hilo y de su propia red.

✢ ✢ ✢

"En la lucha esencial –dice Martin Heidegger–, los contendientes se suplantan uno a otro en la autoafirmación de su esencia." "La lucha es la convicción íntima que tienen los contendientes en pertenecerse."

✢ ✢ ✢

El gesto profano y sublime de Aracne, una tejedora convertida en araña por el poder. Pero ser Aracne es situarme sobre mi tapiz, mi autosuficiente circunstancia; allí tejo historias menos sagradas; desacralizadoras, y las teje mi voz. Lo que veo es mi distancia, mi tristeza sagrada recorriendo otras miradas depositadas en el fondo de unas páginas, otra tristeza sumida en el abismo de sus relatos, otro tejido que al llamarme imita mi voz y me seduce. Mi distancia en ese tapiz es el secreto de mi fuerza y es a su vez la tragedia de mi escritura. Mi distancia es esa confidencia que reposa fuera, es saber quién soy en el vértigo infinito de las respuestas.

✝ ✝ ✝

La crítica es un ejercicio de puro deseo donde atrapo tus palabras; las desdoblo, pulo sus bordes, deshago sus junturas y me siento las tuyas y las mías para que conversen. Esta segregación en el límite de un roce impensable genera otro texto, puro devenir de la lectura, de la mirada.

✝ ✝ ✝

de Ariadne, quien provee el mecanismo de la salida, existe una visión triunfal. Aracne también maneja hilos, pero está sumida en el fondo de su tejido, destinada por otros al siniestro papel de atrapar víctimas demasiado frágiles. Minerva la castigó por aventajarla, demarcó su territorio. Mas el castigo se tornó en su castigo. No la venció. Su cara luminosa emerge cuando el tapiz produce una presa. No por su capacidad para generar víctimas es el tejido productivo, sino porque el tejido en movimiento vertiginoso no se agota jamás, la fuerza se esparce sobre la superficie visible de ese armazón que trasciende su cuerpo y es extensión de su cuerpo: la red. El radio de su esperanza difiere del de Ariadne, que es pura extensión hacia otro mundo. Aracne es la estratega vencida que entre soplos de luz y tácticas de seda trabaja en el radio limitado de su esperanza que es su tejido, la red vertiginosa que cose, su poética. La presa capturada se torna crisálida, inmovilizada bajo sus patas comienza a ser devorada suavemente por el fervoroso ademán de la lectura. Estos hilos entonces son el pasaje hacia la transformación de la crisálida, su entrada triunfal hacia la muerte, o la vida eterna. Ese será su devenir y el mío. Esa cautiva morada. Mi lenguaje se desdobla en virtud de ese deseo de alcanzar la presa que lo fuerza a segregar un líquido que lo convierte en seda.

✛ ✛ ✛

Desde el borde de ambos lenguajes se desplazan algunos de los hilos y redes de este tejido. Desde el abismo de la red se bifurcan, se divierten, se extravían los sentidos y los caminos, que más bien son sendas perdidas de la palabra poética. La obsesión de mirar la presa y de hacerle su casa me ha tornado en presa que construye su casa desde el lado luminoso del estupor de la predadora que se sabe presa. Los ojos de la presa han capturado mi desplazamiento posible. No puedo objetivarte porque no puedo salir de la red que traza el destino de mis palabras. Pero la inclinación fascinada ante ese espejo no cifra mi muerte sino que asegura mi transformación. Desde la poesía me abismo en el desdoblamiento de mi palabra que sin quebrar el espejo que artificialmente separa la superficie de los sueños o los espejismos y la superficie del tiempo que no cesa de atravesar espacios, devana posibles respuestas desde ambas esferas de la posibilidad. No sé en cual de ambos reinos me atrapan las circunstancias. En el tapiz o en el tamiz. "Vivo de mí misma, de mi propia creencia en mí, aunque tal vez la afirmación de que vivo no sea más que uno de tantos prejuicios" (Nietzsche).

✛ ✛ ✛

El tapiz que sostengo cóntiene varias historias tramadas sobre el límite de mis preferencias. El reto sacraliza su movimiento. Está lanzado al ruedo el desafío y el duelo. Imposible discernir qué convierte este espacio ocupado por mi gesto homicida en espacio sagrado. Los hilos con que coso las redes o los paisajes que las hebras construyen. Fingir la armonía en nuestra contienda sería renunciar a la batalla. La primera persona que se va construyendo a lo largo del tejido pretende desplazar nudos e inventar colores nuevos. En un momento éste fue el tapiz prohibido, silenciado por el poder, el tiempo perdido devanado en historias demasiado presentes. Esta proximidad mía a este tapiz que es mi distancia, este ser parte de las figuras representadas, le imprime sentido a este testimonio, a esta tinta desdoblada desde su reverso, marcada por su exceso, parcializada por su amor.

(Agosto de 1993)

LAS RAZONES DE LA CRÍTICA: MANDARINES Y ATLETAS EN LA REPÚBLICA DE LAS LETRAS

Un buen amigo, cuyo nombre reservo por aquello de ser cauta y discreta, me sugirió que participara en este foro donde se comentaría el estado actual de la crítica literaria en Puerto Rico. Su esposa y otros candorosamente me comentaron que "querían pasarme la papa caliente". Aun reconociendo lo delicado de la tarea y las elusiones en que a veces se incurre al abordar fenómenos como el que nos retiene en la discusión de esta noche,[1] acepté la invitación porque el proceso de retener "la papa" entre mis manos no lo sufro. El proceso, que consiste en "pasar la papa" es un juego (una metáfora, más bien); por lo cual esta noche me propongo continuar pasándola en una especie de carrera de relevo en la cual sólo espero que la crítica literaria puertorriqueña obtenga la victoria. Propongo, pues, perpetuar el proceso, no obstante la importancia que posee la diferencia de los gestos de quienes sostengan la "papa" en momentos específicos. El método consiste en pasar la papa al público y a los demás deponentes; mi única expectativa: el que la papa nos queme las manos a todos. La forma en que la sostengamos determinará quién es quién: *vanagloria de mandarín o sobrevivencia de atleta.*

---

[1] Ponencia leída en noviembre de 1983 en la Casa Aboy, como parte de un ciclo de conferencias auspiciadas por el PEN Club de Puerto Rico. El foro se tituló "Situación de la crítica literaria en Puerto Rico". Fue posteriormente publicado en la revista *Cupey* 2,2 (1985): 81-90, y una versión abreviada del ensayo se incluyó en *Claridad*, 11-17 de octubre de 1985, pp. 18-19.

Se dice que vivimos en la época de la crítica. Se afirma, además, que presenciamos una crisis de la crítica a nivel internacional.[2] Así lo confirma la coexistencia, no tan pacífica, de varias
escuelas como el *new criticism* norteamericano, el formalismo
ruso, el estructuralismo francés, el estructuralismo genético gold-
manniano, el *reader-approach theory*, la semiótica, el deconstruccio-
nismo derridiano, etc. Huelga indicar que toda crisis augura un
tiempo fructífero si es que conduce a soluciones no vislumbradas
y, más aún, a cuestionamientos insospechados. No obstante, antes de plantear el problema de la crisis crítica que presenciamos
en Puerto Rico, veamos qué es crítica, qué es explicación, qué es
interpretación, cuáles son las convenciones del sub-género que lla-
mamos "ensayo de crítica literaria", cuáles las expectativas del escritor comentado, cuáles las del público que lee.

Mi respuesta a qué es un crítico, tendenciosa como lo es, la
reservo para más adelante. En esta primera parte sólo describiré
lo que se llama crítica literaria en nuestro país. Consideraré, pues,
tres aspectos de fundamental importancia pertinentes a toda comunicación: el emisor, el destinatario y el canal utilizado para
expresarse. El crítico literario puede comunicarse mediante el
libro (ya sea sobre un autor o un tema), la revista (de difusión
abarcadora o limitada) y la recensión breve en los diarios.[3]
El ensayo de crítica literaria parte obligatoriamente de un texto

---

[2] Es abundante la bibliografía sobre el tema. Consúltense *Criticism in the Wilderness*,
de G. Hartmann (New Haven: Yale University Press, 1980), *The Interests of Criticism*, de
H. Adams, (New York: Harcourt Brace, 1969), *Les critiques littéraires*, de B. Pivot (Paris:
Flammarion, 1968), *Pour une théorie de la production littéraire*, de Pierre Macherey (Paris:
Masperó, 1966), *Crítica y verdad*, de R. Barthes (Buenos Aires: Siglo XXI, 1972), "Critical
Factions/Critical Fictions", de Josué Harari en *Textual Strategies* (Ithaca: Cornell Univer-
sity Press, 1979) 17-72, y el excelente libro de Stanley Fish, *Is There a Text in This Class?
The Authority of Interpretive Communities* (Cambridge: Harvard University Press, 1980).

[3] Ya el género del ensayo fue discutido en un foro anterior por Marta Aponte Alsina,
José Ferrer Canales y Manuel Maldonado Denis. Las historias de la literatura más co-
nocidas en nuestro medio son la de Francisco Manrique Cabrera, *Historia de la literatura puertorriqueña* y el ingente trabajo mucho más reciente de Josefina Rivera de Álvarez,
Literatura puertorriqueña, su proceso en el tiempo (Madrid: Partenón, 1983).

que es su "fuente". El medio utilizado por el crítico, a saber, el libro, la revista o el diario, marcará su discurso y demarcará el posible ámbito de su acción; configura el estilo, el tono, la extensión del discurso. El medio impone límites en la hechura porque, dependiendo de estas variables y circunstancias y así también del destinatario al que se orienta, se deforma y transforma el estilo del emisor. En el aspecto ideológico, el emisor adoptará una postura unívoca, marcada por su formación, sus métodos y sus objetivos. Puede contemplar su papel como la de un experto en dilucidar problemas de tipo estrictamente teórico y técnico, puede trazarse un proyecto difusivo entre diversos estratos sociales, puede columbrar y rumiar una poética futura entre paréntesis, podría bordar su biografía leyendo entre los otros, podría dinamitar y dinamizar todas las variaciones simultáneamente. En consonancia, su lector será el académico, el erudito, el lector medio, el soñador, el inventor de la quinta pata del cuadrúpedo, el decepcionado. Son portentosos, aunque invisibles, sutiles y, a veces, nefastos, los lazos existentes entre un crítico literario y su público.

El libro de crítica necesita de un público especializado y rigurosamente académico, por lo que su radio de acción es la institución y su lector, escaso: supone la existencia de un universitario, ya sea un profesor o un ex-estudiante de literatura que, ya ajeno al campus, no se sienta agotado por la experiencia literaria. A modo de paréntesis, es preciso advertir que en Puerto Rico no existen casas editoriales que aspiren a un público más abarcador y/o diferente, con unas expectativas menos estrechas de lo aceptable como literatura y de lo creíble como crítica literaria. El único intento plausible ha sido el de la Editorial Huracán con la publicación del libro de Edgardo Rodríguez Juliá, *Las tribulaciones de Jonás*. No creo que el intento, consciente o inconsciente, de apelar a otro tipo de público se logre en *El entierro de Cortijo*, del autor ya citado, o en *Papo Impala está quita'o*, de Juan Antonio Ramos.[4] En cuanto a crítica literaria reciente, merecen mencionarse

---

[4] No considero que *El entierro de Cortijo* o *Papo Impala...*, cumplan, más allá de sus respectivos títulos, con el propósito de apelar a un lector diferente, si es que éste es su

dos títulos: *El almuerzo en la hierba,* de Arcadio Díaz Quiñones[5]
y *Para leer en puertorriqueño,* de Efraín Barradas.[6] Ambos libros
son recopilaciones de ensayos publicados previamente por cada
uno de los autores en la revista *Sin nombre* o en otras revistas de
perfil académico. Es necesario advertir, además, que los escritores discutidos por ambos críticos, a saber, Luis Palés Matos, Luis
Lloréns Torres, René Marqués, son los escritores puertorriqueños
en quienes se ha centrado mayormente la crítica o, en el caso de
Luis Rafael Sánchez, un escritor relativamente joven ya reconocido internacionalmente.

Consideremos la crítica literaria publicada en revistas. Estas
pueden ser de factura académica (*La Torre, Revista del Instituto de
Cultura Puertorriqueña, Sin nombre*) o revistas fundadas al margen
de la academia, por ser órganos de difusión de grupos generacionales específicos. Ejemplo de ello son las revistas *Guajana, Mester,
Palestra, Versiones,* todas identificables con la producción de los
sesenta, o *Penélope y el nuevo mundo, Zona de carga y descarga* y *Reintegro,* revistas de tipo híbrido, ya sea por la procedencia de sus
integrantes y colaboradores como por el proyecto literario que
vislumbran. En estas últimas, más que en las revistas paralelas de
la generación anterior, se tiende a establecer un mayor equilibrio
entre el material creativo y el crítico, y, si bien el ensayo de crítica literaria publicado en ellas se caracteriza por la agilidad de la
expresión erudita, su rigor intelectual iguala al de muchas revistas latinoamericanas reconocidas. Desgraciadamente, a menos que
nos demos a una tarea de compilación sistemática de los artículos publicados, muchos de ellos corren el riesgo de depositarse en
el basurero del olvido. No hay escrito efímero cuando se intenta
trazar la historia literaria del país. Para evaluar "científicamente"
estos fenómenos, debemos rescatar lo que erróneamente se ha

---

objetivo. Aunque el habla que se recoge en parte allí es la del puertorriqueño lumpen,
no creo que los atraigan como lectores. El habla aquí es, más bien, tema. El lector sigue siendo el consabido.

[5]   *El almuerzo en la hierba* (Río Piedras: Ediciones Huracán, 1982).

[6]   *Para leer en puertorriqueño* (Río Piedras: Editorial Cultural, 1981).

denominado perecedero y marginal. En lo que al diario concierne, son dos los que se dedican consistentemente a la recensión breve o reseña: *El Mundo* y *Claridad*, y muy recientemente *El Nuevo Día* y *El Reportero*. La crítica literaria en ellos tiene como objetivo el mediar entre la obra y el lector, hacer accesible el libro a un público menos especializado y ávido de mantenerse al día.

¿Dónde, entonces, el crítico que se arriesgue a comentar nuestra producción más reciente desde una perspectiva totalizadora? *¿Dónde el crítico que desee hacer un análisis exhaustivo de nuestra producción actual sin que lo arredre el temor de estar "perdiendo el tiempo"?* Demasiado frecuentemente, la desidia hacia lo recién publicado se justifica con un delegar al transcurso del tiempo la apreciación de una obra, como si de un vino añejado se tratase o, en el mejor de los casos, se dice que estamos muy cerca del texto y de su autor para emitir un juicio sobre la obra. Estas excusas constituyen una manera sutil, pero igualmente eficaz, de escamotear nuestra realidad literaria contemporánea, de eludir el enfrentamiento con una obra hasta ahora desconocida, de evitar herir la susceptibilidad de un amigo o de un compañero de generación. Olvidan que la misión de decir cubre todos los géneros y épocas. Soslayan el hecho de que los mejores críticos nunca han escrito con tapujos, como lo demuestran Baudelaire, T.S. Eliot, Cortázar, Oscar Wilde, José Martí. Parte de la honestidad del crítico es reconocer su medio, pasado y presente; quien lo soslaye es a medias honesto y se niega a sentar las bases del futuro. La tarea de estudiar a nuestros contemporáneos se ha convertido ya en una necesidad histórica. Quien la evada contribuye con la evasión a convertir nuestra historia literaria presente en un vacío.

Habiendo considerado el medio utilizado y sus actores, veamos en qué consiste la crisis. Hoy día padecemos de una institucionalización de la crítica en Puerto Rico. Esta se rige por una serie de convenciones hasta ahora nunca cuestionadas que inciden directa y subrepticiamente en el artículo. Esta obedece a ciertos *cánones de ética intangible*, unos supuestos "buenos modales" que impone el espacio literario, definidos éstos por la academia

y por la tradición. Las polémicas en torno a la crítica literaria no
abundan. Contamos, no obstante, con tres interesantes encontronazos, dos de ellos en la década de los setenta, durante 1972 y
1973, entre José Manuel Torres Santiago y José Emilio González
en las páginas de *Claridad* y en el primer número de la revista
Zona de carga y descarga, de la misma época. La más reciente ha
sido la sostenida entre José Ramón Meléndez y el Sr. Pierantoni
durante 1983. En el caso de *Zona*, los agentes provocadores fueron las escritoras Rosario Ferré y Olga Nolla, a través del primer
editorial de la revista, que propone "un diálogo entre el creador
profesional y el crítico que esté al día".[7] El feroz ataque lanzado
por el equipo editorial de *Zona* contra la crítica de ese momento
tiene sus consecuencias. Se modifica la crítica porque se reempla-
zan las personas que se dedican a ella. Con esto no quiero caer
en la pose desprestigiadora que se asume contra la antigua crítica. La médula de la controversia estriba en preguntarse si es lícito criticar obras nuevas con armas viejas o pensar en la imposibilidad de la relectura. A su vez, la obra nueva exige una visión
que *cale las rupturas* que aquélla intenta perpetrar. En la medida
en que ésta se neutralice, se suprima o se encauce, se le falta el
respeto a nuestra producción literaria. La crítica debe evolucio-
nar al ritmo de aquélla, de modo que pueda establecerse un diálogo creativo y efectivo entre autor y crítico, rechazándose así
toda jerarquía. El propósito es hacer del crítico un interlocutor
válido. De ahí que, con toda razón, T.S. Eliot señalara que "cada
generación trae consigo sus propias categorías de apreciación,
formula sus propias exigencias y tiene usos propios para el arte".[8]

Hasta la década de los sesenta, nuestra crítica se limitó a ser
de tipo formal o temática. Y cuando digo formal quiero decir,
estilística. Adolecía de una actitud aquiescente y su objeto era el
autor reconocido. Arcadio Díaz Quiñones puntualizaba la falta

---

[7] *Zona de carga y descarga*, 1.1 (septiembre-octubre de 1972):2.

[8] "The Frontiers of Criticism", en *Poetry and Poets* (New York: Noonday Press, 1974)
112-131.

de apertura a nuevas corrientes críticas y aludía a una "negligen-
cia a estudiar la literatura antillana", por ejemplo.[9] Es de enco-
miar, no obstante, que en su momento, Palés tuvo una Margot
Arce y la producción principal de las décadas de los cuarenta y
de los cincuenta tuvo una *Asomante*; es decir, hubo una crítica que
reaccionó simultáneamente a una producción. Hoy, el problema
estriba en una visible incapacidad de síntesis, en la carencia de
obras teórico-críticas, en la necesidad que existe de una *poética
nuestra*, no importada. Presenciamos una avalancha de crítica
impresionante. Los ex-estudiantes universitarios del recinto riopedrense regresan de Estados Unidos o de Europa, transformados
en profesores, inundando el país y trayendo consigo sus libros y
su jerga. A veces se trata de la importación indiscriminada de
métodos y técnicas totalmente desarticuladas con relación a la
realidad socio-económica del país; otras, de una falta de imaginación para adecuarlas al país. El discurso crítico, para serlo, necesita cuestionarse su objetivo, necesita plantearse que opera en una
circunstancia concreta. Como señala José Martí, respecto al fenómeno de educarse en el extranjero: "al árbol deportado se le ha
de conservar el jugo nativo, para que a la vuelta a su rincón pueda echar raíces".

¿De dónde, entonces, proviene el conflicto? Una de las
mayores dificultades con que se enfrenta el crítico son las expectativas del autor respecto a la crítica futura de su obra. Otra es la
visión tergiversada que tiene el lector medio sobre la crítica literaria. Ambos —el escritor y el lector medio— parten de un mismo
error: aún se padece de la idea romántica que identifica al escritor
con Dios. ¿Cuáles son las expectativas erróneas que se han formado sobre la crítica literaria en nuestro país? En primer lugar, que
el crítico sea un mediador, y, en segundo lugar, que
el crítico deba regirse por un código. Pero este código se traduce
como obediencia ciega a unos *criterios normativos y represivos
preestablecidos por la academia, perpetuados por la tradición* e

---

[9] *Zona de carga y descarga*, n. 2.

inculcados al lector. La represión, pues, es evidente. El crítico es una especie de sufridor ejemplar si se somete a las expectativas sentadas por la tradición. Esas expectativas, que se transforman en represión (autorepresión, en muchos casos), generan un discurso reprimido y represivo por parte del crítico que se aviene a ellas. El *juicio personal se suprime* o, en el peor de los casos, no se sostiene racionalmente. *La innovación se censura.* Al respecto, no podemos soslayar que la mayor parte de la crítica es consumida por escritores, críticos, estudiantes y miembros de juntas editoriales. Es decir, lectores hechos.

Pero, ¿dónde el otro lector? En un interesante ensayo, Antonio Gramsci señala que a un lector puede considerársele desde dos puntos de vista: como elemento ideológico y filosóficamente transformable; y como elemento económico capaz de adquirir publicaciones.[10] En Puerto Rico, el lector de crítica ha sido educado a esperar leer una crítica halagüeña. De este modo, se le coarta la transformación que postula Gramsci. Lo contrario ocurriría si, para comenzar, el crítico asumiera una postura más abierta hacia la obra, incitando así a que el lector aprendiera a leer y evaluar un texto. En cuanto al lector como ente económico, el sistema mismo impide que las editoriales varíen las estrategias de venta, perpetuándose así el costo prohibitivo de los libros y, a su vez, inhibiendo la creación de un nuevo público lector. Se sufre, además, de *tres vicios: el modelo importado, el temor y el amiguismo.* Quien realmente configura el enunciado del discurso crítico es la expectativa de un cierto tipo de lector. En la medida en que el crítico, consciente o inconscientemente, continúe adhiriéndose a *la etiqueta del "buen decir" crítico* (un tono pedantesco, una fingida objetividad, una neutralidad en la valoración, un formato esclerotizante), y tema emitir un juicio adverso sobre un escritor reconocido, hay represión. El discurso crítico literario sobrevive con esta rémora: el lector.

---

10 "Periodismo", de Antonio Gramsci. En *Cultura y literatura* (Barcelona: Editorial Península, 1977) 85-129.

¿Cuál es la situación de la crítica en Puerto Rico? Comienzo por lo que algunos calificarán de ventajoso y, otros, de limitante. Soy una escritora que, pese a mi preparación académica (que algunos tildarán de exquisita y elitista), prefiero ubicarme del lado del atletismo crítico y alejarme de las galas opulentas y las fragancias exóticas con que se acicala el mandarín. Entiéndase por *mandarín* un tipo de crítico, y por ende, de crítica que elude la valoración del texto, que se ejercita exclusivamente en la descripción, en la esclerótica y falsa objetividad que se cubre de ciencia, en el epidérmico y epidémico argot crítico que se justifica tautológicamente sobre su propio argot, la que se arrima a los valores imperecederos del escritor reconocido, la que tiembla ante el riesgo. A su lector lo seducen los nombres, los exotismos, las enumeraciones, los organigramas, las conclusiones bien hechas. Es un discurso puesto al servicio del poder, provenga éste de la academia, de la editorial o de la revista. Y es sostenido por *el statu quo de nuestra república de las letras,* los pactos de silencio ante obras difíciles, deficientes o "no representativas", o por el encomio desmedido. El discurso crítico literario, para ser crítico, necesita liberarse urgentemente del miedo al riesgo, del conformismo descripcionista, de la abstracción ornamentada, del mutismo ante la valoración, del retorno *ad infinitum* a los escritores consagrados. Nuestra crítica debe dejar de ser una crítica *aquiescente, ancilar y comedida.* Y digo *aquiescente* porque pocas veces se acerca al texto para cuestionarlo, sino para confirmarlo, ya sea vía la paráfrasis o movido por la simpatía y la compasión hacia ese incipiente y sempiterno "joven" escritor. *Ancilar,* porque depende del nombre del otro (el escritor o escritora de renombre) para validar su propio nombre. Y *comedida,* porque la mejor arma del que carece de opiniones propias es el ser cauto en la aproximación y sensato en el halago. Es triste que lo único que pueda comentarse de un joven escritor o escritora sea su semejanza con el canon.

Uso la palabra *atleta* para describir al otro crítico, al que no se asume como mandarín. La competencia literaria del atleta es similar a la del mandarín, pero sus objetivos son otros y su actitud ante la vida, otra también. Es temerario, reconoce y acepta el valor de emocionarse ante un texto, no rehúye su valoración, admite y reconoce que su mayor objetivo es persuadir, y modificar una realidad dada, todo esto unido a una extraordinaria capacidad para el análisis riguroso y la síntesis. Alfonso Reyes exhibe su retrato al señalar que es el "que une la emoción al conocimiento y al juicio".[11] Stanley Fish lo describe como "no simplemente un jugador en el juego, sino uno que hace y deshace sus reglas".[12] Susan Sontag llega a proponer que "en lugar de una hermenéutica, necesitamos un erotismo del arte".[13] Yo abogo por un *atleta* que *ame el ejercicio de escribir* e *invente nuevas calistenias* para suplir las limitaciones a que se sujeta nuestro quehacer, que mantenga su habilidad de exégesis al día y que la ejercitación constante y disciplinada lo convierta en artista. ¿Quién, entonces, podría negarle a tal atleta el arte de la coordinación perfecta? Si el insigne escritor argentino, Macedonio Fernández, soñaba con un lector-artista, es muy poco urgir de mi parte la existencia de un crítico-artista.

La crítica se desempeña, en ocasiones, como un aparato policial. Puede ser y es represiva, pues es desde ella desde donde se ejerce el poder y se supervisa la creación. Posee o cree poseer una visión superior sobre las cosas y castiga a los que no concurren con ella. El crítico ejerce su poder mediante la palabra escrita. La labor de supervisión la hace desde el espacio prestigiado de la academia o desde el menos privilegiado del diario o la revista. Todos tratan de conformar y crear opiniones. Cada cual posee su específico radio de acción, pero todos colaboran en esa especie de trueque —que a veces adquiere la forma del chantaje— que es la crítica. Los tentáculos del poder colaboran entre sí. Mutuamente

---

[11] "Aristarco o anatomía de la crítica", de Alfonso Reyes. En *La experiencia literaria* (Buenos Aires: Editorial Losada, 1952) 82-92.

[12] "Demonstrarion vs. Persuasion: Two Models of Critical Activity", en *Is There a Text in This Class?*, de Stanley Fish (Cambridge: Harvard University Press, 1980) 356-371.

[13] En "Contra la interpretación", en el libro del mismo título, *Contra la interpretación*, de Susan Sontag (Barcelona: Editorial Seix Barral, 1969) 11-24.

se extorsionan y se distorsionan. El poder de la crítica depende del espacio del cual parte: la torre del conocimiento, la academia, o el diario. Pero el poder es aparente y efímero. Por ejemplo, en cuanto cuestiona (y no confirma) la obra (digamos, la de un escritor reconocido), cesa su autoridad y se coloca en entredicho a sí mismo. Lo "verosímil crítico" al que alude Roland Barthes ("que no contradiga ninguna de las autoridades, que corresponda a lo que el público cree posible, que elija el código de la letra")[14] permea nuestra sociedad. Todavía se parte de la falsa suposición de que la labor crítica se subordina a la creativa. Cuestionar al creador representa, para cierto tipo de lectores, la inmoral abolición (supresión) del otro. El discurso crítico se ve condenado entonces a crear una relación causal mediante la cual el texto es causa y la crítica sirve como medio para crear un efecto (un dulce efecto de venta, de solidaridad, de aquiescencia). Rendida esta función, su existencia se torna fatalmente parasitaria. Según el mandarín, la crítica debe ser lo más higiénica posible. Pero reflexionada dicha aserción por el atleta crítico, esa higiene es inmoral, es la signada por una falta de compromiso, y es la henchida de neutralidad. Considero que, en la medida en que el crítico piense que sólo puede dominar si es dominado, su resistencia ante el *statu quo* crítico será mínima. Desde el momento en que se propone dominar ya se ha silenciado a sí mismo. Las siguientes podrían ser las palabras del mandarín: es la autoridad del poder creativo la que otorga reconocimiento a la actividad crítica. La fuente del poder es la obra, es su autor. El texto es autoría, producción reconocida; el discurso crítico es sólo actividad abocada a merodear el texto. Debe estar sumamente controlado y determinado por su materia prima, circunscrita a un enunciado que históricamente lo precede y que no es lícito trascender ni superar. "Los orígenes son incuestionables", sería el credo del mandarín.

Ante la visión del crítico como mediador que, en mi opinión,

---

14 *Crítica y verdad* (Buenos Aires: Editorial Siglo XXI, 1972).

conlleva la visión del crítico como sufridor ejemplar, propongo
la del crítico como provocador ejemplar, como un productor más
que dialogue y cuestione la obra. *Necesitamos una crítica creativa,
que trascienda los límites del género, que linde con el ensayo y la poesía.*
Más que postular una apertura a escuelas críticas diversas, etapa
ya superada en nuestras letras, debe postularse una apertura del
género crítico mismo. En 1964, Susan Sontag decía que existían
dos estilos en la interpretación: "el antiguo ('insistente, pero res-
petuoso') y el moderno, al que lo dirige una agresividad abierta;
determinada esta agresividad por el modo mismo de la crítica,
que consiste en excavar, destruir, descubrir lo que hay detrás".[15]
Es hora de que esa agresividad abierta sea dirigida por una ética.

Mi propósito aquí es incorporar estas propuestas a la praxis,
lograr que desemboquen en nuestra vida literaria de forma más
fructífera. Propuestas, entre otras, serían: abandonar la tradición
de la crítica aquiescente, que el trabajo crítico deje de ser exclusivamente referencial, *que el crítico reclame un espacio suyo y un diálogo no jerarquizado con el texto*, considerándose a sí mismo como
productor, que se abandonen las prácticas viciosas tales como la
descripción a secas, la neutralidad y el amiguismo, que se comien-
ce a hacer una crítica ponderada de la crítica misma, que se creen
en los departamentos de literatura talleres de crítica sobre textos
recientes o desconocidos.

Señalaba Jean Cocteau sobre el artista, que el ser humano es
un inválido prisionero de sus dimensiones, y que es a través de
su obra como intenta escapar del presidio en que se halla: "Es lo
que les vale un aire sospechoso de presidiario que se evade, aire
que explica por qué la sociedad lanza tras ellos su policía, sus sil-
batos y sus mastines". Lo que nos dice Cocteau del artista también puede decirse del crítico. ¿Cuándo las palabras nos valdrán
el rechazo de los mandarines y del poder que los sostiene? ¿Cuándo, junto a las obras y los poemas que escribimos, junto al ensayo,
junto a la opinión, nos enviarán sus perros de presa tras las

---

[15] "Contra la interpretación" 15.

huellas, tan sólo con el propósito de oxigenar el rastro de aire sospechoso que se deja? El tiempo leerá en los gestos de quienes sostengan dichos perros la diferencia entre el triste perfil del mandarín y la estampa del invencible atleta.

JUAN MARTÍNEZ CAPÓ
Y LAS RAZONES DE LA CRÍTICA[1]

Quiero evocar tres nombres que revisten una gran importancia para la crítica literaria latinoamericana: Eugenio María de Hostos, Alfonso Reyes y Ángel Rama. Vincula Hostos la actividad crítica a la moral y equipara las figuras del crítico y del juez en los respectivos ámbitos de la literatura y del derecho porque el objetivo de ambas disciplinas, según él, es hacer justicia; justicia que se cimenta sobre los valores particulares del enjuiciador, quien determinará cuál es el bien y cuál, la verdad. Esta filiación que, por vía del juicio, se establece entre la crítica y la moral la expresa Hostos al señalar que "la crítica es una ciencia-arte consagrada a reencaminar el juicio, está enlazada con la moral, cuyo fin es la práctica del bien".[2] Son palabras de un pensador cuya vida estuvo nutrida de eticidad; mas, como fiel positivista, Hostos privilegió de la crítica el elemento "razón".

Un exquisito poeta mexicano (y lo de exquisito no deriva de la delicadeza ni de la pureza, sino de la sensibilidad), Alfonso Reyes, escribió un hermoso ensayo sobre la "criatura paradójica" o, según algunos, "la hermana bastarda" que es la crítica. Abundando, acaso desconociendo, los postulados hostosianos, Reyes afirma que la crítica opera en un espacio donde convergen "la razón" y "la razón de amor" y establece una jerarquía entre sus tres vertientes o manifestaciones, a saber: la impresión, la exégesis

---

[1] Escrito de agosto de 1986, prólogo a la publicación de la obra crítica de Martínez Capó a publicarse próximamente.

[2] "Crítica en general", en *Obras completas*, t. XI (La Habana: Cultural S.A., 1939) 7-28, en particular la p. 17.

y el juicio. Hasta que no arribamos al juicio, señala Reyes, no culmina la gestión crítica.[3] Por vía de la eticidad y del amor se aproxima Reyes a Hostos, y por vía de la noción que tiene del crítico le abre paso a Angel Rama y al crítico contemporáneo al aludir a la coexistencia de la actividad crítica y la poética. Rechaza así la dicotomía que le asignaba al crítico el triste papel de acólito:

> La Crítica es ser condicionado. La poesía es ser condicionante. Son simultáneas, pues sólo teóricamente la poesía es anterior a la crítica. Toda creación lleva infusa un arte poética, al modo que todo creador comporta consigo la creación. En Santo Tomás, sumo maestro, se admite la posibilidad de que el Universo no haya tenido un comienzo histórico, sino que coexista con Dios, de toda eternidad. Sin embargo, para acercarnos al misterio, admitimos como auxilio teórico un Día de Creación. Sigamos el símbolo: nuestro Día de la Creación se confunde con nuestro Día del Juicio. Juicio y creación, precepto y poema, van tronando juntos en el seno de la nube poética.[4]

Finalmente, entre los latinoamericanos contemporáneos, Ángel Rama reinvindica la figura del crítico al asignarle una función paralela a la del autor respecto a la existencia y el desarrollo de las literaturas nacionales: "No hay ninguna cultura que se pueda desarrollar sin una poderosa tarea ensayística y de investigación", señala él en "Sin crítica no puede haber literatura".[5]

---

[3] "Ni extraña al amor, en que naturalmente se funda, ni ajena a las técnicas de la exégesis, aunque no procede conforme a ellas porque anda y aún vuela por sí sola y ha soltado ya las andaderas del método, es la corona de la crítica. Adquiere trascendencia ética y opera como dirección del espíritu. No se enseña, no se aprende". Y más adelante, "La gracia es la gracia. Toda la emotividad en bruto y todos los grados universitarios del mundo son impotentes para hacer sentir, al que no nació para sentirlo, la belleza de este verso sencillo: *El dulce lamentar de dos pastores*". En "Aristarco o anatomía de la crítica" (90). *La experiencia literaria* (Buenos Aires: Losada, 1952) 82-92.

[4] Reyes, "Aristarco" 83-84.

[5] Entrevista a Ángel Rama por Jorge Ernesto Ayala. *Quimera*, Barcelona, 2 (diciembre de 1980): 38-42.

Exploremos aún más las tangencias. Decía Borges de Leopoldo Lugones que su poesía estaba "maculada de vanidad".[6] Bajo el signo de la vanidad, desprovista ésta de las categorías morales borgianas, y hoy reinterpretada dicha vanidad como dignidad, se desenvuelve la crítica literaria contemporánea. Saturada de las antiguas nociones sobre el modesto papel a desempeñar por la crítica, siempre sujeta al doloroso cautiverio de gravitar sobre la obra de otro, la nueva crítica soslaya el aspecto explicativo y se dedica a asediar las estructuras del discurso, las diversas alternativas interpretativas, modificando la visión del crítico al asumirse a sí mismo como un nuevo productor. Al respecto, Roland Barthes señala que la crítica es un discurso sobre otro discurso, un lenguaje segundo, razón por la que convergen en la actividad crítica dos relaciones: la del lenguaje crítico y la del autor, y la del lenguaje-objeto con el mundo.[7] Pese a la reinvindicación que éste hace de la gestión crítica, su utilización del término "segundo lenguaje" y la implícita contraposición entre el texto autorístico y el crítico,[8] remite a la obsesión con los orígenes. Reincide, pues, en el viejo esquema que identifica la sacralidad y la autoría.

Si abordamos la gestión crítica desde el punto de vista productivo explorado por Noé Jitrik en su ensayo "Producción literaria y producción social",[9] advertimos una lectura marxista de Barthes. Si éste alude al diálogo que se sostiene entre dos historias y dos subjetividades, refiriéndose con ello al autor y al crítico, y reconoce que su discurso está nutrido de su historia, Jitrik recubre el fenómeno crítico de la noción de productividad, de la recepción activa del texto y su interrelación con el consumo. Señala Noé Jitrik que "la producción crítica está dada por una

---

[6] *Leopoldo Lugones* (Buenos Aires: Pleamar, 1965) 93-94.

[7] *Essais critiques* (Paris: Editions du Seuil, 1964) 252-257, en particular la p. 255.

[8] Véase, además, su libro *Crítica y verdad* (Buenos Aires: Siglo XXI, 1972).

[9] En *Literatura y praxis en América Latina* (Caracas: Monte Ávila, 1974) 9-28. Véase también, *Pour une théorie de la production littéraire*, de Pierre Macherey (Paris: Editions Masperó, 1966).

relación de trabajo (fundada teóricamente) entre texto (como objeto), metodología (como operatoria) y finalidad (como conocimiento y transformación del mundo)".[10] Si se concibe que la escritura, incluyendo el trabajo crítico, no comienza en el primer instante de su iniciación, sino antes, en el conjunto de determinaciones que la hacen posible, determinaciones sociales, el trabajo del que escribe la ficción o el poema está tan sujeto a las determinaciones sociales como el del crítico. ¿Dónde, entonces, el origen de *toda* escritura si no es en el conjunto de determinaciones sociales e individuales?

Esa reflexión que sostiene a la crítica contemporánea maculada (o mejor, dignificada) un tanto de vanidad por la conciencia que de sí misma tiene, suscita la evocación de su reverso al advertir la actitud sobre la que se configura la obra crítica de Juan Martínez Capó. La visión casi autodespreciativa que tiene J. Martínez Capó de su labor como crítico podría atribuirse a dos razones: una, arraigada en su personalidad: su consabida modestia, y la otra, que se funda en el medio literario mismo.

El sistema literario apela a las jerarquías y a las dicotomías para avalar los resortes ideológicos que la sostienen. A una de esas dicotomías —la del autor frente al crítico— ya he aludido antes. La otra, la de tipo jerárquico, opera entre la crítica erudita y la crítica periodística.[11] La jerarquía se funda en la noción que de la autoridad se tenga en momentos históricos específicos. Por razón del papel preponderante de la academia en la formación de la "inteligencia" y, por ende, en la proyección futura de un país en el renglón humanístico, científico y social, se rodea el espacio académico de unas presunciones de cientificidad y de objetividad, atributos que revisten una gran importancia ideológica, pues sobre estos principios se construye la concepción de la autoridad.

---

[10] Noé Jitrik, *Literatura y praxis* 13.

[11] Véase mi ensayo, "Las razones de la crítica: mandarines y atletas en la república de las letras", en este mismo volumen y publicado originalmente en *Cupey* (Revista de la Universidad Metropolitana), 2,2 (julio-diciembre 1985): 81-90.

De otra parte, hay otra manifestación de la actividad crítica, desprovista hoy de prestigio académico y, por tanto, de "autoridad". Se trata de la crítica periodística, la cual hace mayor hincapié en la impresión y en el juicio más que en la exégesis o la erudición. Sin lugar a dudas, el objetivo de ambas gestiones críticas marca el producto. Existe una diferencia entre la crítica académica, sostenida por un espacio estable de reconocimiento, y la crítica desvinculada de la academia, promovida por grupos generacionales específicos, cuyas necesidades rebasan (e incluso polemizan) el ámbito académico al asumir una actitud contestataria y radical. En la mayoría de los casos, los interlocutores de esta gestión crítica son los autores mismos y sólo, tangencialmente, por vía de lo que es (creación), este tipo de crítica tiene pertinencia para la crítica que se cultiva en la academia. Existe, además, otra crítica de claro propósito divulgador cuyo objetivo primordial es crear un lector nuevo. El proyecto de divulgación en esta área apela siempre a la heterogeneidad. El papel desempeñado por esta crítica es crucial, pues amplía el predio del consumo: se propone con ello educar al lector. La diferencia fundamental entre estos tres tipos de actividad crítica estriba en la noción del lector para quien se escribe. Sin querer entrar en una polémica sobre si en Puerto Rico existe o no una prensa informativa o una prensa de opinión, la reseña periodística tiende a ser informativa, a menos que ésta opere en el espacio de proyectos generacionales con una orientación ideológica particular y un público más o menos previsto. Es interesante, pues, que el discurso de Juan Martínez Capó asuma las jerarquías como un hecho dado, las internalice y, a su vez, cifre en la labor periodística su futuro como creador, en lugar de cifrarla en su poesía. Parece haber hecho como Hostos: orientar su labor por los caminos de una praxis (la crítica periodística) que tiene su razón de ser en la eticidad, en la responsabilidad. Así, comentando su labor en la revista *Asomante-Sin Nombre*, Juan Martínez Capó nos ofrece un interesante testimonio sobre su labor crítica, el cual arroja mayor luz sobre su persona y sus actividades que sobre sus obras, escamoteando esta vez bajo el manto del aparente narcisismo, paradójicamente nutrido de modestia, su labor productiva durante tres décadas. Este Narciso desenamorado (y es preciso colocar el acento sobre el adjetivo) se autorretrata como sigue:

> Nilita, si no la inventó, al menos refinó hasta convertirla en un arte, la técnica nada fácil de lograr que el escritor puertorriqueño —si no el más vago, por lo menos entre los más vagos— *se hiciera cargo de su responsabilidad y se pusiera a escribir.*[12]

Esta visión demasiado modesta que tiene Martínez Capó de su obra contrasta con el papel protagónico que ha desempeñado en nuestras letras. Martínez Capó no es el reseñador de *El Mundo* o el colaborador displicente de *Asomante,* sino el constante lector de nuestra literatura, específicamente de la literatura puertorriqueña contemporánea. Quizás su modestia se deba a las carencias que rodean nuestro hacer literario, entre ellas la ausencia de una prensa de opinión inteligente, audaz y vigorosa. Ante ese hecho, pues, se ve limitado por el medio del que dispone y por las encomiendas que le impone ese mismo medio de comunicación, a saber, el dirigirse a un lector general, no especializado, anónimo casi, al cual es preciso seducir de alguna manera, y la falta de espacio suficiente para desplegar observaciones más sutiles y juicios más fundados. Mas, a pesar de estas dos grandes rémoras, Martínez Capó transforma la limitación en ventaja y se dedica a crear lectores, a ganarlos para las manifestaciones literarias más recientes. Ello no impide sin embargo que, reconocidas las limitaciones del medio, una vez más se vista de modestia y se vea a sí mismo como reseñador, absteniéndose entonces de abundar sobre el "juicio". Su modestia, pues, si bien no linda con la neutralidad o la falsa objetividad, se manifiesta como disipación de lo personal. La objetividad la ejerce a través de la descripción que hace del libro reseñado, y el resto es apreciación, avalúo. El hecho de que

---

[12] "Memorias de un colaborador", *Sin nombre,* 15,1 (octubre-diciembre 1984): 81, énfasis suplido.

Martínez Capó se asuma como un reseñador de tipo informativo es parte de la eticidad y responsabilidad con que enfrenta su tarea. Su labor se ha hecho cotidianamente, de la forma más difícil, a través de la constancia y la fidelidad, y no mediante la fama frágil y perecedera que pueda derivarse momentáneamente de la publicación de un libro. Su entrega desmedida a una tarea que muy pocos —con la excepción de José Emilio González— han querido asumir en nuestro país, la de presentar el libro puertorriqueño contemporáneo, requiere, entre otras cosas, múltiples renuncias. En el caso de Juan Martínez Capó esta renuncia se las ha cobrado en su producción poética.

Junto a Nilita Vientós Gastón, Juan Martínez Capó se ha desempeñado como uno de los mayores difusores de nuestra literatura nacional. Nilita Vientós lo hizo a través de las páginas de *Asomante-Sin Nombre*; Martínez Capó lo ha hecho desde *El Mundo* desde 1967 a 1984 (tarea que ha emprendido nuevamente en 1986), desde *Asomante-Sin Nombre* durante los años 1953 y 1954 y esporádicamente en años recientes. Fue fundador de la "Página Literaria" de *El Mundo*, colaboró en la revista de la Universidad de Puerto Rico, *La Torre*, y en la *Revista del Instituto de Cultura Puertorriqueña*, la cual posteriormente dirigió en 1985. Se desempeñó, además, como director de la Editorial de la Universidad de Puerto Rico.[13] Sus reseñas cubren una amplia gama de disciplinas: literatura, historia, lingüística, derecho, culinaria, farmacología, medicina, y temas como el de la esclavitud, el feminismo, la poesía neoyorican, la literatura satírica, la farándula, los medios masivos de comunicación. Así también, ha reseñado antologías, números monográficos dedicados a figuras importantes, crítica sobre la crítica y, principalmente, se ha ocupado de comentar la obra de los poetas y narradores de las últimas promociones literarias. El ojo crítico de Juan Martínez Capó ha rastreado

---

[13] Véanse algunas de las tareas desempeñadas por éste en el testimonio antes citado publicado en el último número de *Sin nombre* y el libro de Josefina Rivera de Álvarez, *Literatura puertorriqueña, su proceso en el tiempo* (Madrid: Partenón, 1983) 623-624.

y, en cierto sentido, ha hecho nacer para el lector puertorriqueño
la nueva generación de poetas y narradores. Tanto él como José
Emilio González han acometido esa empresa con esmero y devoción únicas, lo cual amerita para ambos —y en particular, para
Juan Martínez Capó, por su obra periodística— un lugar privilegiado en nuestras letras. Será tarea de la sociología literaria puertorriqueña el dirimir la relación existente entre el auge, la popu-
laridad y la venta de la obra de las promociones recientes y la
labor crítica desempeñada por Martínez Capó en *El Mundo*.
Como veremos, en ocasiones, éste se convierte en intercesor gozoso a favor de la nueva literatura solicitando que el lector se
deshaga de sus prejuicios y aborde con ojos nuevos nuestra literatura. Y ello se debe a que es el reseñador quien más cerca se
halla del autor al crear para él un público. Por su inmediatez al
hecho literario es, por definición, el descubridor de ese nuevo
mundo: el que se sitúa voluntariamente en el terreno movedizo
y provocador de la opinión. En este sentido, su obra se ubica en
la categoría que Antonio Gramsci denomina "periodismo integral", llamando con ello al periodismo "que no sólo pretende satisfacer todas las necesidades (de una cierta categoría) de su público, sino que quiere crear y desarrollar estas necesidades y, por
consiguiente, suscitar, en cierto sentido, su público y ampliar pro-
gresivamente su área".[14]
    Una clara muestra de ello es la siguiente cita, indicativa del
público lector prevaleciente en la década de los setenta y de cuáles eran las expectativas de ciertos sectores de la población respecto a la manifestación de una sensibilidad diferente y unos estilos
divergentes a los cánones estéticos establecidos. El pasaje muestra cuán cerca se halla Martínez Capó del hecho literario, por vía
del productor del texto y el productor de la lectura, al último de
los cuales aconseja, para beneficio del primero. De modo que esta
reseña constituye un espejo de doble refracción que refleja simultáneamente al libro y a su lector:

---

[14] "Periodismo", en *Cultura y Literatura* (Barcelona: Ediciones Península, 1977)
85-129.

Hablar de la renovación de la lengua por el poeta es hablar al mismo tiempo del enfoque o punto de mira del lector: ambos se complementan. En Puerto Rico, donde a veces andamos un poco remisos con esto de las nuevas corrientes, se habla mucho, hasta entre quienes menos se espera, de "esos poetas jóvenes que nadie entiende". Se evita así, tal vez, dándoles el portazo, el envolvimiento y el esfuerzo intelectual que toda poesía requiere. Luego se vuelve al cómodo almohadón de Buesa o al muelle arrullo de la última novela televisada. Antes que la actitud receptiva y la predisposición al goce de parte del lector, encuentran los poetas la sonrisa velada o el tajante rechazo.[15]

El comentario denota la pereza y la pasividad de ciertos lectores y su oposición a alterar sus patrones de lectura. De ahí que, aludiendo al medio histórico en que se produce, Martínez Capó compare la displicencia de ese lector con la prevaleciente en la Inglaterra de Sterne: "¿No tuvieron que hacer los necesarios ajustes los lectores ingleses ante la desconcertante aparición de las primeras entregas del *Tristam Shandy* de Sterne?".[16] Y no tan sólo se critica adversamente los patrones de consumo de los lectores, sino también los de algunos antólogos que inciden en categorías y títulos anacrónicos para validar sus selecciones.[17] El ataque contra el anacronismo es bifrontal: se dirige contra ambos productores: lectores y electores ambos (lector y antólogo); contra los primeros, por el rechazo de lo nuevo; contra los otros, por su insistencia en lo vetusto.

En relación con el rescate del lector viejo para la nueva literatura y del lector nuevo para los nuevos giros, señala Martínez Capó sobre el léxico soez utilizado en la nueva poesía:

Esto que para la literatura y la crítica universales más esclarecidas ya no representa problema alguno y es un *issue* bastante *passé*, sí

---

[15] Reseña a *Cemí en el Palacio de Harlem* de Pedro Santaliz y *Aquelarre de una bobina tartamuda* de A.M. Sotomayor. *El Mundo*, 8 de febrero de 1976: 6-B.

[16] *Reseña a Cemí en...*

[17] Véase la reseña a la antología *Las cien mejores poesías líricas*, *El Mundo*, 24 de marzo de 1974.

lo sigue constituyendo dentro de ciertos contextos sociales y literarios puertorriqueños. El poemario, por ende, para aquellos que aún tienen piel puritana o creen de mal gusto todo lo que en letras de molde se relacione con el sexo, supongo que caerá dentro de la clasificación de "no apto para menores", como algunas películas. Pero no es éste el momento de rebuscar yaguas viejas sobre lo que es o no es pornografía en literatura, cosa harto llevada y traída desde los casos de James Joyce, D.H. Lawrence y Henry Miller para acá, sin contar otros más recientes como el de *Howl* de Allen Ginsberg. Para mí, *Yo no soy novia de nadie* es literatura y desde ese punto de vista lo comento. (Hago la salvedad, no obstante, que siendo éste lo que se conoce como "un periódico de familia" en el argot del oficio, no puedo citar ampliamente del texto como acostumbro, por vía ilustrativa.)[18]

Una vez más, la limitación que le impone el medio no es óbice para que se exprese sobre el medio mismo y sobre las imposiciones que derivan del hecho de escribir para (y no en) un "diario de familia". La censura, que le impone los "buenos modales" de la crítica periodística, no calla su voz. Al contrario, la censura se convierte en la co-protagonista misma de la reseña y el comentario sobre el libro danza con el comentario sobre el diario, arrojando luz sobre los lectores y evocando modelos de consumo más liberales y menos circunscritos a la moral conservadora que pretende trasladar a la esfera literaria sus conflictos con el cuerpo y la religión.

El título de las columnas de Juan Martínez Capó denotan el interés de reseñar el libro puertorriqueño, independientemente de que el tema ataña directamente a la literatura puertorriqueña. De ahí que no sólo se dedique a reseñar los libros que se incorporan a nuestra literatura por razón de su tema, aunque el autor sea alemán o francés, sino que también incluya en su columna el libro cuyo productor es puertorriqueño. Tanto tiempo dedica Martínez Capó a los estudios hechos por el profesor Esteban Tollinchi

---

[18] Reseña sobre el libro de Alfredo Matilla Rivas, *El Mundo*, 27 de octubre de 1974, *Puerto Rico Ilustrado*: 10.

sobre Thomas Mann o Unamuno[19] como a los que Amelia Agostini de Del Río dedica a León Felipe.[20]

Así también, Martínez Capó, careciendo de pose erudita, trata de temas menos elevados como en, por ejemplo, los libros escritos por Ricardo Alegría y Fernando Picó,[21] sobre el tema del café y los placeres de su gusto, en el libro de Antonsanti.[22] En otras ocasiones, nos parece un rastreador de indicios temáticos, por ejemplo en sus reseñas sobre la historia del espiritismo[23] o sobre el teatro y la televisión en la década de los cincuenta[24] o, en el mismo registro, el libro de Emilio E. Huyke, *Los TV Comediantes*.[25]Como vemos, ya en el año 1974 Juan Martínez Capó vislumbra la importancia que adquirirán los medios masivos de comunicación, previendo acaso la repercusión que hoy tiene ésta en nuestras letras a través de la primera obra que abordó genialmente los conflictos que ella engendra: *La guaracha del macho Camacho*, de Luis Rafael Sánchez. Y en su reseña sobre la obra periodística de Eddie López,[26] destaca el papel crítico del humorista y el uso de la parodia como instrumento de exploración de la sociedad puertorriqueña contemporánea; antecedente López del fenómeno *Los Rayos Gamma*.

Juan Martínez Capó es un fino lector de detalles que llama nuestra atención hacia las tradiciones populares, las fiestas de Cruz, la santería, como fenómenos distintivos del ser puerto-

---

[19] "*Las visiones de Thomas Mann*, de Esteban Tollinchi", *El Mundo*, 28 de marzo de 1976: 7-B.

[20] Reseña de *El Mundo* 14 de noviembre de 1982: 6-B.

[21] Reseña del 3 de agosto de 1968, *Puerto Rico Ilustrado:* 20 (sobre Ricardo Alegría); 11 de julio de 1982: 10-B (sobre Fernando Picó).

[22] *El Mundo*, 8 de mayo de 1983: 12-B.

[23] Reseña sobre el libro de Néstor Rodríguez Escudero, *El Mundo*, 6 de diciembre de 1981: 12-B.

[24] *Del mundo de la farándula*, de Isabel Cuchi Coll, *El Mundo*, 22 de marzo de 1982: 9-B.

[25] *El Mundo*, 24 de febrero de 1974, *Puerto Rico Ilustrado*: 10.

[26] *El Mundo*, 11 de noviembre de 1973, *Puerto Rico Ilustrado:* 16.

rriqueño; así como lector de indicios y temas literarios prevalecientes hoy, tales como el prosaísmo poético, el fenómeno de la
literatura urbana, el uso de un léxico "soez", la utilización del
cambio de código lingüístico (*code-switching*) del inglés al español
o viceversa en la literatura neoriqueña, el tema del proletariado
en la literatura, así como el fenómeno del lumpenato en la obra
de Luis A. Rosario Quiles[27] o el más visible hoy, el de la literatura testimonial y la autobiografía.[28] A veces las reseñas cumplen
la función de provocar una lectura inmediata de lo reseñado,
como cuando Martínez Capó comenta el hermoso texto de René
Marqués, "Ese mosaico fresco sobre aquel mosaico antiguo". En
otras, nos asombra cómo, en un espacio tan limitado, prácticamente ha hecho un ensayo de erudición, como lo muestra la que
considero la mejor reseña hecha por Martínez Capó, la dedicada
a *Las tribulaciones de Jonás* de Edgardo Rodríguez Juliá.[29] Esa reseña, mejor, ese ensayo es imprescindible para quien decida estudiar la obra de este escritor. En otras ocasiones, atento a las ausencias y a las fallas de los autores, opta por la línea positiva
señalando que el libro contiene el germen de otros proyectos. En
este sentido, no ve en muchos libros productos terminados, sino
semillas para otros. Un estudio concienzudo de la obra de Martínez Capó tendrá que enfrentarse con los modos que utiliza para
consignar ausencias, fallas, inconsistencias, tendrá que aprender
a leer los signos ocultos tras esa fina cortesía que recurre a la ironía o a la sátira demoledora, en ocasiones.

Sus reseñas, organizadas en torno a dos elementos principales, la descripción y la cita, no impiden el avalúo de la obra en el
medio literario en que incide. Su predilección por la poesía y por

---

[27] *La movida de Víctor Campolo, El Mundo*, 4 de noviembre de 1973, *Puerto Rico Ilustrado: 26.*

[28] Véase las reseñas sobre *Las memorias de Bernardo Vega*, de César Andréu Iglesias, 2
de diciembre de 1979: 16-B; *Bocetos biográficos puertorriqueños*, de Julio Soto Ramos, del
8 de septiembre de 1974, *Puerto Rico Ilustrado*: 10; *Islas*, de Esperanza Mayol Alcover,
del 14 de marzo de 1976: 13-A.

[29] *El Mundo*, 3 de septiembre de 1981: 9-D.

la narrativa compite, en ocasiones con la historia, especialmente con la nueva escuela historiográfica representada por, entre otros, Fernando Picó, Gervasio García y Ángel G. Quintero Rivera. La clara conciencia de su labor divulgadora se muestra principalmente al reseñar obras de historia y de economía, por ejemplo. Ahí surge su recato ante una posible lectura de la obra desde una perspectiva especializada, exhortando entonces a que los especialistas reseñen la obra.

Existe en todos los textos de Martínez Capó una preocupación constante en querer destacar las bases ideológicas, metodológicas o las artes poéticas de los escritores. Por eso, busca en la poesía las artes poéticas, y en los libros de historia, las metodologías. Así, en las reseñas sobre poesía destaca el aspecto temático y los hilos conductores del libro, una vez ubica generacionalmente al escritor o la escritora. A veces, en los párrafos dedicados a la introducción destaca las posibilidades y las desventajas de una tendencia o una actitud poética o de un método histórico específico.

Se trata, a la vez, de una lectura interdisciplinaria, como lo muestra la reseña que hace de *Historia de las Obras de Ingeniería de Puerto Rico*, de Luis F. Pumarada O'Neill. En ésta descubre la íntima vinculación de las observaciones hechas por Pumarada y las nuevas tendencias historiográficas al destacar del libro el comentario que hace el ingeniero sobre la sociedad indiana:

> Para entender la sociedad de la conquista española no es suficiente estudiar el Convento de los Dominicos, sino que también hay que ir al "tintero" de la Fábrica Garcés, donde los bueyes mezclaban con sus propias pezuñas los ingredientes para los ladrillos que componían la obra arquitectónica.[30]

Con relación a la obra de Guillermo Baralt, *Esclavos rebeldes*, destaca su doble funcionalidad, pues la considera, no sólo como documento histórico, al inaugurar nuevos caminos a las investiga-

---

[30] *El Mundo*, 2 de enero de 1983: 15-B.

ciones sobre la esclavitud, sino, además como fuente imaginativa
para los narradores del país. Al respecto, señala que éste puede
leerse como una novela histórica. El hincapié que hace Martínez
Capó en la visión de mundo del autor muestra los intereses del
reseñador: la obra es una refutación, dice el crítico, de cierta visión tradicional de la esclavitud en la isla, tendiente a enfocar el
fenómeno esclavista como una relación patriarcal o idílica.[31] Más
directamente, en la reseña de *Desafío y solidaridad*, de Gervasio
García,[32] destaca el que surja un nuevo grupo de historiadores
que narran los hechos de sectores que la historia tradicional ha
soslayado, tales como los de los jornaleros, los esclavos rebeldes
o el proletariado. Continuando en la misma línea de pensamiento, destaca de *Amargo café*, de Fernando Picó,[33] el que se haya
abordado el tema del jíbaro como productor agrícola y no como
tema del folklore. Alude a las diferencias económicas, apuntala-
das por el autor, entre la hacienda y la estancia cafetalera o el "es-
pejismo del Puerto Rico de las haciendas cafetaleras", e insiste en
la crítica del jíbaro del folklore que, según Picó, es un modelo
proveniente del jíbaro terrateniente. Los elementos económicos y
legales de la transformación de ese jíbaro son citados en la reseña al aludir a las diversas modalidades que mediaron en la apropiación de la tierra y su relación con el fenómeno de la trans-
misibilidad del bien y los vínculos que engendra en cuanto al
derecho de familia, las relaciones crediticias y los préstamos refac-
cionarios. Al respecto, es de rigor destacar la habilidad que posee
Martínez Capó para dirimir cuáles son las controversias fundamentales en un área especializada como lo es la economía, y el
diálogo que establece con otras disciplinas como la historia y el
derecho. Es este ojo avizor el que le permite destacar en sus reseñas las interrelaciones existentes entre la tierra, el crédito,
el estado interventor, el agricultor, el comerciante y las relaciones

---

[31] *El Mundo*, 27 de noviembre de 1983: 10-B.

[32] *El Mundo*, 14 de octubre de 1984, *Puerto Rico Ilustrado*: 5-C.

[33] *El Mundo*, 11 de julio de 1982: 10-B.

de familia. Le atrae de este libro, al igual que de *Libertad y servidumbre*,[34] los aspectos pertinentes al surgimiento de clases, los medios de producción y el tránsito del jíbaro de jornalero a peón de hacienda. Respecto al método prosopográfico utilizado por Fernando Picó, destaca Martínez Capó el hecho de que, finalmente, se acceda a la historia general del país a través de la indagación en la microhistoria.

La aportación hecha por Juan Martínez Capó al libro puertorriqueño incide primordialmente en los campos de la literatura contemporánea y de la historia; a mi juicio, las dos áreas más vigorosas de nuestro quehacer cultural en las últimas dos décadas. Ante su extensa producción literaria se disipa esa postura que describe a los caribeños, y especialmente a los puertorriqueños, como tropicales indolentes y satisfechos. Su obra no existiría si fuese cierta la displicencia de la que él mismo se acusa. En su lugar, por el contrario, destaca una clara conciencia histórica de su labor y un profundo respeto ante la crítica, como lo muestra el siguiente comentario, el cual constituye una reflexión precisa y concisa sobre la gestión crítica en general y sobre la de Gustavo Agrait, en particular:

> Como la moneda, la crítica literaria puede tener su envés y su revés: un envés que es su fundamento, donde priva lo erudito, lo académico, la búsqueda de datos y la expurgación de textos; un revés en el cual tiene primacía el juicio, la interpretación, el gusto, la aportación particular del crítico al tema. El envés erudito puede tornarse en pedante, engorroso o libresco, de acuerdo a la capacidad expositiva del crítico. Pero es en el revés donde radica el verdadero escollo para el autor. Puede volverse así en revés literal, un desastre, si la expresión del juicio no se da en forma amena, original, sobre todo personal.[35]

Juan Martínez Capó retorna, pues, a Alfonso Reyes al cifrar en el juicio, y no en la exégesis, la marca distintiva del buen crítico

---

34   *El Mundo*, 1ro de febrero de 1981: 9-B.
35   *De hito en hito, El Mundo*, 24 de junio de 1984: 10-B.

pues es allí donde se aúnan el poeta y el crítico, antes de que se escindieran las tareas y la economía se encargara de polarizarlos y asignarles un espacio distinto a cada cual. Recordando el ensayo de Alfonso Reyes, el día del juicio y el de la creación es el mismo. La metáfora teológica utilizada por Reyes, el "auxilio teórico" al que recurrieron los seres humanos para comprender el "misterio" de la escritura, da paso en Juan Martínez Capó a otra metáfora, más material, urdida en el tráfico de los tiempos modernos, del intercambio, en el triste tiempo de la moneda. Es el juicio una de las caras de la moneda, la más preciada, porque se sostiene sobre la sensibilidad, la única que salva la exégesis. Casi podría decirse que, sin esta aleación de lo natural (aquello con que se nace) y de lo cultural (aquello que se hace) no hay arte y, por tanto, no hay vida. Unidos los principios de eticidad, sensibilidad y exégesis, obtenemos la postura de Juan Martínez Capó ante la crítica.

Al leer la obra periodística y crítica de Juan Martínez Capó llama nuestra atención el aliento de su empresa, cómo, al trazarse un propósito que rebasa los linderos estrechos del individualismo, se construye una obra. Es justamente el propósito lo que posibilita el logro y es también un amor entrañable y una vocación sin límites por historiar la vida de nuestras letras. El amor, hilo cordial que teje con una misma raíz un sólo tapiz, en el que leemos disciplina, eticidad, vocación. A ninguna otra causa podría atribuirse esta obra ingente, fiel y constante de un ser humano como pocos: razón de amor.

El *MARE NOSTRUM* DE LAS ANTOLOGÍAS (REFLEXIONES SOBRE EL FENÓMENO DE LAS ANTOLOGÍAS EN PUERTO RICO)[1]

1. La doble presentación: el discurso del antólogo a los comensales

"Supongo, señores, que se sienten tan colmados con este banquete de manjares literarios tan variados que el alimento que comen amenaza con desbordar su plato. Ciertamente, se sienten atiborrados de exquisiteces, pues muchos los han agasajado con un festín mixto de discursos preciosos y variados e intentan persuadirlos para que desprecien un alimento ordinario. ¿Qué debo hacer? ¿Permitiré que lo ya preparado permanezca sin tocar y se pierda o debo exponerlo a la venta en medio del mercado para que los comerciantes al detal lo compren al precio que alcance? ¿Quién en tal caso querría una porción de mi mercancía o quién daría dos peniques por mis escritos a menos que sus oídos estuvieran tapados? Pero tengo la esperanza de que ustedes compartirán mi trabajo con bondad y no indiferentemente, pues es hábito de ustedes estimar el provecho de un banquete por el mero deseo del anfitrión de complacer.

"Además, voy a servirles una comida a la que se le añaden muchos nuevos aderezos. Pues, dado que no es posible que ustedes disfruten una comida indigna de sus personas, que resulta únicamente de mis esfuerzos, he persuadido a muchos para que

[1] Ponencia leída el 28 de mayo de 1987 y publicada posteriormente en la *Revista del Instituto de Cultura Puertorriqueña*, 98 (1991): 51-54.

compartan las preocupaciones y los gastos y se unan a mí para agasajarles más opíparamente. Por cierto, los ricos me dieron muchísimo de sus riquezas, y, al aceptarlo, me enorgullezco de sus exquisiteces. Y uno de ellos, señalándome, podría decirle al otro: 'Recientemente amasé una fresca masa de poesía y lo que él sirve proviene de mi amasadera'. Así diría uno, mas no el más sabio de aquellos cocineros, gracias a quien se me atribuiría a mí exclusivamente ser el señor de tan rico agasajo. Porque yo mismo he tenido la audacia de contribuir frugalmente con mis propios recursos de forma que no parezca un absoluto extraño ante mis invitados. Les presento una porción de cada poeta tan sólo para que lo prueben; pero si alguno desea consumir el resto y saciarse, debe buscarlo en el mercado."[2]

2. La realidad ontológica y ortológica de la antología: poesía y mercado

La metáfora culinaria a la que acabo de aludir, y que da unidad al proemio de una antología de epigramas, difiere de la metáfora floral que signa las introducciones a las antologías líricas griegas.[3] Aquélla convoca —mucho mejor que la última— las diferencias en el consumo o recepción del epigrama satírico en contraposición a la concepción ordinaria que se posee de la función sobre la poesía lírica. Al efecto, basta recordar el proemio de Agatías Escolástico de Mirena a su colección de epigramas para que afloren —aun en una época que hoy consideramos remota, como es el siglo sexto después de Cristo— las concomitancias existentes entre poesía, mercado y consumo. Es este proemio, y no los otros conocidos, mucho más esclarecedor respecto a la realidad mercantil de la poesía hoy.

El fragmento es iluminador, además, en cuanto incorpora

---

[2] Agathias Scholasticus de Myrina, recogido en *The Greek Anthology*, t. 1. Loeb Classical Library. Traducción al inglés de W.R. Paton (Cambridge: Harvard University Press, 1916) 117-119; traducción al español por Aurea María Sotomayor.

[3] Véanse en la misma antología los proemios a las selecciones líricas.

dentro del ciclo de la producción al antologista, cuyo único papel, según el mismo Agatías Escolástico señala, consiste en beneficiarse de los frutos ajenos. Insiste en que tan limitada es su práctica que se siente obligado a invitar al lector a salir de la antología misma de modo que —una vez consultados los textos íntegros— obtenga una visión más acertada del poeta. El complejo de culpa del antólogo ante la mutilación o segmentación que ha perpetrado contra la obra total es tal que no le permite ser feliz, a pesar del propósito de atribuirse, como si fuesen suyos, los halagos que pudieran recaer mucho más justamente sobre aquellos de quienes ha derivado una ganancia que no le corresponde. Revela con ello la función parasitaria del antólogo en lo que a "creaciones" respecta, pues lo que más puede pretender transmitir es mostrar que ha hecho una lectura inteligente, ya que la creación (el poema a seleccionar, que es su objeto) está dada de antemano. Su papel no desborda el simple y complejo acto de leer y clasificar lo hecho por otros. Ahora bien, el trabajo antológico implica a su vez una labor mutiladora que discute sagazmente Jean Baudrillard al denominar la tarea de coleccionar como una regresión de naturaleza anal evidenciable a través de una conducta acumulativa, ordenadora y de retención agresiva.[4] Visto desde esta perspectiva psicoanalítica, pienso yo que la mutilación es un momento crucial de la labor antológica; dicha supresión asegura (mal necesario) el equilibrio que debe mantener quien realiza la selección del material heteróclito que maneja. Aquello que da unidad a su antología es la persona que antologa. El antologista pertenece a una especie poco desarrollada entre la familia de losególatras.

Sin saberlo, el antólogo Agastías Escolástico de Mirena nos enfrenta a la realidad ontológica y ortológica de la antología moderna. Destaco "ontológica" por la coherencia que la lectura del antólogo debe poseer, es decir, la teoría que sustenta una lectura que rebasa las meras fronteras del gusto personal (o quién

---

[4] "Le systeme marginal: la collection", en *Le système des objets*, Jean Baudrillard (Paris: Gallimard, 1968) 120-158, en concreto en la p. 123.

sabe, del prejuicio legitimizado) y se instala en una toma de conciencia histórica de lo que su labor supone. Como señalaba Alfonso Reyes, "toda historia literaria presupone una antología inminente; toda antología es el resultado de un concepto sobre una historia literaria".[5] Utilizo también la palabra "ortológica" porque una antología sólo podría sostenerse si se *pronuncia* dentro de un sistema literario existente. El acto de seleccionar (o de dictaminar) que toda antología entraña está abocado a operar dentro de los límites de lo dado (más bien, de lo ofrecido). Es decir, es improbable que exista una antología de lo no producido todavía. Lo único que podría aproximarnos a esa utopía es la develación conjunta de lo marginal, pues, para efectos del mercado, lo marginal no existe. Si bien el riesgo es superior, y ese proyecto parecería ser la antítesis del proyecto antológico clásico que, como sabemos, se embarca en un proyecto asegurado por lecturas previas ya privilegiadoras de cada uno de los objetos o lecturas que constituyen el todo, *la otra antología iconoclasta se asegura también un mercado: el posible.*

3. De los diversos tipos de antologías

Debemos reconocer, además, que toda antología posee, al menos, dos productores: el escritor o la escritora en sí y el coleccionador o antólogo. La función por antonomasia del último estriba en producir una lectura específica y diferente sobre un período literario. O proponer una historia de la literatura a partir de ciertos textos. O sugerir una lectura temática. O intuir y divulgar una generación de escritores. O, en otros casos, fijar las características de un género literario. Las variables, pues, son agotables. En ese sentido, la selección de los textos se subordina a una visión y a un propósito que dependen del tipo de antología que se quiera hacer o los motivos o funciones que se le asignen. Obviamente, existirán divergencias entre la antología de tipo didáctico que va

---

[5] *La experiencia literaria*, de Alfonso Reyes (Buenos Aires: Losada, 1961) 112.

a utilizarse como instrumento básico de trabajo y la antología que quiera ocuparse de los escritos políticos o estéticos de una generación o acaso de aquella otra antología que se ocupe de ofrecer una visión panorámica de la literatura nacional, como la *Antología general de la literatura puertorriqueña*, de Manuel Álvarez Nazario.

En Puerto Rico disponemos de ejemplos de todas ellas, a saber: la antología sobre el modernismo preparada por Luis Hernández Aquino; la antología *Cuentos puertorriqueños de hoy*, de René Marqués, que se ocupa de la generación del cuarenta; la abortada antología de poesía feminista preparada por el Instituto de Cultura Puertorriqueña en la década de los setenta; la excelente antología titulada *Poesía puertorriqueña*, preparada para los estudiantes del sistema de educación pública por Carmen Gómez Tejera, Ana María Losada y Jorge Luis Porras en 1956, la cual contiene como elemento innovador la incorporación de poetas contemporáneos jóvenes que surgían en ese preciso momento tales como Violeta López Suria, Laura Gallego, José Emilio González y otros; la *Antología de la sospecha* de José Ramón Meléndez, sobre la generación poética de los setenta; las de Luis A. Rosario Quiles, *Nueva poesía puertorriqueña* y *Junte de poesía universitaria* y las antologías de Iván Silén y Alfredo Matilla sobre la producción de los poetas hispanohablantes en Estados Unidos y de los poetas neorriqueños, tituladas *Los paraguas amarillos* y *The Puerto Rican Poets*.

Personalmente, me he embarcado en dos proyectos antológicos. Uno de naturaleza generacional, limitado a un género, donde incluyo la producción poética de nueve poetas titulado *De mente, razón y cuerpo*, que será publicado por el Instituto de Cultura Puertorriqueña durante este año, el cual está precedido por un extenso ensayo crítico sobre las poetas de la generación de los setenta.[6] El otro proyecto es de naturaleza institucional, en el cual

---

[6] El libro al que aludo en esta conferencia de 1987 ya fue publicado. *De lengua, razón y cuerpo. Nueve poetas puertorriqueñas contemporáneas* (San Juan: I.C.P.,1987).

varios profesores de la Universidad de Puerto Rico trabajamos en equipo y en el cual me correspondió trabajar en poesía y narrativa.[7] Dados los propósitos específicamente didácticos de esta última antología, es preciso lidiar en ella con varios elementos: la naturaleza del trabajo en equipo, la calidad estética y didáctica del texto, su inserción dentro de una corriente histórica y estética, el hecho de que es un producto creado para suplir las necesidades de una institución educativa. Este tipo de antología, por necesidad, deja de ser un producto personal, por lo que carece de una propuesta teórica y estética general. Más bien, las concomitancias o aciertos entre las lecturas surgen del diálogo que se entabla entre los textos mismos y las series que puedan organizarse en torno, por ejemplo, a un tema, que se repita a lo largo de toda una tradición literaria y nacional y la relación que se establece entre esos textos y la realidad política, histórica, económica y filosófica en que se insertan. En ese tipo de antología hay que partir, además, de un propósito que desgraciadamente subordina los textos a una función, a saber, la de familiarizar al estudiante con el canon literario y, por lo tanto, con una concepción sobre lo que es literatura.

4. De los antólogos: el revendedor y el valorador

Independientemente de los propósitos que entraña hacer una antología, el antologista debe reunir dos cualidades esenciales: 1) saber leer y, especialmente, saber colocar en su justa perspectiva a los miembros de una generación que es contemporánea a su recopilación, y 2) poder articular una tesis coherente en torno a su selección. Si no existe una tesis que sostenga esa selección no hay antologistas, sino acumuladores de textos (que podrían ser) interesantes.

---

[7] Me refiero a la *Antología de textos literarios* (San Juan: Editorial de la Universidad de Puerto Rico, 1994). En el ensayo me refiero a mi participación en la primera versión de la antología. El texto que publica la Editorial, corresponde a la segunda versión del proyecto, y es coeditado por Vivian Auffant, Sofía Cardona, Carlos Alberty, Susana Matos y Aurea María Sotomayor.

Además de reconocer que *el antólogo produce una lectura*, existen dos tipos de antólogo. La crítica de las artes plásticas distingue entre el *marchand* revendedor y el *marchand* valorador. Si bien media un proceso valorativo en los actos llevados a cabo por ambos, el *marchand* revendedor es quien "dentro del mercado, se ocupa principalmente de la venta de valores consagrados". Los *marchands* valoradores son "los que apuestan con su actividad por la confirmación de nuevos valores".[8]

No podemos obviar, sin embargo, el que ambos —el revendedor y el valorador— exploten de modo *similar* el concepto de antología desde una *perspectiva mercantil*. La diferencia estriba en que la visión del antólogo revendedor, es casi exclusivamente lucrativa. En el caso del revendedor, además, las ganancias son casi automáticas. Por el contrario, el antólogo valorador depende del mercado que él y el otro productor *construyan* para eventualmente obtener un éxito relativo, y su retribución económica ocurre siempre, pero *a posteriori*.

5. Las antologías: retrato de familia

Parte de la historia de las letras puertorriqueñas se inicia precisamente con un libro de carácter antológico, el *Aguinaldo puertorriqueño*, de 1843, al cual le sigue otro, el *Album puertorriqueño*, de 1844. También en el *Aguinaldo*, al igual que en el proemio que inicia esta ponencia, advertimos alusiones a la comida que se consume en épocas festivas. El objetivo de ésta, según ellos, es "reemplazar a la antigua botella de Jerez, el mazapán y a las vulgares coplas de Navidad". Nuevamente, destaco el símil entre poesía y consumo de manjares culinarios.

Aguinaldo, álbum, colección, antología, florilegio, corona o guirnalda. La mera etimología del término confirma su cualidad de objeto constituido por lo preexistente: "Anthos" es flor y

---

[8] *Producción artística y mercado*, de Francesco Poli (Barcelona: Editorial Gustavo Gili, 1976) 61 passim.

"legos" es la voz activa alusiva a voluntad de escoger, de reaccionar ante la pluralidad de lo bueno. Considerado así el acto de antologar, supone corroborar un gusto y un mercado ya comprobados. En esa acepción, pues, la antología consagra un objeto ya develado por otros, reúne modelos.

Existen otras antologías, sin embargo, que reúnen sospechas. En tal caso, como señalamos antes, se trafica con la posibilidad, y son varios los resultados y objetivos de la selección: anunciar el objeto y, simultáneamente, aunque sea paradójico, ocultarlo y abandonar al devenir sus posibilidades. Por ejemplo, el gesto mismo de ubicar la colección en el mercado signándolo como objeto marginal (como ocurre con los textos que componen la *Antología de la sospecha*, de Joséramón Melendes) y posible lo inscribe (incluso hasta podría impedirle ingresar) en otros órdenes. El proceso mismo de *atribuirle un valor* (a saber, la función marginal) a ese producto nuevo constituye a su vez otra *función* del antólogo. Es decir, éste no se da exclusivamente a la tarea de anunciar, sino que signa y marca. El proceso de *incorporar ese producto* poético al mercado de la literatura contiene simultáneamente el de *atribuirle una función* en él. En el acto de atribución o de nombramiento implícito en ese proceso se descubre al antólogo como creador, pero, a la vez, se encubre (por el contenido mismo con que signa su antología) una visión reductivista de los textos, los cuales destina casi fatalmente a ocupar un lugar específico dentro del sistema literario y, a veces, fuera de éste. Se los lee exclusivamente como textos contestatarios. Cuando es el caso de que los textos son material inédito, la labor reductivista del antólogo es aún mayor. Se ha apropiado un material que sólo el antólogo ve y sopesa, y sólo años después que el poeta o la poeta puede "resarcir" o remediar o confirmar o retar la imagen inicial que el antólogo pretendió crear. Más tendenciosa aún es la postura que pretende ofrecer una lectura a base de selecciones de fragmentos de poemas, pues en tal caso la deformación llega a la raíz (el texto): la mutilación entonces se convierte en perversión.

En última instancia, la colección está constituida por una

serie de términos, pero el término final es la persona del coleccionador.[9] Su afán posesivo sobre los objetos (aquí, textos) es tal que la coherencia de su lectura depende de esa transgresión que se hace contra el texto total privilegiando el segmento o un texto entre varios a fin de que la selección responda a la lectura, a la tesis. De ahí la necesidad implícita que tiene el antólogo de trabajar con una serie que él o ella misma *rompa y convierta en texto discontinuo* con el propósito de que sea (se convierta, en el tránsito de un corpus a otro) finalmente *su* texto. Toda antología contiene un vicio secreto (a veces, inefable): el antólogo se arroga el derecho a prescindir del primer productor para legitimar su producción, que es la lectura.

La antología, pues, no tendría que ser necesariamente florilegio, corona o guirnalda, sino meramente una aproximación a su posibilidad futura. La antología oscila entre esos dos polos: el que remite al pasado y tiene la *función del museo* porque su fin es preservar, o la que quiere ser adelanto o profecía, en cuyo caso, en lugar de función tiene *vocación de museo*. Dicho felizmente, su deseo o "vocación" es *no equivocarse*. Ahora bien, ninguna antología pretende privilegiar el presente, pues no es característico de la antología el ser precaria. Es una de dos alternativas: o confirma lo dado o es antesala del porvenir.

6. La antología que deseamos

Antes de lanzarnos a hacer una antología de la literatura puertorriqueña es imprescindible considerar los elementos que he mencionado brevemente aquí: la función del antólogo y de la antología, sus posibles lectores y, finalmente, debemos recordar que una antología contiene más vicios que virtudes, precisamente porque intenta validar una lectura, la del antólogo. Ello conlleva una reducción y, a la vez, una mutilación: la de extraer los textos "representativos" fuera de su medio natural que es el libro al que pertenecen.

---

[9] Poli, *Producción artística* 128.

Esa antología, además, podría contener varias lecturas. Es decir, debe apelar y contener una amplia gama de lectores. Un modelo excelente de tal antología es el *Omnibus de poesía mexicana*, de Gabriel Zaid.[10] Es de destacar que uno de los núcleos de la antología, según Zaid, consiste en incluir las expresiones estéticas populares, expresiones que incorpora como una categoría adicional sin signarla negativa ni positivamente. Así, se incluyen en el libro poesía indígena, popular, novohispana, romántica, modernista, contemporánea; y entre lo popular incluye conjuros, oraciones y jaculatorias, arrullos y juegos infantiles, poesía inocente, canciones políticas, del campo y románticas. El principio rector de ésta parece haber sido el crear una antología que mostrara la aventura de la lectura y, en lugar de privilegiar autores, privilegiar textos. Su lector, además, se define en las siguientes líneas, vertidas en la introducción:

> *Omnibus* en latín quiere decir "para todos". Así fueron llamados los coches de caballos que empezaron a dar servicio colectivo, en vez de particular. Con el ferrocarril surgió el tren ómnibus: el que lleva carruajes de todas clases y para en todas las estaciones. (. . .) Ojalá que el lector de esta omnímoda selección de todo y para todos no se limite a sus ventanas habituales y que disfrute todo el viaje como buen omnilector.[11]

Basta con esta advertencia para comenzar nuestra práctica: pensemos en una antología responsable y permanente que perciba nuestra historia literaria en su compleja dialéctica como el fruto de hazañas literarias hechas y, por ende, permanentes, y el vislumbre de otras, presentes y transformadoras. Es a partir de esta visión de una historia sucesiva de la que habla Walter Benjamin como puede construirse responsablemente, no tan sólo una antología, sino sobre todo, una obra y un quehacer.

---

[10] *Omnibus de poesía mexicana*, Gabriel Zaid (México: Siglo XXI, 1972).

[11] Zaid, *Omnibus* 5

VÍRGENES Y MÁRTIRES:
INSTRUCCIONES PARA SU CONSUMO[1]

El discurso masculino ha dejado de dictarle pautas a la escritura femenina. En palabras más sencillas, las mujeres han comenzado a escribir por boca propia. Sobreviven aún los mitólogos. El personaje de la Eterna en la novela de Macedonio Fernández[2] se constituye en metáfora de la mujer-escritura: desconocedora ella de sí misma, constructor él de su significado.[3] Existen todavía los que hermetizan, sellan y subvierten su escritura: el personaje de la escritora en *Marta Riquelme*[4] se da a la tarea de redactar un diario-novela cuyos vocablos resultan ser incomprensibles, por ilegibles, para los editores. Todo el cuento de Martínez Estrada describe la pugna que se oculta tras el desciframiento y la modificación de los posibles significados de un manuscrito de mujer, pervertido por razón de las sucesivas interpretaciones a que los editores lo someten.[5] Resulta alienante el modelo de

---

[1] Publicado originalmente en la revista *Reintegro de las artes y la cultura*, San Juan de Puerto Rico, 2.3 (diciembre 1982).

[2] *Museo de la novela de la Eterna* (Buenos Aires: Ediciones Corregidor, 1975).

[3] La pareja perfecta, según el narrador del *Museo de la novela de la Eterna*, se articula sobre una ausencia (él) y una presencia (ella): "el todo amor que tú eres; el todo conocedor que yo traía" (15). La Eterna es la pasión, el ideal, la plena descentración "porque es quien con el poder de cambiar el pasado a otros, no posee el de cambiar el suyo..." (35 y 215).

[4] Cuento que se incluye en el volumen del mismo nombre, *Marta Riquelme* (1956). Ha sido re-publicado en *Cuentos completos*, de Ezequiel Martínez Estrada (Madrid: Alianza Editorial, 1975) 211-244.

[5] Señala el narrador de *Marta Riquelme* la dificultad que tuvieron los editores para descifrar las grafías de la escritora, lo cual según ellos constituía un indicio del complicado "laberinto de su alma". "Los hermeneutas y traductores de una lengua inverosímil"

liberación femenina por el que se aboga en *Pubis angelical*, de Manuel Puig.[6] La mujer asexuada cual un ángel es justamente eso: la castración más contemporánea y tangible de todo un género. Paradójicamente, en esta novela, su liberación sólo se viabiliza a través de la paulatina negación de su sexualidad. Desprovista de sexo, carece de voz definible y reconocible. Convertida en metáfora, la ablación sexual se utiliza para justificar una opresión.

¿Es que se trata no meramente de la opresión a que se somete todo lo que suene agudo, sino de la necesidad de coartar no ya el timbre sino otro tipo de agudeza? La mujer, tanto en lo textual como en lo extratextual —y aquí la ficción demuestra ser un verdadero reflejo de las relaciones de producción operantes en la realidad, ha sido diversión (instrumento, objeto, mediatizadora, promotora, generadora). Con ella se erra y se busca. Sin ella, posteriormente, se acierta. La escritura masculina se ha arrogado el derecho de inscribir esa "inmediación fascinante"[7] que es el cuerpo (*bios* y texto) femenino y la inscripción misma le sirve para negarla. Ninguna de las supresiones a que se somete a la mujer (la "ignorancia" de la Eterna, las "escandalosas" memorias de *Marta Riquelme*, el sexo "liso" de la protagonista de *Pubis angelical*), conduce a su definición, porque no es sino hasta que la escritora habla por pluma propia cuando se comienza a construir un universo y discurso femeninos.

En *Vírgenes y mártires*, de Carmen Lugo Filippi y Ana Lydia Vega,[8] se comienza a describir ese universo. A simple vista, parece confirmarlo el hecho de que casi todos los protagonistas de los relatos sean mujeres. Mas su universo es particularmente significativo porque también aquí la mujer continúa siendo un instrumento de diversión. En los cuentos de Carmen Lugo se reitera el

---

hicieron del trabajo una manía, "semejante a un juego o a un hábito de resolver rompecabezas, en que la solución ni lo que resulte de ella valen lo que el trabajo y la satisfacción que el propio ingenio encuentra en el hallazgo de las claves."

[6] *Pubis angelical* (Barcelona: Seix Barral, 1979).

[7] La expresión es de Macedonio Fernández.

[8] *Vírgenes y mártires* (Río Piedras: Editorial Antillana, 1981).

tema de la mujer como objeto de los medios masivos de comunicación, eso que Michele Mattelart ha llamado "la cultura de la opresión femenina".[9] Entre los personajes de Lugo Filippi figuran la frustada imitadora de la heroína novelesca, la cocinera que ensaya una culinaria a lo *Vanidades*, la peluquera imaginadora de heroísmos en su clientela, la que consume su vida al mismo ritmo con que consume una revista. En el caso de los cuentos de Ana Lydia Vega, se toma a la mujer como blanco del apetito sexual masculino. La opresión sexual femenina —teñida de una apreciable dosis de violencia física y verbal— tan presente en la sociedad caribeña es una de las constantes casi obsesivas del discurso de Ana Lydia Vega.[10] En estos cuentos, la violencia temática y la intensidad del estilo coinciden. Si la intensidad es un modo más de la violencia, o la violencia una de las múltiples caras de la intensidad, resultaría difícil dirimirlo en el ensamblaje erótico de los cuentos de Vega, donde el humor parecería ser el escape sublime y necesario. Consumidoras y consumidas, ambos estereotipos femeninos se debaten en una red cultural patriarcal donde el sexo es el amo. Oscilan entre las vírgenes y las mártires, entre la tortura y el sacrificio, entre la cauta manipulación del macho ("Recetario de incautos", "Pilar, tus rizos") y la sistemática develación de la potencia verbal y la impotencia física ("Letra para salsa..." y "Cuatro selecciones por una peseta"). Las mujeres de los cuentos de Carmen Lugo hallan refugio en un recóndito mundo subjetivo, sus espacios son los asumidos (la peluquería, la cocina) o los consumidos (la telenovela, la revista), reprimen el sexo canalizado (y "canalizado") a través de la novela televisada: falsas vírgenes. Las mujeres de los relatos de Ana Lydia Vega se exponen al mundo, monopolizado y habitado casi exclusivamente por hombres: mártires impúdicas y violadoras. La omni-

---

[9] *La cultura de la opresión femenina* (México: Ediciones Era, 1977).

[10] Véase, por ejemplo, "Pollito Chicken", "Letra para salsa y tres soneos por encargo", "Cuatro selecciones por una peseta" (escrito este último conjuntamente con Carmen Lugo Filippi).

presencia masculina no puede ser más visible: es *memoria* y es *cuerpo*, *siquis* y *fisis*.

La primera toma de conciencia en la escritura femenina ha sido dada al reconocerse una circunstancia. Las vírgenes y las mártires recurren a la primera táctica: mostrar cuál es el mundo, el cotidiano acoso al que se somete la mente y el cuerpo femeninos. El resultado es de esperarse: el acoso mental encasilla y abarata la imaginación, como ocurre con los personajes de Carmen Lugo, quienes protagonizan novelas mentales calcadas sobre los modelos del novelón.[11] Por otro lado, en Vega, el acoso verbal, *la erótica del carnívoro piropo*, convierte al cuerpo en mercancía.[12] Las superestructuras del poder (la ideología tras la novela rosa) se alían con la infraestructura sobre la cual aquél se ejerce (el cuerpo). "Cuatro selecciones por una peseta" y "Letra para salsa..." constituyen el anverso y el reverso de un mismo discurso opresivo, aunque los agentes de esa opresión lo sean un hombre y una mujer, respectivamente.

En "Cuatro selecciones...", cuatro hombres se cuentan sus penas teniendo como trasfondo el sonido de una vellonera. Se trata de variaciones sobre el mismo tema, haciendo así un acopio de las expectativas masculinas de una clase respecto a su mujer. Cada una de las cuatro voces constituye una muestra diversa y peculiarísima de la conducta masculina y de las relaciones que establecen con el sexo opuesto. Derivamos de cada confesión las

---

[11] "Esta vez se había decidido, entre apuros y máquinas y clientes, por un título poco atractivo: *Volverás*. Recogió de la pila de lecturas esta novela por causa de la foto de la portada (¿o era grabado?), que le hizo recordar un lindo retrato de sus diecisiete años, cuando aún acomodaba a lo paje su melena corta, con cuidado de mantener tras las orejas los mechones ondulados" ("Pilar, tus rizos"). "Los ejemplares de *Semana*, *Hola* y *Lecturas* sufrían tu implacable examen y eran testigos de aquella ira pequeñita que te iba ahogando a medida que cada nuevo reportaje hacía más evidente tu estupidez" ("Entre condicionales e indicativos").

[12] "Dos días bíblicos dura el asedio. Dos días de cabecidura persecución y encocorante cantaleta. Dos luengos días de qué chulería, trigueña, si te mango te hago leña, qué bestia esa hembra, sea mi vida, por ti soy capaz hasta de trabajal, pa' quién te estarás guardando en nevera, abusadora" ("Letra para salsa").

exigencias y los lamentos de estos hombres, una vez que sus respectivas mujeres toman conciencia de su situación. ¿Cuál es la fuente de la fuerza en este círculo cerrado masculino? La confidencia, la pertenencia a un clan, las palabras, que funcionan como un mecanismo de compensación frente a su acción frustrada. Es otro el eje de la acción en "Letra para salsa...". Un piropeador de nacimiento, siempre ubicado en la esquina de una avenida concurrida, se convierte en el blanco de la ofensiva femenina. El que parecería poseer el poder, es el más vulnerable. Él domina el chiste erótico, pero carece de los recursos económicos; ella posee el poder (conduce el auto, lo recoge en la esquina, le ordena). Después de un insólito rapto donde ella campea como la figura dominante, de regreso a la esquina, el hombre continúa el asedio verbal.

Estos dos relatos son meros ejemplos de los modos de representación en *Vírgenes y mártires*. Todas las relaciones posibles se estatuyen sobre el binomio hombre-mujer. Las frustaciones, los sueños, las búsquedas, las relaciones de poder y de fuerza de estas mujeres se apoyan casi fatalmente en la existencia del binomio. Así también, la crítica que se hace a las relaciones entre géneros en la sociedad puertorriqueña se articula principalmente sobre la negación, una postura ideológica que identifica lo masculino con lo negativo. Con relación a esto y a modo de paréntesis, recordemos lo afirmado por Michel Foucault sobre el fascismo. Señala aquél que se ha rechazado el análisis del fenómeno fascista, rechazo que se manifiesta ya sea mediante la recurrencia a la generalización ("el fascismo está en todas partes") o a la esquematización marxista. Así, pues, la ausencia de análisis, señala Foucault, facilita el que el fascismo sea utilizado como un significante flotante de función esencialmente denunciatoria.[13] Creo que pueden establecerse equivalencias entre la renuncia a analizar el fascismo y la adhesión indiscriminada a través de la literatura al feminismo literario.

---

[13] "Power and Strategies", en *Power/Knowledge* (New York: Pantheon Books, 1980) 134-145, concretamente p. 139.

En la literatura puertorriqueña, el reclamo feminista ha reper-
cutido en la obra de Rosario Ferré, Ana Lydia Vega y Carmen
Lugo Filippi. *Papeles de Pandora* (1976), *Sitio a Eros* (1980) y *Fábulas de la garza desangrada* (1982), de Rosario Ferré conforman una
elocuente tríada relativa a la situación de la mujer en nuestra sociedad. Proveniente de la clase acomodada, las experiencias de
Ferré como escritora están signadas por la posición que ésta ocupa en la sociedad, por lo que en su obra se abordan simultáneamente dos problemáticas: la de clase y la de género.[14] En su libro
de ensayos, *Sitio a Eros*, Ferré nos ofrece su particular visión respecto a la posición que ocupa la artista en el mundo. El modelo
al que recurre es el de la autodestrucción, el fracaso amoroso o el
fracaso público. Así lo subraya la selección misma que Ferré hace
de sus biografiadas: Virginia Woolf, Tina Modotti, Julia de Burgos, Sylvia Plath, Alejandra Kollontay, George Sand y otras. La
lectura de las ausencias es tan necesaria como la lectura de las
presencias, y en el *Sitio a Eros* no hay lugar para las victoriosas.
Una visión menos angustiada la hallamos en *Fábulas de la garza
desangrada*, en donde se articula su "heroína", definible a través
de un gesto: el escándalo y la subversión. Pese a la insistencia en
la victimación, vemos en los textos de Rosario Ferré una experiencia sufrida. Por el contrario, muchos de los relatos de Ana Lydia
Vega en *Vírgenes y mártires* parten de una oposición heredada frente a la sociedad patriarcal. Hago equivalentes mi término "oposición heredada" y el "significante flotante" de Foucault.

La evidente habilidad lingüística de Vega contrasta con la be-
ligerancia vacía de su posición feminista. La oposición heredada
al machismo se convierte en un discurso de tipo maniqueísta
donde es imposible hallar personajes masculinos decorosos; todo
se reduce al estereotipo, e incluso los conflictos que se elaboran
en varios de los textos estallan en forma impredecible ("Pollito
Chicken", por ejemplo, parecería apuntar hacia un conflicto de
clase y, por el contrario, toma un sesgo político —demasiado

---

[14] En ese sentido, el texto clave es "Cuando las mujeres quieren a los hombres", en
Papeles de Pandora.

ingenuo— hacia el final), quizás para aprovechar la simpatía de los lectores hacia ciertos procesos sociales. La esquematización fácil, la simplificación de la experiencia, la falsificación de los procesos, son algunos de los abismos en que puede caer una literatura que se apoye en unos postulados no cuestionados. En ese sentido, impedir que el término "feminismo" se convierta en un significante flotante o denote una oposición heredada debe ser una de las metas del movimiento feminista y uno de los modos de evitar el fracaso y la tipificación de la literatura escrita por mujeres. De la oposición heredada, resumo, deriva el explícito maniqueísmo de su discurso y las múltiples ridiculizaciones y parodias de que es objeto el sexo masculino. Es posible que en ello estribe la diferencia entre Rosario Ferré y Ana Lydia Vega: el que en una el problema es sobre todo vital (Ferré) y el que en la otra el problema se haya convertido en tema literario y sobre todo en estilo; de ahí la solemnidad y la angustia con que los asume Ferré y la soltura y el humorismo de Vega.

Independientemente de las interpretaciones que puedan suscitar ambas posiciones, vemos que en *Vírgenes y mártires* la mera aspiración de las mujeres a modificar sus patrones de vida tiene como marco de referencia la presencia, ya sea real o fantasmal, del sexo masculino. Las protagonistas de Lugo Filippi oscilan entre el querer halagar y el querer rebelarse, retratando así una particular psique femenina. Vega opta por la ridiculización total de un género, la reducción del hombre al estereotipo machista, acompañado ello de una fuerte dosis de cinismo. Movimiento centrípeto de una (Lugo), centrífugo de la otra (Vega), mas ambas comparten un mismo centro: el hombre. El protagonista real de los respectivos textos de Carmen Lugo y Ana Lydia Vega es la sociedad patriarcal misma.

Ante ese mundo, ¿por cuáles alternativas optar? En los cuentos de Carmen Lugo, donde los instrumentos opresores son la iglesia, la moral, la novela rosa, la educación orientada hacia un futuro de doméstica da(o)ma, quiero destacar una estructura que se repite en la mayoría de los desenlaces. Me refiero al diferimiento de todas las decisiones a que se ven abocadas estas mujeres. Una vez reconocen el mundo, éstas inciden en su particular refugio imaginario, inventan cuentos (paréntesis ilusos) donde se banaliza todo lo que pudo aprenderse de la experiencia. Esas vertientes de la imaginación sólo les sirven para la diversión, el errar constante, el atentado necio. En muchos de los cuentos se intenta acceder a la realidad cuando, finalmente, se abre la alacena en "Recetario de incautos", se logra recortar a Milagros ("Milagros, calle Mercurio"), se emite una negación rotunda en "Entre condicionales e indicativos", se interrumpe la masturbación mental en que se debatía la Pilar de los rizos. Decisiones inconducentes, tardías, frustradas por el tiempo, pues al enfrentamiento con la realidad no le sucede una acción liberadora:

> si hubiera venido antes, te dices, si lo hubiera sabido hace ocho años, si entonces me hubiera enterado de cualquiera de estos casos, si hubiera..., si... El condicional te alivia, te descubre un sinnúmero de posibilidades y a la vez te tortura porque todo permanece en el plano de lo potencial, en los "si" de una cláusula que engendra malvadamente unos resultados parásitos, tan hermosos de todas maneras, claro está, si fueran factibles, si...[15]

El único heroísmo posible dentro de este universo es el previsto y provisto por la vana ficción que la propia vida de las protagonistas emula. El simbólico y rotundo "no" emitido al final por la protagonista del cuento de Carmen Lugo sólo se produce luego de reconocer una realidad mediatizada por la revista chismográfica de orientación europeizada. La decisión inminente de la protagonista por divorciarse fue apaciguada por el cura y, diez años más tarde, en un viaje hecho a Europa, la protagonista se entera por las páginas de la revista[16], que muchos matrimonios entre españoles se anulan, despertándose nuevamente en ella la rebeldía:

---

[15] *Vírgenes y mártires* 60-61.

[16] Véase que aun en Europa, la protagonista no se entera de la realidad si no es a través de una revista.

Pero confiésalo, te duele mirar nuevamente esa hermosa cantante rubicunda que sonríe desde una portada de *Semana*, tan feliz bajo sus níveos tules, tan romántica con su coronita de capullos amarillos... La lágrima que no has querido soltar se te escapa, al releer los titulares: "Se casa Viviana en la misma iglesia donde contrajo matrimonio por vez primera".[17]

El autoreconocimiento de su estupidez por parte de la protagonista sólo se logra después del encontronazo con la revista europea.[18] Así también, en "Recetario de incautos" la protagonista sueña con el más suculento de los platos para obsequiarlo a sus amigos, haciendo así gala de ser una anfitriona exquisita. No obstante, se enfrenta a la terrible realidad de la escasez de su alacena y sólo cuando su cuñado elogia sus habichuelas criollas ella se percata de su insensatez.[19] El papel desempeñado por estas mujeres como consumidoras no ha cesado; simplemente han *asimilado* una de las variaciones permisibles y, por lo tanto, incorporables al sistema: rebelarse dentro de los límites provistos por la revista feminina. El intento de liberación no lo *genera* la mujer, su función continúa siendo la de *re-productora*.

Estas protagonistas se incrustan en el artificio; son lujos, objetos, resonancias de un tanteo. Mientras la mirada en el espejo (imagen repetida en "Pilar, tus rizos" y en "Milagros, calle Mercurio") resbale sobre su epidermis, sobre la superficie manipulada de su rostro, y no se contemplen abismándose en su propia identidad, arriesgando su vida (la pasada, la negada o la querida) no podrán hallarse. De ahí que mi relato favorito sea "Milagros,

---

[17] *Vírgenes y mártires* 66.

[18] Se establecen en el cuento diferencias entre la revista europea y la americana en lo que respecta a sus grados y niveles de enajenación. "Debiste haberte quedado en Yauco, . . . nunca haber dejado la seguridad de tus lecturas preferidas en *Cosmopolitan y Vanidades*, claro está, esas nunca te habrían revelado verdades tan frustrantes, al contrario, mensualmente te distraían con sus despampanantes consejos culinarios y su chismografía entretenida sobre los del *Jet Set*" (60).

[19] "Y súbitamente *estallas* en una jubilosa carcajada mientras lanzas sin vacilaciones, una a una, las revistas a la basura, repitiéndote el recién descubierto estribillo: 'Pendeja, eres una grandísima pendeja'" (16).

calle Mercurio". Aparte de sus méritos como una narración inquietante y por su prosa exquisita y sugerente, la acción del cuento que consiste en mirarse en la otra que es Milagros desencadena un gesto que trasciende el simple acto de la mirada para concretarse en un acto productivo. Dar un recorte es crear un estilo, una imagen, una cara, otro yo que, a su vez, genere otro discurso alterno (la decisión de Milagros de salir del pueblo). Desemboca en la búsqueda de otra realidad que asalte los predios en que se la ha insertado. El deseo que de recortar a Milagros tiene Marina provoca la creación de Milagros, un discurso diferente, libre de opresores visibles como la Iglesia e invisibles como la moral. Y todo este proceso se logra mediante un objeto simbólico que es el espejo, el cual refleja a la estilista y a la estilizada, a la productora y a la próxima productora:

> Ella entonces da un paso decidido y saca del bolsillo derecho de su pantalón un flamante billete de veinte, billete que blande, airosa, y con tono suave, pero firme, hace su reclamo: "Maquíllame en shocking red, Marina, y córtame como te dé la gana". Un temblequeo, apenas perceptible, comienza a apoderarse de tus rodillas, pero aun así no logras apartar los ojos del espejo donde la Milagros se agranda, asume dimensiones colosales, viene hacia ti, sí, viene hacia ti en busca de una respuesta, de esa respuesta que ella urge y que tendrás que dar, no puedes aplazarla, Marina, mírate y mírala, Marina, ¿qué responderás?[20]

Al borde de esa respuesta (a la espera de las posibles soluciones) con que concluye el excelente "Milagros, calle Mercurio" queda el discurso de Carmen Lugo. Sus personajes habitan en el pasado o en el condicional, estados del tiempo que no percibo como una toma de conciencia o una solución *real* a su problemática, porque las decisiones de estas mujeres son una secreción más o menos inconsciente (intiman, a veces, el complejo síndrome del bovarismo) y dependiente de un centro generador: las expectativas masculinas o la revista de moda. Extraño en ellos el subjun-

---

[20] *Ibid.*, p. 38.

tivo, ese modo verbal en que se relatan los deseos, los sueños, los proyectos. Como indicio de una solución, de una liberación de las ataduras sociales y sicológicas, sólo tenemos el "sí" de Marina enfrentándose en su propio espejo haciéndose, mientras la otra piensa construirse en un espacio que las cerca y con la interrogante sin respuesta que persiguen ambas.[21]

Si Milagros apenas se expone al mundo, los cuentos de Ana Lydia Vega hablan de ese mundo. Lo que más llama mi atención en estos es el lenguaje. Su proyecto, que es básicamente lingüístico, se aúna a lo que Nemir Matos ha intentado llevar a cabo en su poemario, *Las mujeres no hablan así*: la apropiación de las palabras, no tan sólo la lírica (concebida como la lengua "natural" femenina), sino además la cotidiana y soez, la palabra expresiva, simple y llanamente. El lenguaje se convierte en el mejor instrumento de reconocimiento de éste su universo. Mientras que en los cuentos de Carmen Lugo, el mundo descubierto es enajenante, aislante y elucubrado por la insatisfecha subjetividad de las protagonistas, en Ana Lydia Vega se presenta un mundo en comunidad. Estos son cuentos más ingenuamente políticos, y la comunidad toda se retrata a través de sus monólogos, sus diálogos, sus cartas, sus boleros a voces. A cada hablante se le corta un mundo, patrón, modelo y lengua para su propia lengua. ¿Dialogismo, estilo indirecto libre? Si a simple vista parecía que la autora ha asumido el discurso patriarcal, un análisis más detallado invalida esta tesis. No se trata de un travestismo mental del narrador,[22] sino que las voces son el narrador. Muy afín a *La guaracha del macho Camacho*, de Luis Rafael Sánchez, Ana Lydia Vega se nutre del habla contemporánea más locuaz: la salida airosa y ágil como

---

[21] La excepción al relato de temática feminista lo son "Notas para un obituario" y "Adiestrados ya los pies en la carrera". Ambos aluden a dos síndromes inherentes al espacio colonial. Son ellos los comentarios racistas de una montevideana al estilo de París que emigra a Puerto Rico, y el otro, un libretista extranjero instalado en Miami, el cual se dedica a colmar las expectativas del público de las telenovelas "escribiendo sobre la marcha" para complacerlos mejor.

[22] Véase "Costumes of the Mind: Travestism as Metaphor in Modern Literature", de Sandra M. Gilbert. *Critical Inquiry*, 7.2 (Winter 1980): 391-417.

flecha, el chiste que se capta en el súbito vuelo de un rizo, el barroquismo de nuestra imaginación más rauda, nutrida de eros y violencia contenidas. Si bien sabemos que el chiste en serie puede desembocar en el mecanicismo y en la inverosimilitud (posible riesgo), aquí provee de dinamismo y vida a la narración. Una grabadora sintonizada en una calle de pueblo es el centro del relato. Y la lengua, los vocablos, la sintaxis, los deseos allí vertidos, son los de la clase más oprimida.

Pese a que son reconocibles, como señalé anteriormente, los personajes masculinos de Vega son absolutamente ridículos e inverosímiles. ¿Cómo puede producirse el reconocimiento de éstos y, a la vez, tener una sensación de inverosimilitud tan radical? El diálogo es la clave. La mirada lanzada por estas narradoras sobre el mundo es su primera toma de conciencia ante su propia situación como escritoras. Como dirían las feministas francesas, la toma de la palabra conlleva una toma del poder. En el caso de Vega, el travestismo oral que adopta su discurso tiene un efecto: minar los cimientos mismos del discurso patriarcal, caracterizarlo al menos; su utilización entraña una ridiculización de su inherente agresividad. A los relatos de Vega no los signa el uso superficial de la palabra soez, sino que ésta se radicaliza y valida al insertarse en una estructura narrativa, en los cierres a los que recurre, en la imagen del "macho" que de ellos se desprende. Como proyecto lingüístico, el resultado es encomiable: más que la utilización de la palabra o del discurso machista como tal, lo que ha logrado la escritora es decodificar sus resortes, modificar la función estatuida para ese discurso.

Veamos un ejemplo. Es interesante notar que en lo que llamo "los cuentos de macho" ("Pollito Chicken", "Letra para salsa..." y "Cuatro selecciones por una peseta") la mujer tiene tres opciones: carece de voz (enmudece ante el ataque verbal masculino), carece de visibilidad, o riposta, asumiendo a su vez el habla violenta del hombre. En este último caso, ella se convierte en agente y él, en paciente. Ella guía, paga, ordena, excita mediante presencia y acto. De ella proviene la palabra que provoca la acción con el "¿Vamos?". Como vemos, el ataque verbal masculino no funciona dentro de la red de acciones narrativas sino como elemento descriptivo. Ella es quien comienza realmente el cuento; la función de su palabra es cardinal, de ella dependen los nudos que rigen la esfera del *hacer*. El papel desempeñado por el "tipo" (interesante calificativo) es meramente parasitario, gramatical y situacionalmente, tal como se desprende de la siguiente cita:

> ¿Vamos? El jinete, desmontado por su montura, da una vuelta de carnero emocional. Pero, dispuesto a todo por salvar la virilidad patria, cae de pie al instante y dispara, traicionado por la gramática. —"Mande".

Gramática del "mande" ejecutado por la fémina; cuerpo del macho sodomizado por el discurso femenino; la apropiación de la palabra y de la acción no puede ser más efectiva. Ante el mutismo de la mujer o su ausencia en otros relatos, tenemos como contracara el gesto "femenino" de "Tres soneos...". Vemos además en estos relatos que el refugio del hombre es su propio sexo. El escapismo, la sensación de fracaso, le impide enfrentarse con sus propias fallas y recurre a la ciega fidelidad de sus iguales. El hombre tan sólo goza de la salida triunfante que le concede el acto verbal. De ahí que el hombre-macho culmine su relación erótica contando sus gestos (gestos y no gestas, y no hazañas) o sus penas. Mas son las penas inherentes al único acto que pueden realizar con éxito: contar su *versión* de los hechos a la comunidad machista. El cierre de oro del acto sexual no es su consumación, sino su *vocalización*, relatar sus "hazañas" a los suyos, pavonear su hombría ante un espejo y ser reconocido.

En "Pollito Chicken" la opresión sexual revela otra más profunda, la colonial. Las relaciones se estatuyen sobre el par amo (ella)—esclavo (él) y se resuelven a la inversa: ella (esclava-secretaria)—él (amo-comisionado). El cambio de código lingüístico que opera antes como distanciamiento entre asimilada y puertorriqueño, interferencia lingüística que impide la comunicación y posibilita la violencia horizontal, se reduce a una metáfora alusiva a la opresión política donde ella es esclava y él, amo. La transformación del mozo en Comisionado Residente en Washington posibilita la seducción, el recuento de la aventura una vez más en boca del hombre.

Tanto el uso de la novela rosa como la exploración y uso del habla cotidiana funcionan diferentemente en el discurso de ambas escritoras. En Vega, el novelón no forma parte del discurso subjetivo alterno (pasivo, reprimido), como ocurre en las protagonistas de los cuentos de Carmen Lugo. En ésta accedemos al novelón por la vía de la subjetividad, del pensamiento, de la descripción esencialmente. Allí (en Vega), el novelón se incorpora dinámicamente al diálogo; no es objeto de enjuiciamiento por la voz narrativa, sino que trabaja en los personajes. La violencia que este tipo de comunicación masiva ejerce sobre los personajes de Vega no se sufre ni se menciona, como ocurre en los cuentos de Carmen Lugo. No obstante, conforma y forma al personaje de Vega. De ahí que las narraciones de Lugo nazcan de un condicional o de un pretérito, clave verbal alusiva a la alternativa frustrada de antemano, insertada como está su protagonista en registros reconocidos dictados por la cultura hegemónica. Por el contrario, los textos de Ana Lydia Vega descansan sobre el indicativo presente, sobre el "esto es así". El "modo indicativo" de los relatos de Vega no deriva de la emisión del "no" rotundo de los cuentos de Filippi,[23] sino que se nutre del *reconocimiento del sí colonial*. Lugo cuenta el cuento *sotto voce* de las mujeres, y Ana Lydia Vega cuenta el cuento *vociferado* por los hombres. Estilo descriptivo el de Lugo, dialogismo en Vega.

Ambas escritoras, sin embargo, relatan las relaciones existentes entre el hombre y la mujer puertorriqueños: las privaciones y deprivaciones del mundo doméstico y su lenguaje gestual *vis a vis* el mundo exterior del hombre en la calle con su agresivo lenguaje oral. Mas ambos mundos comparten un mismo marco colonial

---

[23] Frase paradigmática es el grito liberador de una de las protagonistas de Lugo Filippi: "Mientras repites con creciente frenesí el gozoso indicativo de la negación absoluta" (69).

desprovisto de soluciones decorosas. Aquí no hay *exits* que valgan. La mujer tiene viciado su discurso alterno, sus aparentes noes, sus sueños, sus locuras. La comunicación masiva le provee y facilita un discurso tendencioso que empobrece su imaginación. El hombre, por su parte, recurre al cuento erótico, consciente o inconsciente ante su impotencia. Tanto uno como la otra erran, se divierten, se alienan. La *versión del romance* y la *versión de la seducción* no son alternativas viables: son formas, máscaras, disfraces del escapismo en una sociedad cercada de antemano.

En sus inicios, las escritoras imitaron o rechazaron el discurso masculino, hablaban con "objetividad" o se entregaban al lance lírico, prácticas que no sólo ocultaron su nombre y su voz, sino que muchas veces las aproximaron al suicidio. En otras ocasiones recurrieron al hermetismo, al palimpsesto, a los símbolos de doble filo, tratando de decir y, paradójicamente, cifrar una experiencia propia (el discurso lesbiano, por ejemplo). El proyecto de estatuir una escritura "diferente" contenía, a mi entender, los gérmenes de su propio fracaso: marcaba los territorios, condicionaba la expresión, limitaba su praxis. La afirmación que debe buscar el discurso femenino es la de crear un nuevo territorio común, aunque singular y unívoco. Por eso, los cuentos de Carmen Lugo y Ana Lydia Vega son tan prometedores y necesarios. Se han apropiado un habla, han descrito un mundo, han satirizado otros. En lo que a nuestra literatura puertorriqueña se refiere, su proyecto se une al de otras escritoras: al casi hipnótico recuento de los mundos alternos de una niña de la clase media en *La familia de todos nosotros* de Magali García Ramis,[24] al obsesivo desenmascaramiento de los nuevos ricos, presente en la narrativa de Rosario Ferré, al irreverente y cínico discurso poético-dramático de Lilliana Ramos impersonando las voces de la colonia alucinada en *Avión de papel sobre la Isla de Pascua*,[25] a la subversión lingüística de Nemir Matos en *Las mujeres no hablan*

---

[24] *La familia de todos nosotros* (San Juan: Instituto de Cultura Puertorriqueña, 1976).
[25] Libro aún inédito.

así,[26] a la memorización y escritura del San Juan Viejo de *Este es nuestro paraíso* de Luz Ivonne Ochart,[27] a la respiración y el gemido de la experiencia amorosa evocado en *La cicatriz a medias* de Vanessa Droz,[28] a la utilización de la memoria como escalpelo del cuerpo desmembrado en mi poemario, *Sitios de la memoria*.[29]

Recuperación de una lengua, fragmentación y deconstrucción de los aparatos que posibilitan el recuerdo, necesaria ubicación de la descripción, deícticos de la opresión, irreverente y necesario saqueo de la casa interior y la exterior. La odisea de la escritora por el Puerto Rico contemporáneo tiene una urgencia: adueñarnos del mundo y de las palabras, las de todos. Por eso, imitar el discurso masculino o apropiarse del lenguaje del macho sólo constituiría un atentado guerrillero. Se trata de mucho más: de acceder al lenguaje en su totalidad, con sus risas, sus rizos y sus rictus. Lo primero es la guerra de guerrillas; esto último constituye la conquista de un país, de un territorio, desde la especificidad de nuestra irrevocable e insustituible experiencia.

---

[26] *Las mujeres no hablan así* (Río Piedras: Atabex, 1981).

[27] *Este es nuestro paraíso* (San Juan: Instituto de Cultura Puertorriqueña, 1981).

[28] *La cicatriz a medias* (Río Piedras: Editorial Cultural, 1982).

[29] *Sitios de la memoria* (Río Piedras, 1983).

SI UN NOMBRE CONVOCA UN MUNDO...,
FELICES DÍAS, TÍO SERGIO EN LA NARRATIVA
PUERTORRIQUEÑA CONTEMPORÁNEA[1]

> *En aquella casa había que vigilar
> el lenguaje de la puerta.*
>
> José Lezama Lima

1. Bisagra hacia dos ámbitos

La suerte acaecida con los significados de un nombre parece reducirse a tres posturas: un nombre tiende un puente con el ser[2] o remite a quien nombra[3] o constituye un significante flotante, un instrumento de intercambio que permite substituir una unidad nominal y una actancial mediante un arbitrario mecanismo de equivalencias.[4] En síntesis, una persona llamada Carmen es

---

[1] Texto de la conferencia leída el 7 de octubre de 1986 en la Universidad de Puerto Rico en homenaje a la publicación de la novela.

[2] "El nombre, si avemos de dezirlo en pocas palabras, es una palabra breve, que se sustituye por aquello de quien se dice, y se toma por ello mismo. O nombre es aquello mismo que se nombra, no en el ser real y verdadero que ello tiene, sino en el ser que le da nuestra boca y entendimiento." Fray Luis de León en *De los nombres de Cristo*, v. 1. (Madrid: Clásicos Castellanos, v.28, 1914) 27.

[3] Véase, entre otros, la poética creacionista de Vicente Huidobro.

[4] Roland Barthes, *S/Z*. (Paris: Editions du Seuil, 1970). "En reprenant au discours le nom propre de son héros, on ne fait que suivre, la nature économique du Nom: en régime romanesque (ailleurs aussi?) c'est un instrument d'échange; il permet de substituer une unité nominale à une collection de traits en posant un rapport d'équivalence entre le signe et la somme: c'est un artifice de calcul que fait, qu'à prix égal la marchandise condensée est préférable à la marchandise volumineuse" (101).

como si fuese una canción, o como si la canción fuese el poeta, o simplemente Carmen podría y no podría ser canción.

Si utilizo este ejemplo no es porque el nombre de Sergio en la novela de García Ramis posea significados secretos, sino porque el texto se estructura alrededor del nombre apostrofado. El apóstrofe convoca un mundo y es ese mundo el sujeto de la novela. El espacio estatuido entre el nombrado y la nombrada (a saber, Sergio y Lydia) provee de coordenadas gramaticales (pronominales) el mundo afectivo sobre el que se construye. De modo que evocar al tío Sergio mediante el apóstrofe coincide con un proyecto de desmitificación del Puerto Rico de la década de los cincuenta y, a su vez, remite a la construcción de otro mundo: el de Lydia, el espacio apenas vislumbrado por una niña ubicada en una clase social marcada por lo conflictivo: la aspiración de clase. Es precisamente esa clase media ingente e ingenua de los años cincuenta, deslumbrada con lo vertiginoso del cambio, embarcada en la ilusión de la promesa muñocista y sumida en la mascarada de sus posibles transformaciones, la que se exhibe incapaz de proveer de modelos a la generación por venir. Magali García Ramis lanza una crítica tangencial, pero no menos incisiva, de esa carencia y define —como lo hará en un proyecto paralelo Edgardo Rodríguez Juliá— a una generación y a una clase dentro de esa generación desprovista de mentores visibles. Es a partir de la carencia sufrida por esta niña-adolescente como se estatuye un mundo nuevo. Lydia se define justamente en los límites de lo que significa la fuga del tío, el silencio cobarde de su ausencia. Lydia lidia con la ausencia del tío y ordena su estrategia en los márgenes mismos de la imprecación, en un ferviente anti-aprendizaje que la motiva a rebelarse contra la familia y que es oponible al modelo martiano de educarse para ser bueno y útil en el país de origen, objetivo que se insinúa en la conducta clandestina del tío. El mentor está allí —oculto y agazapado, silencioso— pero hay que buscarlo; urge convocarlo, fraguarlo, elaborarlo.

El título de la novela gira sobre una bisagra que nos remite simultáneamente a dos ámbitos: el mundo referencial repleto de connotaciones culturales y económicas contenido en el título de una danza o el mundo afectivo e íntimo sugerido por un nombre propio. La bisagra de esa puerta giratoria que da acceso a dos mundos y a partir de la cual la memoria de la voz narradora se arroja ya sea sobre el Puerto Rico de los cincuenta o sobre el nombrado tío (y la inclinación del énfasis depende de la dirección que otorguemos a nuestra mira como lectores) constituyen, a mi juicio, elementos importantes en la novela. El título, pues, opera en dos frentes simultáneos de la misma manera que el penúltimo capítulo de la novela podría analizarse como un ejercicio con el *apóstrofe* (lo cual aproximaría el texto a la lírica) o como uno de naturaleza *epistolar* (acercándose preponderantemente a la narrativa).

La bipolaridad del título (la danza o Sergio) incide en los restantes órdenes de la novela: los espaciales (de un Santurce cuasi-mítico y señorial a la urbanización democratizadora, pero igualmente clasista), los económico-políticos (de los años de la industrialización a los de la desilusión), los existenciales (la niña que, iniciada en la escritura, se inserta en el mundo), los hermenéuticos (la búsqueda y el hallazgo del ser) y los literarios, pues en este *Bildungsroman* equívoco, que es sobre todo una novela de anti-aprendizaje, podemos vislumbrar el inicio de una novela de artista o *Küntslerroman* construida a partir de la fascinación, el cautiverio casi, que provoca en Lydia su tío. Al intentar dibujar o describir ese recuerdo que es ese mundo brota la imagen del tío marginado, y la novela se convierte en un palimpsesto en el cual coexisten la figura del apostrofado (Sergio) bajo la figura que apostrofa (Lydia). No es extraño, pues, que el encuentro de la niña consigo misma coincida con la necesidad de referirse al deseado mentor, marcándose textualmente con ese deslizamiento gramatical del tú ("describirte") hacia el nos ("demostrarnos").

Y yo llenaba mis días pensando que un día iba a escribirte y a contarte todo esto, iba a dibujarte, a describirte, a demostrarnos, a decirle a todo el mundo que te quería. ¿Qué valor tendría contar de ti y de todo lo que yo te quería si inclusive tú no me quisiste a mí como yo a ti y te largaste? Sería patético, sin razón, de mal gusto. Pero yo quería escribirte en un lienzo, dibujarte en un libro, pintarte en palabras, poseerte, duplicarte y echarte a rodar por el mundo.[5]

La bivalencia de ese título (escindido metafóricamente entre dos mundos, nombres propios ambos) está íntimamente vinculado con el "dinamismo" de naturaleza económico-política implícito en la novela, situación que signa conflictivamente la personalidad de la niña. Los procesos socio-políticos marcan la historia colectiva y la individual. De ahí los múltiples desplazamientos de vivienda, la obsesión de escalar socialmente, la oscilación cultural y política entre España y Estados Unidos, e, incluso, la descripción del terreno mismo donde enclava la propiedad de Villa Aurora, casa sujeta al riesgo del cambio por cimentarse en terreno movedizo. Dos ejemplos interesantes del tema lo constituyen los fragmentos que cito a continuación, los cuales nos remiten a "los hombres sin brújula, partidos por mitad", frase querida por Antonio S. Pedreira. Dice la voz del narrador, evocando con ello el "quién somos y a dónde vamos" enarbolado por la generación de los treinta y el conflicto de naturaleza económica, política y cultural que se reinstala en el seno de esta clase media: "Vivimos tantos años encerrados tras el cerco agridulce de la casa donde todo lo heredado era europeo y todo lo porvenir era norteamericano, que no podíamos saber quiénes éramos".[6] Y en otro lugar señala que si para ellos (los padres) "no era en absoluto importante definir los linderos de su identidad; para Quique y para mí era vital porque todo estaba cambiando constantemente".[7]

Al efecto, es preciso notar que en la novela los espacios revisten una gran importancia, así también como el significado que se les atribuye y la forma en que se habitan. En muchas ocasiones,

---

[5] *Felices días, tío Sergio* (Río Piedras: Editorial Cultural, 1986) 145.

[6] *Felices días* 152.

[7] *Felices días* 153.

estos espacios se tornan permutables por virtud de la función que desempeñan. Así, los espacios exteriores e interiores dialogan entre sí; tras la casa de los nacionalistas y la casa de Lydia los patios se funden. Así también, tío Sergio representa un espacio: es muestra del país forzado a callar; perderlo es perder las dimensiones reales del país. Perderlo, en la visión de Lydia, es perder el pasado rescatable y verse obligada a construir el futuro con su ausencia. De ahí, el proyecto desmitificador emprendido por la niña, el desenmascaramiento de la cobardía de Sergio y, a su vez, el desarrollo de una vocación contestataria.

Desde el punto de vista de su organización, es a partir del tío (como personaje y como acontecimiento) que nace el relato. Es él un principio ordenador, por lo que es a partir del penúltimo capítulo, en que se le apostrofa, que se define la obra, en un movimiento paralelo a la transformación política que se manifiesta en la niña una vez desaparece el sugestivo mentor. Antes del capítulo citado la voz narrativa podía optar por una de dos alternativas: recalar en la generación conflictiva producida por esa clase o evaluar esa generación desde la experiencia de uno de sus miembros. Es decir, la experiencia personal pudo haberse convertido en acontecimiento generacional de forma inmediata. No obstante, sólo mediatamente accedemos a ello, a través de la focalización subjetiva que del espectáculo hace Lydia.

El tío es el provocador y el enigma, además de ser el personaje imprecado por la adolescente al abstenerse de conmover en su justa medida a la joven generación. La respuesta es esta novela, evocadora de una adolescencia conflictiva en la cual una niña con una intensa vocación hacia lo clandestino lamenta carecer del mentor que deseaba. Desentrañar el significado de ese tío equivale a auscultar los órdenes secretos del mundo prohibido por la nueva alianza muñocista. A tal efecto, el pasaje más esclarecedor sobre el significado de Sergio:

> Los adultos no sospechan jamás o quieren imaginar que no existen, los lazos internos y fuertísimos entre los niños y la gente prohibida. Pero es que los niños desde pequeños saben, intuyen, se

reconocen en los prohibidos, si está dentro de ellos ser así cuando grandes.[8]

Tío Sergio constituye lo prohibido político y lo prohibido sexual; es el nacionalista, el trotskista, el inconforme, el paria, y es, además, el oscuro objeto del deseo de Lydia. Con él se trastoca el orden establecido por la familia, la imagen del país que se le crea a los niños, las relaciones distantes y taimadas a establecerse con los que no formen parte del estrecho círculo familiar. Con él también se funda la imagen del sexo.

Podrían establecerse varios paralelismos entre *El amante*, de Marguerite Duras, y *Felices días, tío Sergio*, de García Ramis. El recuerdo del comerciante chino y del extraño Sergio en una y otra novela respectivamente aproxima la voz narrativa al hecho estético, a la decisión de escribir. El ritmo sosegado, lento y reflexivo de *El amante* contrasta con el más ágil, dinámico y transformador de la novela de García Ramis. Ambas son novelas íntimamente ligadas a la autobiografía. Ambas narran el ciclo del crecimiento y provocan el acto de la escritura con su virtud transformadora; el *Bildungsroman* desemboca en proceso hacia el *Küntslerroman*. Si en *El amante*,[9] Marguerite Duras narra la relación prohibida existente entre el comerciante chino y la niña francesa, en la novela de García Ramis lo prohibido no emana de la divergencia étnica, sino de la prohibición incestuosa. Frente al rostro hermoso y súbitamente devastado de una niña de diecinueve años marcado por la huella del deseo en la novela de Duras, en Lydia convergen la vocación contestataria y la vocación incestuosa. En ambas, este deseo surge del sentimiento de lo prohibido, mientras que la rebeldía y el amor que las ata a las figuras ausentes genera la escritura en ambas voces narrativas. Ese deseo nace signado por un destino: el de ser seducción y no amor.

---

[8] *Felices días* 80.

[9] *L'amant*. Paris: Editions de Minuit, 1984 (Premio Goncourt de novela). *El amante* (Barcelona: Tusquets editor, 1986, traducción de Ana María Moix).

Un pensador francés, Jean Baudrillard, postula que la seducción se sostiene sobre la hipótesis de un duelo enigmático[10] que no es la forma de una respuesta, sino la de un desafío; de una distancia secreta y de un antagonismo perpetuo que permite el juego de una regla, el del *pathos* de la distancia a la aproximación patética del amor.[11] De ahí que, desde sus inicios, en esta novela sea imposible responder a una carta que se sabe fallida por falta de un interlocutor activo. Oculto entre las sombras de Nueva York, el tío Sergio es incapaz de responder (lo cual es una forma de actuar) y su silencio destruye fatalmente el intento de comunicación entablado inicialmente por Lydia. Por eso la carta no es carta, sino apóstrofe, pues no sólo el tío se niega a una respuesta, sino que, sobre todo, Lydia la sabe imposible. La forma de la carta, pues, denota ser un simulacro, mientras que el apóstrofe se confirma como himno y maldición a su vez. Se trata de un discurso, si no contradictorio, al menos equívoco, que nos remite una vez más al mundo conflictivo de la niña. El apóstrofe que se sabe sin respuesta es muestra de un deseo irreducible a la patética verdad del amor; es gesto significante de la no funcionalidad de su comunicación. Ante la certeza de esa impotencia, la narradora opta por un título que sólo puede ser dedicatoria. El otro está contenido *tan sólo*, como diría Barthes,[12] al principio de la comunicación. Está en la voz de la narradora, en lo evocado por

---

[10] Jean Baudrillard. *Las estrategias ocultas* (Barcelona: Editorial Anagrama, 1984). *Les stratégies fatales* (Paris: Editions Grasset & Frasquelle, 1983). La traducción al español es de Joaquín Jordá. "Yo prefiero la forma de la seducción que mantiene la hipótesis deun duelo enigmático, de una solicitación o de una atracción violentas, que no es la forma de una respuesta, sino la de un desafío, de una distancia secreta y de un antagonismo perpetuo que permite el juego de una regla; yo prefiero esta forma y su *pathos* de la distancia a la del amor y su aproximación patética" (105).

[11] *Baudrillard.*

[12] "No se puede regalar lenguaje (. . .), pero se le puede dedicar puesto que el otro es un pequeño dios. El objeto obsequiado se reabsorbe en el sentir suntuoso, solemne, de la consagración, en el gesto poético de la dedicatoria..., es el principio mismo del himno". *Fragmentos de un discurso amoroso* (México: Siglo XXI, 1982), (Paris: Editions du Seuil, 1977)

deseado, convertido en himno al regalarle el acto mismo de la escritura.

2. Entre la epístola y el apóstrofe

Alude Paul de Man[13] a la tensión existente entre la gramática y la retórica, destacando cómo se produce una retorización de la gramática en la figura de la interrogación retórica. Si bien —señala— tiende a pensarse que existe continuidad entre la gramática y la lógica (una interrogación se traduce a través de un mecanismo sintáctico) en ocasiones, en una interrogación retórica, si bien su gramática nos remite a una pregunta, el contenido de dicha pregunta podría lanzarnos a dos significados mutuamente excluyentes. El modo retórico surge cuando se hace imposible determinar, ante la trabazón de dos significados posibles y mutuamente excluyentes, cuál prevalece. El modelo gramático, señala de Man, engendra dos significados:

> I follow the usage of common speech in calling this semiological enigma "rhetorical". The grammatical model of the question becomes rhetorical not when we have, on the one hand, a literal meaning, and on the other hand a figural meaning, but when it is impossible to decide by grammatical or other linguistic devices which of the two meanings (that can be entirely incompatible) prevails.[14]

En el penúltimo capítulo de la novela de García Ramis asistimos a una retorización de la gramática, concretizado ello en la pregunta retórica. Y esa retorización, a mi juicio, se produce en el ámbito de los ejes comunicativos de la interrogación. Retomemos, por el momento, el inicio de este trabajo. El capítulo dedicado a la carta es central a la lectura que podamos hacer de *Felices días, tío Sergio*. La novela, pues, contiene dos movimientos, operativos

---

[13] *Allegories of Reading. Figural Language in Rousseau, Nietzsche, Rilke and Proust* (New Haven: Yale University Press, 1979). Véase el ensayo "Semiology and Rhetoric" (3-19).

[14] Paul De Man 10.

ambos en el capítulo citado: el movimiento hacia el apóstrofe y el movimiento hacia la interrogación retórica, simultáneamente. Antes discutíamos que la estructura apostrofal incide en la novela convocando un mundo, remitiéndonos a una realidad que desborda finalmente las figuras individuales del tío y de la sobrina. Todo el Puerto Rico de la década de los cincuenta se reproduce y se convoca en virtud de ese apóstrofe a través del cual se realiza un mundo. Señala Jonathan Culler[15] que el apóstrofe provoca la incomodidad del apostrofado y funciona como un intensificador al producir una imagen investida de pasión. Del apóstrofe, en mi opinión, deriva la intensidad de la voz narrativa en esta novela y la función emotiva que desempeña. Ahora bien, del apóstrofe como forma el texto se desplaza hacia la interrogación retórica como contenido. Y en el interior de esa interrogación retórica hay más de aserción que de pregunta. La gramática escamotea la retórica. Para asumir como retórica una interrogación retórica habría que partir de la presunción de una "discontinuidad entre la estructura gramatical de tipo interrogativo y la figura no interrogativa de la pregunta retórica".[16] A tal efecto, centremos nuestra mira en el fragmento más importante en la novela:

> ¿Cómo esperar entonces que saliéramos distintos? Porque yo sé que tú te fuiste de aquí pensando que nosotros tres teníamos algo de tu rebeldía. ¿Cómo pudimos haber crecido a ser otra cosa que lo que somos ahora: ambiguos, dudosos, incapaces de saber qué hacer, cómo pensar, a quiénes dedicarnos? ¿Cómo pudiste olvidarnos, dejarnos crecer así? ¿Acaso no sabías que también eras responsable de continuar lo que habías comenzado con nosotros, nuestra complicidad, nuestro despertar, nuestro atisbo de lucha por la identidad? ¿O es que tú no tienes clara tu identidad y nos lo

---

[15] Jonathan Culler, *The Pursuit of Signs* (Ithaca: Cornell University Press, 1981). Véase el ensayo "Apostrophe" (135-154).

[16] Culler, "Changes in the Study of the Lyric", pp. 38-54 en *Lyric Poetry (Beyond New Criticism)*, ed. por Chaviva Hosek y Patricia Parker (Ithaca: Cornell University Press, 1985) 45.

escondiste? Uno no puede llegar así a la vida de la gente y prenderle ideas y sentimientos y de pronto apagarlos e irse. Y eso hiciste tú.[17]

El aspecto retórico contenido en el pasaje deriva del hecho de que el mecanismo binario implícito en el uso de los pronombres "tú-nosotros (yo)" y de los verbos en sus formas plurales podrían remitirnos, tanto a la figura del apóstrofe en sus contenidos (al "tú") como a a la figura de la interrogación sobre el "yo", o mejor, a la interrogación sobre el "nosotros", la generación en que se inserta la protagonista. Es decir, la retórica implícita en esa gramática puede remitirnos al retrato o a la autobiografía.

Si bien cuantitativa y formalmente predomina la interrogación, en última instancia esas preguntas operan como aserciones, y en lugar de proveernos información sobre el apostrofado, a quien se lanza esta prolongada exhortación, caracterizan y retratan al hablante, al nosotros (y también, a la niña). La interrogación retórica (el tropo visible) nos remite al pronombre invisible que se oculta tras todo apóstrofe: a la primera persona singular. El apóstrofe aquí se nutre de interrogación retórica; la evocación, pues, deviene confesión. La oscilación pronominal "tú-nosotros (yo)" mantiene vivo y abierto el texto; mas el circuito comunicativo se define sobre el yo. El orden gramatical sugiere el diálogo, mas el orden comunicativo lo clausura. El apóstrofe crea el "tú", la segunda persona singular, el mundo convocado; mientras que la interrogación retórica estimula los resortes del autocuestionamiento. Y la pregunta está motivada por un hecho crucial en la novela: el "mentor" es, en las postrimerías de la novela, un mito destruido, susceptible de ser interrogado. Si originalmente el conflicto nacía de las sospechas creadas en torno al tío, no es sino hasta que Lydia descubre el secreto y descodifica su enigma, cuando recupera su ruta. En ello estriba la lección que, finalmente, surge después de un funesto proceso educativo orientado hacia

---

[17] *Felices días, tío Sergio* 141.

la descolocación histórica y política, lección que resume la siguiente reflexión: "Cuando uno aprende algo, de primera intención siente como si hubiera perdido algo".[18]

Es necesario recalcar el efecto contraproducente que la ausencia del tío crea en los niños inmediatamente después que éste abandona el país. En primer lugar, convierte a la niña en una simuladora, al ésta fingir que la partida del tío no le afecta. En segundo lugar, su rebeldía adquiere un cariz negativo al hacer de la literatura, por ejemplo, un instrumento de evasión. En tercer lugar, recurre a las sustituciones: lo hispano se sustituye por lo anglosajón. En la novela, incluso, hay una reflexión sobre un proceso "educativo" que insiste en escritores ingleses como Longfellow en desmedro de los poetas latinoamericanos. De ahí que, una vez concluido el desaprendizaje y evaluado retrospectivamente ese mundo, se privilegie el libro del mundo y no el libro de la biblioteca, se critiquen los modelos previos produciendo la mirada de extranjería que dirige la protagonista hacia su pueblo y la asunción de la literatura como instrumento de evasión, de autonegación: "Yo me zambullí en todo lo que me permitiera escapar lo que yo era y lo que yo sentía".[19]

No obstante, es justamente la ausencia del tío lo que propicia su reflexión, la interrogación sobre lo que es ella y su país. A Sergio le condicionaron la compañía de sus sobrinos; la familia le impuso su silencio vergonzoso en torno a todo lo que pudiera remitirse al ser puertorriqueño. Mientras estuvo en el país, sin embargo, sus acciones bastaron para encauzar a los sobrinos por el camino de una educación orientada hacia lo libérrimo, hacia la autenticidad, hacia la verdad. Es su partida lo que provoca una ruptura entre sus actos y lo que él significa para los niños. Es esa súbita partida (hermanada al silencio que le impuso la familia) la que suscita un cambio en la niña: quiebra el símbolo, escinde la vida de los niños. La ruptura amenaza la estabilidad emocio-

---

[18] *Felices días, tío Sergio* 141.

[19] *Felices días, tío Sergio* 136.

nal de esa nueva generación y los desubica. Entonces, el mentor
se convierte en mentor fallido, y a Lydia en el futuro la cautivará
el rey Arturo —"el que fracasó en su intento, el sabio muerto sin
razón"— más que el Cid. De ahí que, desaparecido el tío, comen-
te la fisura, ejemplificada en el reemplazo de los espacios (las
casas), el tiempo y la persona de Sergio, que no puede reempla-
zarse sino con su recuerdo:

> Me di cuenta entonces que no había ya rastro tuyo en este país,
> que mi vida se había cortado en mitad y todo sería medido de
> ahora en adelante por los tiempos de la Casa de Antes y los tiem-
> pos de la Casa de Ahora.[20]

Sin embargo, el tío Sergio constituye una huella indeleble. A él
los une su complicidad, la transgresión, los secretos, los objetos
de valor sentimental enterrados juntos, los vocablos, las prome-
sas. Para los niños, visitar la casa de don Gabriel Tristani y su
hija, la Margara (los nacionalistas) constituye el aprendizaje mayor y la mejor clave de la que disponemos para situar la novela
en la orilla de la dicha y de la felicidad conscientes, y no en la
del pesimismo devastador.

Si alguna lección deriva Lydia de todo ello, ésta consiste en
reconocer el arma, el instrumento que en una ocasión descono-
cía poseer a fin de luchar por lo que el tío significa en su vida.
Se trata de la memoria. Sergio se transforma en mentor al convertirse en objeto de la reflexión de la niña. La novela, entonces,
critica a aquellos que se negaron a ser mentores en un momento
determinado de sus vidas y es, además, autoreproche al reconocer Lydia que también ella se negó a ser alumna. Un ejemplo claro de ello es la escena de la danza. En el momento crucial de esa
decisión simbólica equivalente a asumir un mundo, Lydia no
danza, lidia:

---

[20] *Felices días, tío Sergio* 148.

Y en una de esas decisiones importantes de la vida, entre acercarse a algo y tener miedo de fracasar, tuve miedo de salir como las mujeres de mi familia y salí del paso. —No, le dije.[21]

La negativa de Sergio a asumir explícitamente la función de mentor halla su correlato en la negativa de Lydia a ser discípula, y el intento comunicativo iniciado por Sergio se frustra, homologándose ambos bajo el signo de la cobardía. Sergio parte, pero queda. El desorden sobrevenido en el mundo de la niña después de su partida no estriba en el abandono, sino en la ausencia de armas para lidiar con ese abandono:

> Yo quise pelearle y recordé a Mami comparándome con Boabdil; yo no quería ser cobarde, pero no tenía instrumentos para pelear por él.[22]

Lo que más la perturba de ese abandono no es la soledad, sino la impotencia. En última instancia, el resultado es la desubicación y el autocuestionamiento. Sergio es una ausencia demasiado presente. Lydia lo necesita, y borda, talla, escribe sobre su recuerdo un tapiz, un dibujo, un texto:

> Y te recordé con ese cariño de antes y te recordé con Micaela, levantándote de unas sábanas mojadas, muerto en la niebla como el rey Arturo, y a diferencia de él, vencido sin haber tenido ganas de luchar, vencido y yéndote, dejando atrás un mito, y te recordé más fuertemente aún el día que bailaste con Mamá una danza, el son de antes de "que no volverán jamás felices días de amor" y aguantando las ganas de llorar y descubriendo que yo todavía seguiría por la vida, comencé a desbordarme en ti en un español incierto y auténtico y agarré papel y pluma para empezar esta carta que comenzó Felices días, tío Sergio, Felices días.[23]

Es en el penúltimo capítulo de la novela donde se intenta un

---

21 *Felices días, tío Sergio* 121.

22 *Felices días, tío Sergio* 136.

23 *Felices días, tío Sergio* 150.

diálogo. Hasta ese capítulo la obra se mueve en los ámbitos de la
sospecha y de las dudas; en este momento se abre a la pregunta
sobre quién es Sergio y se intenta el diálogo; se desea romper su
enigma cuestionando a alguien que antes era mito, amor cifrado.
Sin embargo, el gesto interrogativo se resuelve a favor de la pregunta hecha y su tendencia implícita hacia lo monológico y no
hacia la respuesta que supone el diálogo.[24] Se resuelve a favor del
emisor mismo, del enunciante. Al acentuarse la voz del inte-
rrogador y no la de aquel que responde, la voz que interroga se
convierte en voz devoradora; adquiere las dimensiones de la voz
omnipotente del poeta concebido por la tradición clásica. Todo
el esquema comunicativo sobre el que se sostiene la novela nos
remite una vez más al hecho de que en este texto predomina el
juego con las distancias implícito en la seducción más que las
aproximaciones necesarias al amor; y la razón para ello es obvia:
el tío perdura como signo de lo prohibido y de la transgresión.
El texto es más bien una dedicatoria, dada la imposibilidad de
una respuesta. El intercambio erótico, como el comunicativo, es
imposible.

En síntesis, tanto la carta como el apóstrofe disimulan lo que
realmente está en juego aquí. Se crea un circuito comunicativo
que formalmente necesita del otro para serlo, pero, superados los
equívocos formales y asumidos los de contenido, el gesto comunicativo remite nuevamente al "yo". Si en un principio, el apóstrofe y la carta son asimilables, pues se dirigen ambos a una
segunda persona, es a partir de sus contenidos que se distinguen.
Si en el interior del enunciado (que puede adoptar formas narrativas o poéticas), la función de éste es orientarse hacia el otro,
podríamos decir que se trata de una epístola; si la de uno mismo,
se trata del apóstrofe. La reflexión conduce a la poesía; la refracción, a la narrativa.

---

[24] Hans-Robert Jauss. "Adam Interrogateur. Pour une histoire des fonctions du mo-
dele question-réponse". En *Texte, Revue de critique et de théorie littéraire*, II.3 (1984).
Segundo capítulo de *Aesthetische Erfahrung und literarische Hermeneutik* (Frankfurt: Suhr-
kamp, 1982).

La retórica estriba, además, en el hecho de que si bien es imposible el intercambio comunicativo real con aquel mentor invisible (pero mentor al fin), es posible evocarlo mediante el acto mismo de la escritura. Sólo así es factible transformar lo fallido en victoria y la desaparición en presencia perpetua. Las últimas palabras de esa carta muestran al recuerdo hecho actividad y proceso: son el resorte vivo del acto de escribir. El circuito, pues, no se clausura totalmente. La fisura, la ausencia, se remedia escribiendo, convocando. La urgencia mayor de esta generación de escritores estriba en elaborar el discurso perdido del mentor invisible.

3. Mentores y generación

Mediante un complejo mecanismo de compensaciones, la muerte suele compensarse con la vida. A la llegada del tío Sergio le sucede la desaparición del gato Daruel. Es aquél quien muestra a los niños cómo superar la ausencia con que se inicia el relato, convirtiéndose así en el "lúcido anunciador de un rito de muerte" simbólico. Sergio, pedagogo del clandestinaje y de la rebeldía, les enseña a reconocer que el mundo y sus órdenes se han desmoronado. No en vano a la niña la cautiva Matisse (el salvaje del color) y la perturba la escena de amor entre Micaela y Sergio. Sergio anuncia la complejidad de la existencia, pero a su vez de unos felices días sumidos irremediablemente en el silencio de una partitura que ya nada tiene que ver con el mundo que comparten. Esos felices días son demasiado frágiles para resistir el cambio. Ese orden bruscamente interrumpido por la llegada del tío y esa música a la que se siente ajena suscita la reflexión y el crecimiento de la niña, quien al percibir el orden de una manera diferente, lo asume sin mentor.

El proyecto de García Ramis coincide con el de otros narradores de su generación; entre ellos, Edgardo Rodríguez Juliá, Luis López Nieves, Ana Lydia Vega, quienes, a su manera, han relatado la historia de esa desubicación generacional desde diferentes ángulos: políticos, pícaros, económicos. El resto de esa historia necesita otro espacio para decirla. Todos ellos coadyuvan a crear la biografía entre líneas de una generación que, pese a sus contradicciones, ha hallado su camino.

En ese sentido, acaso haya que hacer hincapié en el significado de esos tíos amorosos y prohibidos que insinúan un mundo y unos órdenes nuevos, aun cuando sea tarea exclusiva nuestra elaborar, dar vida a ese discurso que sugieren. Como señala Cavafis en su hermoso poema, "A Itaca tenla siempre en la memoria", pues sólo cuando luches por ella comprenderás su significado. Es en esa comprensión y en esa lucidez donde radica la felicidad.

DE GÉNEROS Y GÉNEROS:
POETAS, POESÍA Y SISTEMA LITERARIO
(REFLEXIONES TEÓRICO-CRÍTICAS SOBRE LAS
PUERTORRIQUEÑAS CONTEMPORÁNEAS)[1]

A mis compañeras de generación

1. La destrucción del canon[2]

Algunos dicen que la caballería y otros afirman
que la infantería o una larga flota de remeros
es la visión suprema sobre la oscura tierra.
Yo digo que es

la persona que amas. Y así lo pruebo.
¿Es que Elena —que superaba a todos
los mortales en belleza— no abandonó
al mejor de los hombres, su rey,

y zarpó hacia Troya y olvidó
a su hija y a sus amados parientes?
Con una sola mirada él la sedujo
y desvióla de su ruta,

---

[1] Ensayo preliminar a la antología *De lengua, razón y cuerpo (Nueve poetas contemporáneas puertorriqueñas)*. San Juan: Instituto de Cultura Puertorriqueña, 1987.

[2] Haber escogido el sustantivo "destrucción" como parte del título de esta sección no me delata. Toda destrucción edifica la creación y, frecuentemente, ambos procesos se construyen simultáneamente: dialéctica implícita en las formas y en la manera de aprehenderlas.

estas cosas ahora me recuerdan
a Anaktoria que está lejos
y yo sólo una cosa querría:
ver sus aleves y elásticos pasos
y los destellos de su cara, antes que mirar
todos los reflejos de carruajes
o los hoplitas armados de Lidia.[3]

En el poema "A Anaktoria", Safo quiebra las expectativas de
la tradición poética griega al privilegiar una temática. Postula
preferencias: escribir el amor más que la guerra, y para hacerlo
"decorosamente" compara el esplendor de las ceremonias bélicas
con la belleza de la persona que ama. Elena —la trágica extem-
poránea— interviene en esa transición; la transgresora se convierte en material para la transgresión; Elena da paso a Anaktoria en
la voz de Safo. Violenta así —la tejedora de mitos y epitalamios—
los cánones literarios establecidos y legitima los contenidos de su
poética confrontando valores: aprecio de la belleza individual
contra el encomio de la sociedad guerrera, alabanza de los sentidos contra el elogio de la acción heroica, preponderancia de la
imagen del deseo sobre la representación mimética. Safo inaugura conscientemente la ruptura y se ubica dentro de una minoría
(y por supuesto, en la marginalidad) al contrastar su poética con
la de aquellos que enarbolan la opuesta. Del palpable juego de
oposiciones surge su yo, el suyo; lo supone, lo convierte en el centro de su poema. Del "yo" irradia la razón de su disentir. La "primera persona" se nombra y con ello estatuye una nueva escala de
valores. Es ella (la primera persona de Safo) quien revoluciona las
letras helénicas. Lo épico da paso a lo lírico y la poeta deja de ser
la heredera de Homero para ser su propia voz constituyéndose en
la primera poeta lírica de su época: "visión suprema de la belleza,

---

[3] Traducción al inglés del original griego por Willis Barnstone, en su libro *Greek
Lyric Poetry* (New York: Schocken Books, 1972). La traducción al español es de Aurea
María Sotomayor.

la persona que amas".[4] Con su decisión, Safo exige ese derecho al *mythos* (decir, escribir) que se le negó a la mujer durante la época clásica.[5] Pero, sobre todo, reclama un canon diferente, una temática antibélica, y, con ello, reivindica una parte indispensable de la humanidad. Al cantar a la belleza individual le da existencia a una categoría más de lo estético y de lo necesario.

2. Funciones y tradiciones: "las escritoras para la poesía"

La decisión estética de Safo —puntal de la lírica occidental— ha influido en los cánones literarios adoptados para analizar la poesía escrita por mujeres. Creó un estereotipo: a un género se le recluyó en un género; se le impuso la lírica a la escritora. La postura crítica consistente en encasillar a la escritora en el género lírico conllevaba una supresión: coartar y silenciar la libertad inicial que hizo de Safo la revolucionaria de los cánones estéticos de su tiempo.

---

[4] Bruno Snell, en *The Discovery of the Mind* (New York: Harper Torchbooks, 1960) señala: "Sappho tells us which thing has the greatest value: that which is lovingly embraced by the soul. We find similar confessions in other archaic writings, but Sappho was the first to put this into words" (p. 48).

[5] Al efecto, véase la protesta de Penélope en *La Odisea* (Rapsodia Primera), en la que manifiesta el deseo de querer escuchar otra canción que no sea la de las hazañas de los hombres, y la respuesta de su hijo Telémaco exigiéndole que tenga fuerza para oír sobre el "sombrío destino de los dánaos, pues los hombres cantan siempre las canciones más modernas. Ten fuerza para escuchar, que no fue sólo Ulises quien perdió en Troya la esperanza de regresar; otros muchos perecieron también. Vuélvete a tus estancias, continúa tu labor de telar y de rueca, y que vuelvan tus sirvientas a sus tareas. A los hombres nos toca hablar, y sobre todo a mí, que soy dueño de esta casa". Telémaco exige a su madre el silencio, la reclusión y un oficio. El comentario, además, sugiere diferencias de consumo ante un mismo mensaje. Véase el ensayo de Lawrence Lipking, "A Poetics of Abandonment", *Critical Inquiry* 10:1 (sept. 1983), pp. 61-81. Véase además el artículo de Jean-Pierre Vernant, "Greek Tragedy: Problems of Interpretation", en *The Structuralist Controversy*, ed. por Richard Macksey y Eugenio Donato (Baltimore: Johns Hopkins, 1972). En éste se señala que en la tragedia griega (por ej. *Antígona, Los siete contra Tebas*) son las mujeres los personajes más completos, precisamente por su marginalidad social.

El gesto de Safo fue saber escoger, mas la crítica contemporánea parece querer negarle a la mujer esa sapiencia en la
selección que signó la obra de nuestra antecesora. No hay poesía
—insinúan— a menos que hablemos de amor. Con Safo, es importante que reclamemos el derecho al *mythos*, a la lírica cuando que-
ramos, a la crítica, a nuevas formas de consumo; reclamemos y
exijamos el derecho a disentir del canon y el derecho a compar-
tir, más allá del epitalamio, la loa a los dioses (formas a las que
se asignaban funciones cívicas y religiosas dentro de la sociedad
ateniense) o del poema lírico, otras formas y otros contenidos.
Como bien señalaba Adrienne Rich, a las escritoras contemporáneas les urge recurrir a la ruptura, revisar los valores y la tradición que las avala, indagar por qué y cómo se nos ha forzado a
consumir la imagen que otros han creado de nosotras, y para ello
es necesario releer con ojos diferentes —los propios— toda la literatura universal.[6] Para leerse es necesario buscarse (y encontrarse), supone un acto de conciencia que impida que otros digan que
somos lo contrario de lo que somos. La escritora (como el escritor) no puede escribir para la crítica, ni para la academia ni tampoco para las feministas ni para el poder. Debe partir de una necesidad intrínseca de describir y comentar el mundo y su mundo.
De ahí los peligros de un feminismo heredado, vacío de contenidos, que intenta coquetear con los mandarines del poder crítico.
Librarse del peso de las autoridades y de las expectativas sociales
es el primer y último paso para lograr una escritura libre.

3. Algunas propuestas: Ferré, Rich, Jong

Encasillarnos en la poesía lírica conduce a otra reducción: la
apabullante cantidad y calidad de las poetas asusta, lo cual conduce al silencio crítico, y cuando se hace crítica, el discurso de
las poetas es descrito como un monocorde coro a voces indistin-

---

[6] "When We Dead Awaken: Writing as Re-vision" (1971), en *On Lies, Secrets and
Silences (Selected Prose) 1966-1978* (New York: Norton, 1979).

guible y unívoco sobre el amor, la pasión y la tragedia. Rosario Ferré incide en el mismo error. *Sitio a Eros* —proyecto de divulgación sobre varias feministas americanas y europeas— borda un tapiz reductor para la mujer. Su lema parece ser "la pasión las hará libres". En este texto la mujer es objeto de una tragedia que atraviesa sus vidas, el espectro de la culpa cerca su obra, el intento de definición se frustra con la muerte. Al Ferré soslayar heroínas menos angustiadas incide en la zona del desastre. La selección de ese *corpus* —el silencio en torno a biografías femeninas diferentes y acaso más triunfales- confirma su visión. Al Ferré señalar que resulta afortunado que la mujer no comparta el poder político porque ello la salva para oponerse al sistema patriarcal —lo cual es su deber, según Ferré— y al afirmar que el problema de su libertad material sea "un problema externo" es sumamente cuestionable.[7] Con lo primero, justifica una opresión y, con lo segundo, ignora los condicionamientos materiales a que se somete gran parte de la población femenina. Ferré olvida que no es privativo de la mujer cuestionar las instituciones del poder —se trata de un proyecto solidariamente humano— y, al señalar que "la pasión es la naturaleza definitoria de la mujer", incide en los mismos postulados patriarcales que ha cuestionado, aun cuando reconozca que es esa pasión la fuente de su fuerza y de su flaqueza. La forma conflictiva con que se aborda el tema relativo a la pasión reduce el planteamiento mismo del problema. Ferré es sitiada por el Eros asumido, por el mismo pensamiento patriarcal que critica, al asumir junto a su pregunta —la pasión como fuente ambigua— la respuesta obligada que cualquier hombre podría ofrecer. En otras palabras, la forma en que Ferré construye su tesis contiene su respuesta: la pasión, ¿es fuerza o flaqueza? Y el libro contiene su respuesta que podría parafrasearse así: la fuerza de su pasión conduce a la final destrucción de la biografiada.

En mi opinión, una de las frases felices del ensayo de Ferré que discutimos es una definición alterna: "El amor es también el

---

[7] *Sitio a Eros* (México: Joaquín Mortiz, 1982), pp. 15-16. De ahora en adelante, citaré en el mismo texto.

trabajo profesional hecho con amor..." (p. 15), frase de donde surge la pregunta: "¿cómo integrar en su vida estas dos fuerzas, el amor y el trabajo, de cuyo delicado balance fluye toda felicidad, toda energía, esa fuente de regeneración que ha estado siempre al alcance del hombre y muy contadas veces al alcance de la mujer? ¿Cómo resignarse a la muerte si esto significa el anonimato de su trabajo?" (p. 23) Es esta zona del trabajo hecho con amor y la reivindicación de la mujer para el oficio que escoja un proyecto más contemporáneo, más permanente y más gozoso. Si bien Rosario Ferré equivocó su tesis, posibilitó otra. Planteado el debate desde esta perspectiva, el libro habría sido más fructífero y, posiblemente, habría hallado otro tipo de heroínas u otra forma de asumir la heroicidad. La propuesta de Ferré en este ensayo[8] se apoya en la ideología de la oposición y no en la de la diferencia, adscribiéndose así a muchos de los postulados que tanto Anais Nin, Adrienne Rich, Erica Jong, Virginia Woolf, o más recientemente, Hélène Cixous[9] han defendido y superado finalmente.

Irónicamente, Erica Jong rescata una zona para la escritora: su casa. Señala ella que el papel de "artista-ama de casa" es más afín a la mujer que el cruce "escritor-Tarzán" que la genética literaria masculina (Hemingway-Miller-Mailer) propugnaba. Y añade Jong que es necesario dar paso a una concepción nueva de la potencia (poetencia) y a otro concepto del artista: "Perhaps all artists

---

[8] "La cocina de la escritura", en *La sartén por el mango* (encuentro de escritoras latinoamericanas. Patricia Elena González y Eliana Ortega, editoras, (Río Piedras: Ediciones Huracán, 1984), pp. 137-154.

[9] La ira es un arma común de Ferré y Rich. De Erica Jong, véase "The Housewife as Artist", en *The First Ms Reader*, ed. Francine Klagsburn, (New York: Warner Books) pp. 111-122 y de Hélène Cixous, "The Laugh of the Medusa" (originalmente en *L'Arc*, 1975), en *Signs* 1:4 (verano 1976), pp. 875-893. Consúltese también "Castration or Decapitation" (original francés, "Le sexe ou la tête"), *Signs* 7:1 (otoño 1981), pp. 41-55.

[10] Artículo citado, p. 119. No solamente la escritura feminista está marcada por la insurgencia, sino que además la crítica literaria feminista ha rescatado, junto a otras lecturas (marxistas, sociolingüísticas) el espacio de la valoración. Véase de Barbara Herrnstein Smith, "Contingencies of Value", *Signs* 10:1 (sept. 1983), pp. 1-35.

were, in a sense, housewives: tenders of the earth household".[10]
O como singularmente dice Sor Juana Inés de la Cruz en su sin
precedentes "Carta a Sor Filotea de la Cruz", burlando la autoridad clásica por excelencia: "si Aristóteles hubiese guisado mucho
más hubiera escrito". Doblez lúdico de la contrarreferencia con
el que la célebre escritora mexicana critica las funciones que se le
asignaba a la mujer y sugerencia magistral para algunos filósofos
y críticos literarios de hoy.

4. La lección de Hélène Cixous

Los textos-manifiestos de Hélène Cixous son una inagotable
cantera de ideas. En ellos se propone como proyecto básico la
práctica de una escritura insurgente, antidogmática, apoyada en
la diferencia que supondría inscribir la sexualidad. Señala Cixous
que definir una práctica femenina de la escritura es una imposibilidad porque no puede ser codificada. Describe así la práctica
femenina de la escritura:

> But it will always surpass the discourse that regulates the phallo-
> centric system; it does and will take place in areas other than those
> subordinated to philosophic-theoretical domination. It will be
> conceived of only by subjects who are breakers of automatisms,
> by peripheral figures that no authority can ever subjugate.[11]

Al profundizar en la vinculación que Cixous establece entre lo
femenino y lo insurgente destaca otras coincidencias: la relación
existente entre la experiencia femenina y la de los pueblos colonizados, los negros, los perseguidos, los prisioneros. Después de
hacer estos apuntes sobre el proyecto de una *escritura insurgente*
signada por la marginación, Cixous pasa a describir en "Castración o decapitación" lo que ella considera las características de
una escritura femenina y la describe como un texto abierto, que
comienza por múltiples sitios, pleno de humor, infinito, cerca del

---

[11] "The Laugh of the Medusa", p. 883.

tacto, la oralidad, la carne del lenguaje. Finalmente, adscribe esta escritura a una economía libidinal cuyo consumo no ha sido asignado previamente por la cultura o la ideología del poder.

Si repasamos los postulados de Cixous y las múltiples metáforas con que se marcan sus textos, su mayor aportación para el pensamiento feminista latinoamericano es la aserción de una escritura insurgente, específicamente en lo que respecta a un feminismo consciente de su periferialidad, su rechazo de la autoridad y su identificación con la experiencia de la opresión. Cixous nos remite a Safo y evoca un mismo modelo: la escritora como subvertidora de cánones.

No obstante, *la insurgencia se nutre de la experiencia sufrida de la opresión* y cuando Cixous insiste en describir los contenidos de la insurgencia, invierte el proceso mismo que le da aliento. La que Cixous describe es su insurgencia personal; la escritura femenina no puede responder a los contenidos de insurgencia que otros le definan. Tiene que responder a su latido propio, a su grito propio, a una búsqueda propia. Las características "objetivas" que posteriormente haya hallado Cixous en algunos textos de escritoras no pueden militar contra la libertad del proyecto inicial de escribir como se quiera. Si así no fuese, la escritura insurgente se destruiría.[12] Y para las escritoras latinoamericanas la propuesta de Cixous debe dejar una marca: construir sí la insurgencia, pero desde nuestra particular y angustiosa experiencia propia.

---

[12] Mientras escribía mi crítica a Cixous me planteé las siguientes posibilidades: 1) ¿Es que en "Castración o decapitación" Cixous sucumbe a las categorizaciones patriarcales al atribuirle al texto femenino características tales como "sensibilidad", proximidad al cuerpo, materialidad, o incide en caracterizaciones erróneas concernientes a los géneros tales como que la poesía está más cerca del inconsciente que la prosa? (Ver pp. 879-880 de "La risa de la Medusa".) 2) Cuestionar mi punto de partida. ¿He supuesto que el tacto, la sensibilidad, la apertura son negativas, meramente porque aún parto de un pensamiento patriarcal? 3) ¿Es posible rescatar la diferencia si no es a través de un rescate conjunto de la oposición que le es inherente?

5. La escritura, los géneros y el poder

Concurro con Jean Franco en que un aspecto de nuestra crítica literaria futura será elucidar las funciones o los lugares que el discurso crítico asigne a las escritoras dentro del ámbito de la literatura latinoamericana.[13] Aportaré algo a esa discusión. Si, en Latinoamérica, se ha encasillado a la mujer en un género, a saber, la poesía lírica, es interesante advertir el fenómeno inverso en la literatura inglesa. Las escritoras mismas contribuyeron a esa fisura. Virginia Woolf, por ejemplo, señalaba que la ficción le es más próxima que la poesía a una mujer porque es una forma *menos concentrada de arte*, que aborda cuestiones menos trascendentales. Todo ello, añade, es producto de su particular esfera de acción y de su educación, que la inclinaba a la observación y el análisis del carácter más que a las sutilezas del pensamiento poético. Jane Austen comparte el razonamiento de Woolf al indicar que la novela era un género desprovisto de prestigio porque se asociaba a un género desprovisto de estatus: la mujer. La novela se había convertido en un género explotado por las escritoras y sustentado por un público femenino.[14]

Es iluminador, pues, que la escritora de ficción en lengua anglosajona mirara con ojos tan tristes su propia producción al tildarla como menos trascendente que la poesía o como un género desprovisto de prestigio. Con ello convierte el género escogido en una práctica literaria jerárquicamente inferior a la que hubiera escogido si otra hubiera sido su educación. Fracasó de todas

---

[13] "It's main thrust in the 1980's will undobtedly be towards an exploration of how gender divisions operate within the ideology of the literary texts, and the construction of gender roles and identities". Jean Franco, "Trends and Priorities for Research in Latin American Literature", *Ideologies and Literatures* IV:16 (mayo-junio de 1983), pp. 107-120.

[14] De Woolf, véase "Women and Fiction" (1929) en *Women and Writing*, editado por Michelle Barrett (New York: Harcourt, Brace, Jovanovich, 1979), pp. 43-52. Sobre Jane Austen, véase la cita en Susan Gubar y Sandra Gilbert, *The Madwoman in the Attic (The Woman Writer and the Nineteenth Century Literary Imagination)*, pp. 131-132 (New Haven and London: Yale University Press, 1980).

maneras, insinúan, porque ella misma privilegia lo que no identifica como propio. El deseo fue uno y el logro, otro. Como se sabe, no hay mayor negación de la libertad que aquel gesto que convierte la vocación en destino, o peor aún, destina conformistamente una vocación.

No es extraño, pues, que la literatura decimonónica inglesa, norteamericana y francesa revelara una gran proliferación de narradoras, pues de antemano se las identificó con un género desarrollable en el ámbito femenino de los cuartos propios. La crítica y las escritoras mismas intentaron avalar sociológicamente esta coincidencia entre género y género al señalar que escribir narrativa constituía un medio de subsistencia económica que no proveía la poesía, género éste no lucrativo, patrimonio de aquellos que podían prescindir del trabajo, poesía vedada a la mujer por atribuirla a la vocación sagrada del vate. Además, se señalaba que la poesía requiere una educación más esmerada, exige la aserción de un "yo" fuerte y poderoso, no depende de la observación, por lo que resulta ser la zona privilegiada y privada de la creación masculina.[15] En otras palabras, el espacio de la omnipotencia era el espacio de la potencia; definida, claro está, como "potencia" masculina.

Hay claros indicios que me inclinan a trasladarme a otro espacio y a otra época. El espacio es Latinoamérica y la época es el Siglo XX. En primer lugar, consignamos un hecho: la abundancia de mujeres poetas o lo que la crítica ha canonizado ya como un continente de "poetisas": Sor Juana, las modernistas, nuestro premio Nobel femenino, la pléyade de suicidas, las inspiradoras, las heroínas de las novelas fundacionales (*María, Cecilia Valdés, La Amortajada*). Consideremos luego algunas de las claves que fundamentan mi tesis: 1) un *boom* latinoamericano que prestigió económicamente, sobre todo, la narrativa, 2) una falsa generalización que cada día hace mayor mella en el mercado editorial, a saber,

---

[15] Sandra Gilbert y Susan Gubar, "Introduction", en *Shakespeare's Sisters*. (Bloomington: Indiana University Press, 1979), pp. 15-26.

que la poesía no se vende, 3) la afirmación de que la producción y consumo de la poesía lo sustenta la marginalidad (habría que definir esa marginalidad, si es creada por el mercado o es asumida por sus productores), y 4) el hecho de inscribir a las escritoras en el género hoy "desprestigiado" de la poesía (aunque numerosas narradoras combatan fieramente el estereotipo).

Asistimos a un proceso paralelo al elaborado durante el siglo XIX respecto a la narrativa. El mecanismo es el siguiente. Una vez se marca un género como inferior (ya sea porque su mercado es escaso o porque está superpoblado) dentro del sistema literario, entonces se le reconoce un espacio en él a la mujer. Hay que cuestionar desde ya de dónde procede el matiz negativo que ha gravitado históricamente sobre la escritora especialmente porque desde tiempos inmemoriales la sociedad le ha reconocido funciones ideológicas diferentes a los géneros literarios. En una época se le reconoce a la poesía un poder y se la vincula casi "naturalmente" con lo masculino, mientras se erige como su opuesto a la narrativa vinculándolo negativamente con la cotidianidad y la observación y, por ende, con lo femenino en el ámbito anglosajón. En otra época hallamos un movimiento inverso: se desprestigia en el ámbito del mercado editorial a la poesía, se consigna la inflación de poesía femenina a la que se inscribe exclusivamente en el predio de la poesía lírica y, paradójicamente, a su vez prevalecen tan sólo aquellos poetas reconocidos a nivel internacional y cuyo producto se "vende": Neruda, Vallejo, Paz, Parra, Borges, Benedetti, Cardenal y otros.

¿Qué mediaciones provocaron el que se haya aliado un género a un género? ¿Qué relación guardan hoy con el poder estos dos géneros aparentemente opuestos como la poesía y la narrativa y qué lugar ocupa la escritora en relación con ellos? Un examen de los mecanismos que posibilitaron esta asignación de encomiendas y este repartimiento del poder a través de la escritura revelaría varias preguntas que quiero sólo apuntar: 1) ¿Qué condiciones económicas, políticas, sociológicas, propiciaron que en Latinoamérica (a diferencia de la experiencia europea) destaquen escritoras en la poesía, ese género abstracto, presumiblemente patrimonio del hombre? 2) ¿Por qué una cultura nos asigna la poesía y otra cultura, la narrativa? 3) ¿Qué relación con el poder, que hoy ha adquirido la escritura como práctica ideológica, guarda esta división de la escritura como trabajo intelectual?

Todas estas son preguntas que asedian nuestra producción y la interpretación que de ella se hace. *La repartición es una manifestación más de cómo se relega a la mujer a funciones preasignadas por los que dominan Significantes y Significados, destinando a la mujer y a la escritora al sub-empleo incluso en la escritura.* Y entiéndase que lo llamo subempleo, no porque escribamos poesía sino porque se insiste en desprestigiar la poesía dentro del mercado editorial. La lección de Safo, el derecho al *mythos*, se nos seguirá negando mientras se desprestigie el género y el poder inherente a un género literario específico, lo cual corrobora la necesidad de una escritura insurgente, una cultura de la resistencia (Traba), consciente de los organismos que intentan relegar nuestro producto a la periferia, a la intrascendencia y al anonimato. Por lo tanto, regresemos a la práctica de esa insurgencia, consciente de las mitologías y de las continuas supresiones de nuestro quehacer, rebasemos los modelos de consumo asignados de antemano por el patriarcado, construyamos el proceso de insurrección: la escritura, simple y llanamente, y, dentro de ella, y ¿por qué no?, la poesía, pero bien entendida.

6. Demora: la sustitución del sujeto en la escena de la imagen

Observemos la litografía de Maurits Cornelis Escher, *Hand with Reflecting Sphere*, de 1935. Se trata de una esfera enorme donde se refleja en un ángulo de 180 grados una habitación y su habitante, quien nos mira desde su centro. Produce así su propia imagen reflejada en la esfera y tácitamente nos explica que es él quien sostiene la esfera. (Quien mira es el autorretrato de Escher.) Sus dedos se prolongan agigantados hacia el límite sur de la esfera y allí se pierden. Parecerían desbordarse. Hallan continuidad en otro espacio, en la mano gigantesca (la suya propia) que la sostiene. Esa columna y ese pedestal que, aunados, forman su mano y su brazo, ubicados fuera de la esfera, pero dentro de la litografía, justifican la insistente mirada del sostenedor. Trece años después, en 1948, Escher nos sorprende con otra litografía: *Drawing Hands*. Encerradas en el vórtice de su propia producción (de su autorrepresentación), las manos (que podrían atribuirse a cualquier sexo en este *fin de siècle* andrógino) intentan rematar el trazo final de sus mangas. Se escriben y se describen. En un puro ejercicio metalingüístico —lápiz, papel y rasgos— dibujan su universo, se estatuyen, y basta mostrar la producción de su imagen para que haya producción. Ejercicio fascinante el de dibujar y desdibujar su propia imagen. Aislante ejercicio a veces. Significativo siempre.

No me asombró descubrir el mismo lenguaje figurativo en la carátula de un disco de la cantante italiana Mina ni en la portada del mil veces citado libro de Sandra M. Gilbert y Susan Gubar, *The Madwoman in the Attic*, ni en algunas reproduciones y dibujos de *Quimera* o *fem*. La diferencia estriba en que, en los últimos, se puntualiza delirantemente que el ente productor, el ente que se dibuja, es femenino. La digresión o lo que a simple vista parece digresión —el que lo sea depende de la hábil apreciación del lector— siempre ha sido comienzo tentador para mis gustos, demora del obscuro objeto del deseo, crítica a la esclerotizante cronología discursiva (lo verosímil semántico) de los modos de producción mal reconocidos por algunos críticos. Es el trampolín idóneo hacia la creatividad gustosa, especialmente si entre sus márgenes se dibuja la transición del ente productivo. Las líneas fronterizas de Escher (que nos remiten a la sombra o a la luz, al abismo o a la escalera, espacios ambos, ya sea del ninguneo o del vedettismo) y la apropiación que de su lenguaje ha hecho la conciencia feminista contemporánea me lanza de lleno a otro tema: la *poesía* contemporánea puertorriqueña, o lo que es casi lo mismo, las *poetas* contemporáneas puertorriqueñas. El terreno es escabroso y ciertamente difícil; pero, ante la ausencia de un estudio preliminar sobre la poesía puertorriqueña contemporánea, me hallo obligada a asumir una responsabilidad. Ciertamente son muchos los prejuicios de los que parto, prejuicios inevitables y quizás queridos; serán notables muchas presencias y muchas ausencias, seré justa e injusta, honesta y deshonesta, dependiendo de quién lea. Pues, ¿qué crítica no se expone al mismo dilema? ¿Qué crítica no comparte el terreno mortal y fronterizo de la otra crítica?

El panorama de nuestra literatura, en cuanto al tema de la mujer se refiere, difiere substancialmente de la forma en que se ha desarrollado la literatura feminista norteamericana. Con excepción hecha de las poetas negras, la mayoría de las poetas norteamericanas han elaborado la controversia feminista de forma reductiva, estrechando los ámbitos y la temática de su producción al escribir una poesía extremadamente autorreflexiva que insiste en dibujar y desdibujar hasta la saciedad una misma persona poética. Válido como es ese proyecto, ya que a cada poeta le toca dibujar el mundo que quiera, pienso que las calistenias con su propio cuerpo, los agotadores ejercicios reflexivos, conllevan sus limitaciones, entre ellas, el desprenderse del panorama social donde se insertan y el convertirse en una literatura a consumirse exclusivamente por un género. La poeta, en Estados Unidos, se observa a sí misma y se muestra, no hay otro espacio que no sea el de su cuarto propio agigantado por su imaginación. Ejercicio fascinante el de dibujar y desdibujar su propia imagen. Aislante ejercicio a veces. El delirio infinito de querer ser ella excluye la necesidad de ser un ser humano más dentro de un conglomerado complejo de estructuras sociales que continúan arrebatándole el poder, mientras ella opta por definirse jugando con el paisaje de su propia faz.

7. Las poetas puertorriqueñas contemporáneas

La literatura puertorriqueña contemporánea es el patrimonio casi exclusivo de las poetas; poetas excelentes cuya producción apenas se ha reseñado esporádicamente en algunos periódicos o que surge opacada por el espaldarazo crítico-editorial recibido por un pequeño número de cuentistas. Las antologías de cuentos abundan, pero las poetas se ven obligadas a pagar su edición, a inventar editoriales personales o, en el peor de los casos, a no publicar. Son innumerables las anécdotas que podrían hacerse sobre la escasa difusión de las obras, la falta de apoyo editorial y las incobrables ventas a consignación. Es notable, incluso, que una de nuestras poetas más reconocidas —Julia de Burgos— no figure en las antologías de literatura hispanoamericana publicadas en el extranjero hasta hace escasamente un año.[16] Si no fuese por el trabajo constante y desinteresado de Juan Martínez Capó en su columna sobre la literatura puertorriqueña en el periódico *El Mundo* y a las escritoras mismas, que hemos hecho trabajo crítico y editorial en revistas o diarios,[17] las poetas no existiríamos para la crítica. Urgen todavía ensayos exhaustivos sobre poetas de generaciones posteriores a Julia de Burgos, tales como Clara Lair, Violeta López Suria, Marigloria Palma, Marina Arzola, Martha Lomas, Nimia Vicens y Laura Gallegos.

En Puerto Rico, la reivindicación de los derechos de la mujer se produce dentro de un espacio social marcado por la opresión política, dado el estatus colonial del país. De ahí que el planteamiento feminista marche paralelo al de otros grupos marginados como el proletariado, los presos políticos, los desempleados. Añádase a ello el hecho de que la gran mayoría de nuestros escritores se insertan en movimientos independentistas y socialistas. Desde Lola Rodríguez de Tió (poeta y autora de la letra original de nuestro himno nacional) o Luisa Capetillo (quien se dedicó a escribir obras dramáticas breves dirigidas a crear una conciencia

---

[16] *Poesía feminista del mundo hispánico* Ángel y Kate Flores, editores. (México: Siglo XXI, 1984).

[17] Siguiendo la tradición crítica sentada por Margot Arce, Concha Meléndez y Nilita Vientós Gastón, somos las poetas quienes desde muy jóvenes hemos fundado revistas literarias, y hemos hecho crítica sobre nuestra generación. Entre las revistas literarias fundadas por las escritoras figuran *La sapa tsé-tsé, Penélope y el otro mundo, Cara y cruz, Zona de carga y descarga, Reintegro*.

social y feminista entre las obreras), hasta Julia de Burgos, cuyos
planteamientos feministas no pueden escindirse del contexto
socioeconómico en el que se producen, la obra de las poetas contemporáneas ha abordado la temática feminista desde una perspectiva abarcadora, reconociendo así la doble opresión sufrida
por ellas como seres colonizados y como mujeres.[18] En este contexto, las setentistas han contribuido a definir, de una manera
más igualitaria, las relaciones entre los géneros, han explorado su
erotismo propio recurriendo constantemente al cuerpo físico en
sus imágenes, han propuesto una nueva temática alusiva al mundo moderno (la máquina, la vellonera, la ciudad), han elaborado
poesía lésbica, han explorado el tema de la identidad y han hecho relecturas desde su poesía de figuras mitológicas provenientes de los clásicos griegos o de la mitología arahuaca o inca. Muestra de esta temática y de cómo se aproxima la poeta a su realidad
social aparece consignada en los textos incluidos en dos breves
antologías feministas, el *Poemario de la mujer puertorriqueña*[19] y el
número especial que le dedicó la revista *Guajana* a las poetas.[20]
El tema fue acogido posteriormente en la obra narrativa de Rosario Ferré, Ana Lydia Vega, Magali García Ramis, Carmen Lugo-
Filippi y Anagilda Garrastegui.[21]

---

[18]   *La mujer en la lucha hoy*, Nancy Zayas y Juan Ángel Silén, editores (Río Piedras:
Kikirikí, 1972). *La mujer en la sociedad puertorriqueña*, Edna Acosta Belén, editora (Río
Piedras: Huracán, 1980.) Véase, además, el número especial de la revista *Pensamiento
Crítico* (Río Piedras) 8:44 (mayo-junio 1985).

[19]   Ed. Lydia Zoraida Barreto. (San Juan: Instituto de Cultura Puertorriqueña (Colección Literatura Hoy), 1976.)

[20]   Ed. Norma Valle. *Guajana*, Cuarta época, No. 5 (enero-marzo 1977). La introducción de la antología citada en la nota 18 y el editorial de *Guajana* confirman la perspectiva discutida en el texto. Consúltese, además, el editorial correspondiente al Año
1:5 (mayo-julio 1973) de la revista *Zona de carga y descarga*.

[21]   Además de la obra conocida de estas narradoras, es preciso recordar el poema *Vein-
tiún noches de desvelo y de pasión* (Río Piedras: Puerto, 1978), de Roxanna Matienzo
Cintrón, donde se relata el despertar erótico de una adolescente.

8. Criterios de selección

Las poetas que estudiaré son Ángela María Dávila, Olga Nolla, Aurea María Sotomayor, Etnairis Rivera, Luz Ivonne Ochart, Nemir Matos, Lilliana Ramos, Rosario Ferré y Vanessa Droz. Cada una de ellas ha contribuido significativamente a trazar hitos dentro de la literatura puertorriqueña, ya sea por la elaboración de una nueva temática, el lenguaje utilizado o los contenidos mismos de su obra. Todas ellas son poetas nacidas en la ciudad y provenientes de la clase media, con excepción de Nolla y Ferré, provenientes de familias acaudaladas. Se dedican a los más variados oficios: profesoras universitarias, cineastas, traductoras, periodistas, desempleadas. Todas, no obstante, tienen una misma vocación de la que han hecho, además, una profesión, la escritura.

He incluido en esta producción la obra de Rosario Ferré y de Olga Nolla porque no obedezco un criterio cronológico. Difiero, pues, de la organización a que responde el estudio de Josefina Rivera de Álvarez, *Literatura puertorriqueña, su proceso en el tiempo.*[22] Esta ubica la obra de Ferré y Nolla en la generación del 60, obedeciendo al hecho de que ambas nacieron en 1938, al contrario que el resto de las escritoras nacidas entre 1944 y 1954, cuya edad promedio oscila entre los cuarenta y un y treinta y un años. A estas últimas Rivera de Álvarez las ubica en lo que denomina "Otras poetas de la hornada primera del 75 que comienzan a publicar tempranamente". A Nolla y Ferré, sin embargo, las ubica en el decenio de los sesenta, bajo el subtítulo de "Búsqueda del

---

[22] *Literatura Puertorriqueña: su proceso en el tiempo.* (Madrid: Partenón, 1983). Véase las secciones "Búsqueda del ser interior y de la circunstancia histórico-social en las poetas del 60" (pp. 719-733) y "Otros poetas de la hornada primera del 75 que comienzan a publicar tempranamente" (pp. 869-876). Para otras evaluaciones críticas de nuestra generación, véanse las reseñas de Juan Martínez Capó en *El Mundo* que citaré oportunamente más adelante, los apuntes breves de José Ramón Meléndez en su antología *Poesiaoi: antología de la sospecha* (Río Piedras: editorial Qease, 1978), y la Bibliografía del 70 preparada por Aurea María Sotomayor sobre algunas poetas de la generación del 70, entre ellas, Droz, Ochart, Ramos y Sotomayor; en *Reintegro*, 3:1 (abril 1983).

ser interior y de la circunstancia histórico-social en las poetas del
60". El criterio de Rivera de Álvarez, que obedece exclusivamente a un modelo cronológico, obvia el hecho importantísimo de
que la producción de éstas es contemporánea a la producción de
las poetas que Rivera de Álvarez sitúa en "la hornada del 75". Ese
criterio cronológico falsifica una realidad histórica y textual.
Acaso la única poeta que verdaderamente pueda ubicarse en la
generación del 60 sea Ángela María Dávila. A todas las demás las
debemos ubicar en la generación del 70, independientemente de
la fecha de su nacimiento pues los criterios tomados para esta
selección obedecen exclusivamente a los contenidos textuales y al
momento histórico en que se produce la obra. Parto para ello de
la definición de Julia Kristeva sobre las generaciones en su ensayo "Women's Time", donde señala que "el concepto de generación implica menos una cronología que un espacio significante,
un espacio mental de tipo corporal y deseante".[23] Los sucesos
políticos ocurridos en la década de los setenta en Puerto Rico, las
experiencias compartidas por un grupo de escritores en publicaciones y revistas generacionales, la visión de mundo, el confluir
simultáneo en el recinto de Río Piedras de la Universidad de Puerto Rico y la forma en que todas estas experiencias confluyen en
la obra particular de cada una de ellas son las razones que tuve
para agruparlas como lo hice.

Todas las poetas publican desde muy jóvenes en diversas revistas del país.[24] En algunos casos, los poemarios obtienen pre-
mios en varios certámenes literarios y sólo varios años después se
publica el libro. Consigno, sin embargo la fecha original. El
criterio de presentación en esta antología será entonces la fecha

---

[23] "Women's Time", *Signs* 7:1 (otoño 1981), pp. 13-35.

[24] Droz y Sotomayor (Nadja, pseud.) fundan la efímera de un solo número *La sapa
tsé-tsé*; en *Penélope y el otro mundo* contribuyen de muy jóvenes Droz y Sotomayor; trabajan en la mesa editorial de la importante revista *Zona de carga y descarga*, Droz, Ferré,
Nolla y Ochart; en *Cara y Cruz* colaboran Ochart y Lilliana Ramos; en *Reintegro*, Droz,
Ramos, Sotomayor; y en *Vórtice*, Sotomayor. En esta última revista publicada en Stanford University, véase el número especial dedicado a la literatura caribeña, particularmente la sección sobre Puerto Rico (*Vórtice*, 2:2-3, 1978).

de publicación del primer libro de poesía. A continuación aparecen: la poeta, la fecha de su nacimiento y el título de su primer libro. En los ensayos particulares dedicados a cada poeta se consignarán sus otros libros. Las poetas son: Ángela María Dávila (1944), *Homenaje al ombligo* (1967), en colaboración con José María Lima); Olga Nolla (1938), *De lo familiar* (1973); Aurea María Sotomayor Miletti (1951), *Aquelarre de una bobina tartamuda* (1973); Etnairis Rivera (1949), *Wy dondequiera* (1974); Luz Ivonne Ochart (1949), *Rantamplán* (1975, Premio del Ateneo Puertorriqueño en 1974); Nemir Matos Cintrón (1949), *Las mujeres no hablan así* (1981); Lilliana Ramos Collado (1954), *Poemas para despabilar cándidos* (1981, Premio Sin Nombre en 1976); Rosario Ferré (1938), *Fábulas de la garza desangrada* (1982); Vanessa Droz Martínez (1952), *La cicatriz a medias* (1982).

9. Ángela María Dávila: el cuerpo numeroso

Ángela, los elementos, la ternura voraz, el agua diluida tras la rosa, la historia diminuta, la dualidad vital, el hambre alimentada, animal fiero y tierno. Las enumeraciones y los calificativos no bastan "para mirar de cerca la mirada" de esta poeta que desde su *Homenaje al ombligo*[25] mostró una necesidad clara de decir y una temática que aunaba lo social y lo lírico de forma innovadora. Ángela se inició como poeta cuando era una joven universitaria, compartiendo con la generación del 60 (especialmente, con el grupo Guajana) muchos de sus planteamientos políticos. Desde entonces, Ángela María Dávila es una de esas pocas personas dichosas que se dedican exclusivamente a su vocación: la poesía. Excelente poeta, declamadora y cantante, el mito y la realidad es que cuando Ángela ocupa un espacio para decir, dice, y embelesa a su público.

La soledad, la tristeza, la podredumbre de un mundo que parece estar a punto de sucumbir, el renacer a una experiencia

---

[25] *Homenaje al ombligo* (en colaboración con José María Lima) Río Piedras, 1967.

nueva, los caminos que atraviesa para comprender el mundo, son los temas reiterados de su primer libro. El ombligo, en este sentido, es el centro de donde emanan simultáneamente el llanto y la alegría. Renacer con una voz y unos ojos distintos que la saquen de sí misma parece ser el proyecto futuro, cuyos frutos apreciamos en su segundo libro, *Animal fiero y tierno.*[26]

Homenaje al ombligo registra el despertar de una voz poética ante unas experiencias que le eran ajenas por no haberlas asumido antes. Es, como insinúa su título, el nacimiento de sí misma, donde ella es su propia paridora desde un pasado que la hundía en la soledad más absoluta: "sola conmigo y todos / abriéndose a empujones senderos y caminos / por todas mis arterias" (18, *Homenaje al ombligo*). En éste su primer libro no sólo denota aún la influencia de Julia de Burgos en sus contenidos, en el léxico utilizado, e, incluso, en los ritmos del poema, sino que rescata también la vertiente de poesía social a que se dedica aquélla, iniciando así un proceso de rescate, por las poetas contemporáneas, de la voz poética de Julia de Burgos en sus dos grandes dimensiones, lo lírico y lo social.[27] Se expresa también en *Homenaje al ombligo* el deseo de integrarse en una sociedad desvalida que aún lucha por su esperanza. La intimidad con el dolor suyo y el de los otros repercute en cada uno de los miembros de su cuerpo. Analizado este primer libro, vemos la importancia que adquiere, desde ya, el cuerpo en la literatura puertorriqueña contemporánea;[28] cuerpo que se hace testigo de lo social, cuerpo individual que se aunará a otro cuerpo, el social, en su poesía posterior:

---

[26] *Animal fiero y tierno.* Río Piedras: Qease (Colección Perfil), 1977.

[27] Véase el poema "homenaje" en *Animal fiero y tierno* (p. 33). De Olga Nolla, "Permíteme Julia" en *Clave de sol* (pp. 29-30). De Rosario Ferré, véase su ensayo en *Sitio a Eros* y "A Julia" en *Fábulas de la garza desangrada*. También Nemir Matos alude a Julia de Burgos en su poesía, mas el resto de las poetas, aunque asumen la presencia de Julia de Burgos como muy importante, parecen no querer gravitar demasiado alrededor de su figura. Desean deshacerse del fantasma o, al menos, de la versión que la historia literaria nos ha dado de esa gran poeta.

[28] Recurrir al cuerpo como unidad de sentido y como metáfora difiere de la postura neorromántica de poetas anteriores.

> y el dolor claro y fuerte
> rompiéndome en las cifras de caminos insólitos
> con mi pie y mi rodilla, mi pulso y mi cintura
> puestos al fin de acuerdo
> (y hasta mis lágrimas)
> construyéndose juntos la soledad,
> debajo de este párpado
> el ojo es increíble; áspero y de desierto
> la luz hinchada y firme de tan ancha.
>
> *Homenaje al ombligo, 20*

La fusión que la voz poética desea establecer con el universo culmina en deseo de anonimato, en desnombramiento: "es más: / no quiero nombre, / que me lo lleve el mar lavándolo en mi arena" (14, *Homenaje al ombligo*). Este proceso, que sugiere una disolución del nombre propio, da paso en *Animal fiero y tierno* a una definición de sí misma: "soy un animal triste y parado y caminando sobre un globo de tierra. / lo de animal lo digo con ternura, / y lo de triste lo digo con tristeza, / como debe de ser" (p. 16). Animal colectivo poblado de bivalencias, contiene su fuerza, que le conduce al hallazgo de la "cólera correcta":

> temblando como un beso detenido en el aire
> me entrego a la visión descomunal y triste
> del vínculo perdido;
> al deseo temible y necesario
> de encontrarme otros ojos, otros brazos y pechos
> inminentes,
> otro silencio florecido,
> otro tú y otro yo multiplicado:
>
> *Animal fiero y tierno, 55*

Tristezas, soledades, sales y heridas del primer libro subsisten aún, pero, después de diez años, la poeta produce otra lectura de esa ciudad, la transforma. No son ellas el mundo. El mundo asumido es otro; comprende las visiones de múltiples historias diminutas y grandes,[29] solidarias, y se articula un "yo" que asume a los otros en su proyecto. El cuerpo, que antes casi se derramaba en sentidos por las calles, se ha reunido en cuerpo numeroso, animal colectivo que junta penas y alegrías, diminutivos que son aumentativos; y el sentimiento amoroso se extiende y revierte sobre la totalidad. Actualizando a Sor Juana, Ángela, "la amorosa / que busca entre las bestias / la fuente de su estirpe", señala:

> y viendo con las manos
> tocando con los ojos
> te entregas a la audacia
> de ser tranquilamente un caminante
> que alternando cuchillos y palomas
> fabrica un instrumento nacido para el fuego

> *Animal fiero y tierno*, 51

Se trata de una poesía elaborada con la misma sencillez y la profundidad de los elementos naturales a los que alude continuamente: el fuego y el agua; sobre todo el agua, nutriente de la rosa, vía del dolor:

> cómo recuperarme de mi ausencia
> fuera del territorio de tu labio,
> de tu cerco de fuego elemental,
> de tu murmullo sólido de círculo seguro,
> del ruido de tu agua,
> de tu agua.

> *Animal fiero y tierno*, 41-42

Poesía abundante en diminutivos, nominalizaciones de adverbios y adjetivos, como en el hermoso poema a la madre,[30] cercada de apóstrofes dirigidos a presencias y ausencias, construyendo un

---

[29] "Cercanamente lejos", "Entre tanta visión de historia y prehistoria", "Pensando en esta Isla que nos duele tanto", todos, poemas en *Animal fiero y tierno*, pp. 28-29.

[30] "Aquí: / rodeada de un jamás que recorre tu nombre para siempre". *Animal fiero y tierno*, pp. 28-29.

espacio para la ternura, siempre amenazada,[31] y para el conocimiento de sí[32] a través de los otros:

> cuando se ponen juntas
> todas las pocas cosas que se saben
> yo sé
> que somos animales
> que detestamos apasionadamente la soledad,
> que para construirnos tenemos que juntarnos
>
> *Animal fiero y tierno,* 52

El mecanismo más frecuentemente utilizado por Dávila es el pa-
reado y la imagen alusiva a una dualidad esencial e irresuelta,
como lo vemos en los versos: "que en la mano derecha tengo rayos / y en la izquierda sostengo soledades" (29, *Homenaje al ombligo*) o "con un montón de estrellas por un ojo / y un lagrimón
eterno por el otro" y, como lo revela el título mismo de su segundo libro. La oposición reunida, la dualidad, conforman el arma
necesaria para enfrentar un mundo que acosa continuamente al
ser humano. Esa dualidad esencial —de donde emanan los conflictos y la fuerza misma para resolverlos—[33] se anuncia en el
mejor poema, en mi opinión, de su primer libro. En "¿qué pasa?",
poema en prosa, Dávila expresa toda su filosofía de vida, su posición ante el amor, la vida, la soledad, la belleza, la lucha, la paz.
La vida es una red perpetua de conflictos donde la ternura y la
fiereza parecen excluirse en un camino plagado de monstruos
cuyo primer y único intento es destruir el centro de la vida: el
sentimiento. Ante la tentativa atroz de destrucción que proviene
del solo hecho de vivir, la poeta nos dice:

> que la palabra camino —es casi increíble, inconcebible— acompa-
> ña a la palabra mutilación; (. . .) que la sangre es ágil y es fuerte

---

[31] Poema dedicado al hijo, *Ibid,* pp. 31-32.

[32] "Y tanto pedacito viviendo y caminando / desprendido y prendido a ese todísimo
/ que me apoca, me crece / sirviéndome de espejo reflejado", *Ibid,* p. 26.

[33] Ese conflicto entre la ternura y la lucha se halla presente también en la poesía de
Juan Antonio Corretjer.

y es tumultuosa, rápida, dinámica; pero se quiebra y puede ser trágica. Lleva dentro algo de crepúsculo y aurora; de abismo y de montaña. (. . .) que la risa y el llanto es la misma cosa con un cambio en los labios. que los labios son terriblemente hermosos, capaces de las más sublimes pequeñeces; de las más tremendas injurias... y que pueden estar solos. (. . .) que para no convertir la luna en un cuarto menguante progresado, hay que usar demasiado las uñas y los dientes; y usando demasiado uñas y dientes puede convertirse y pueden quedar garras y no poder besar ya, porque entre los dientes habrá mucha basura y no todos podemos besar con basura entre los dientes, y ¡no! un eclipse hueco y frío, ¿para qué quiere ser guerrero?

Homenaje al ombligo

El solo hecho de vivir nos lanza un reto: lograr sobrevivir preservando la ternura, impedir que en esa lucha nos devore la barbarie y el desamor; ponerse a salvo dentro del espacio mismo del riesgo, ser aún besable al final del camino.

La interrogación retórica sobre la que se construye "¿será la rosa?", poema que concluye *Animal fiero y tierno*, es la respuesta nueva al mismo conflicto. *Sitio mismo de la transición, sitio aparente, centro de la hermosura y de la ira, la rosa defiende la ternura con su espina, la preserva, la conserva en el hueco secreto de su centro contra la destrucción.* El proyecto es saber combatir sin perecer, resguardar la ternura sin subvertirse, construir un espacio para la vida futura y no para la muerte, porque entonces, ¿de qué habrá servido ser guerrero?

    ¿será que uno no entiende
    que deshojarse a diario
    no impide echar raíces,
    ni detiene el imperio constante de la tierra,
    ni el temblor de ser pájaro
    tragando a bocanadas el aire por las alas?
    ¿será que uno no sabe
    o que uno está seguro
    de que el agua son flores diluidas

¿será el tremendo recuerdo de la flor en el aire
como agua detenida?
¿será la rosa
olida y sorprendida por los ojos
brutalmente fugaz;
tocante tocadora
tocada para siempre su armonía
por el recuerdo musgo de su historia
por el recuerdo feroz y demarcado
de su huella difusa y siempreviva?

Animal fiero y tierno, 64-65

La rosa, el ojo, el agua que fluye, la historia haciendo girar sus aspas, la mirada que estrena un sol distinto, el vórtice y las líneas voladoras hacia fuera, las ramas, son algunas de las claves que Ángela María Dávila nos ofrece para que comprendamos mejor esa ventana que da al mundo. Bisagra giradora, nutrida de sentido pese a sus tristezas, hueco poblado de un movimiento incesante, esperamos que *La Querencia* (inédito aún), donde la poeta plantea el rescate de lo erótico,[34] será un acierto más.

10. Olga Nolla:
la devastación del mundo burgués

La trayectoria poética de Olga Nolla es asombrosamente prolífica. En un breve período de tiempo que no excede los tres años publica *De lo familiar* en 1973 y tres volúmenes de poesía en 1976, a saber, *El sombrero de plata*, *El ojo de la tormenta* y *Clave de sol*.[35]

---

[34] Al respecto, véase la entrevista entre Ángela María Dávila y Vanessa Droz, en *El Mundo*, 26 de junio de 1983. Además, la reseña de Juan Martínez Capó sobre *Animal fiero y tierno* en *El Mundo*, 17 de julio de 1977, p. 8-B. De Arcadio Díaz Quiñones, "Yo también hablo de la rosa", en *Reintegro*, 1:2 (enero 1980); 1:3 (1981).

[35] *De lo familiar*. (Buenos Aires: Edic. Dead Weight, Colección Storm, 1973). *El sombrero de plata*. (San Juan: Ediciones Palabra de Mujer, 1976). *Clave de sol*. (San Juan: Instituto de Cultura Puertorriqueña, 1976). Véanse los ensayos críticos de Juan Martínez Capó, "De lo familiar", *El Mundo*, 14 de julio de 1974, p. 10 (*Puerto Rico Ilustrado*) y

Nolla se inicia en la literatura como co-editora de la revista *Zona de carga y descarga*, en la cual colabora con poemas, crítica literaria y cuentos. "Besitos de coco", "En esta casa no puede haber polvo" y "La princesa y el juglar"[36] son algunos ejemplos de una cuentística cuya temática gira alrededor de la infancia y donde la figura autoritaria del padre o del rey ejerce una singular fascinación sobre la niña que, ello no obstante, logra deshacerse de su abrazo huyendo. La fuga, el abandono insólito de unos predios marcados por la riqueza económica, el acto mismo de desarraigarse física y sicológicamente de su vida pasada, serán nudos temáticos de importancia en la producción poética de Olga Nolla, quien ha incursionado en la poesía más que en la narrativa en el transcurso de los años.

La temática de Olga Nolla gravita sobre tres ámbitos: el recuerdo de su niñez y adolescencia de clase hacendada, una toma de conciencia feminista que se produce dentro de un contexto múltiple (político, de género y de clase) y una rebeldía mordaz contra la alta burguesía, de donde proviene. Esa toma de conciencia como mujer y ser social marcha paralela a la obra narrativa y poética de Rosario Ferré, su prima y compañera de estudios. No obstante, son notables las diferencias que existen entre ambas. Mientras que Nolla opta por la poesía, Ferré se inicia con la narrativa; mientras Nolla prefiere una poesía desnuda de metáforas aunque plagada de símbolos, de aserciones y manifiestos escuetos donde predomina el tono dialogal, Ferré elabora una poesía barroca dinamitada por alusiones y contrarreferencias. La mira de Nolla se afina en la estructura predominantemente narrativa (tética en muchas instancias) del poema, mientras que la de Ferré

"Clave de sol", *El Mundo*, 15 de marzo de 1978, p. 5-B y "El sombrero de plata, El ojo de la tormenta", en *El Mundo*, 26 de febrero de 1978, p. 5-B. De Rosario Ferré, véase "El ojo de Olga Nolla: crónica de una conciencia tormentosa", en *El Mundo*, 19 de junio de 1977, p. 5-C. Nota de 1994: Su poemario más reciente: *Dulce hombre prohibido*.

[36] "Besitos de coco", *Zona de carga y descarga*, 1:4 (marzo-abril de 1973), pp. 18-19. "En esta casa no puede haber polvo", en *Sin nombre*, 5:4 (abril-junio 1975), pp. 32-42. "La princesa y el juglar", en *Clave de sol*, pp. 63-79.

gira alrededor del lenguaje. Se trata en Nolla de una poesía hecha con un gran sentido de la organización, plena de preocupaciones ético-filosóficas de vertiente autocrítica, con un léxico asequible y lapidario, un tono dialogal y desacralizador. Parecería que Olga Nolla se armara de la poesía confesional y quisiera gritar sus rebeldías a los habitantes de la tierra, contar a sus lectores cómo tomó "el destino por las riendas"[37] después de haberse enfrentado con la muerte cotidiana o con la mascarada perenne que implicaba para ella continuar sonriendo en un salón.[38] Ese acto de rebeldía general ante su mundo estalla inusitadamente cuestionando los postulados mismos de los que ha partido el movimiento feminista para abordar la cuestión femenina:

> En el curso de la historia moderna
> la mujer burguesa a menudo articula
> su reclamo a la libertad
> en términos exclusivamente sexuales
> Causa inmediata:
> se la valora como un objeto sexual
>
> *El ojo de la tormenta*, 31

El propósito es testimoniar desde su insustituible perspectiva un fragmento de la realidad puertorriqueña que ella siente describir mejor por vivirla en carne propia. De ahí que se sienta en el vórtice mismo de una tempestad, aislada en el silencio amenazante del fenómeno y luchando por quebrarlo insertándose en otro espacio, un presente consciente poblado de movimiento: "yo sola y solitaria / inclinándome al borde del universo / y siendo, / simultánea, su propio centro incandescente" (*El ojo de la tormenta*, 84). Posición querida y buscada que genera una poesía próxima

---

[37] En el poema "Primer ciclo de muerte y resurrección" dice: "y subí hasta el altar de mi conciencia, / tomé el destino por las riendas / yo sola / yo recóndita, / yo austera, / yo látigo de flores, / y entré con mi carroza / en el crepúsculo de los ídolos". *Clave de sol*, pp. 35-36.

[38] Véase "Los zapatos colorrosa", "Campanitas de cristal", "La alternativa necesaria a Matilde Contreras, reina de carnaval" y "Soliloquio de Ofelia", en *El ojo de la tormenta*.

a lo autobiográfico, autorrecriminante, deseando exorcizar mediante la palabra el origen mismo del mal:

> Y es que soy,
> me parece
> una burguesa desde los pies a la raíz del pelo
> que no apoya,
> y sufre con
> la explotación del hombre con el hombre
> que sostiene a su clase
> y que al negar su clase la reafirma
> por la manera en que la niega

El ojo de la tormenta, 20

"Espiral", poema con que comienza *El ojo de la tormenta*, sintetiza el proceso que dará unidad al libro y a su toma de conciencia social. Así, el libro se divide en varias partes relativas a ese mismo proceso, que podrían enumerarse como sigue: reconocimiento de clase, toma de conciencia histórica, el mantenimiento de la serenidad aun dentro del descalabro social, reconocimiento individual y colectivo, privilegio del ojo como instrumento de concientización en el presente y destrucción del mundo desdeñado con el fin de reinventarse. El acto final de destrucción y reconstrucción reviste una doble ruptura: la de las expectativas sociales y la de los cánones establecidos respecto a su poesía. Poesía confesional y airada, consciente de que, al decir, al adoptar un tono, un léxico y unas imágenes lindantes con la subversión, quiebra modelos y ataca dos zonas simultáneamente, la de los mores sociales y la de los mores del lenguaje "poético". El ataque recae también sobre el modelo ofrecido por su madre, figura reiterada en *El sombrero de plata*, poeta neorromántica, cuya imagen doméstica y poética Nolla va destruyendo a través de su poesía. La honestidad del acento de Nolla repercute en la poesía misma "profanándola"; desatada expresión que desconoce el cálculo y la medida heredada, como podemos apreciar en "Encrucijada del lenguaje", donde se deshace del simbólico guante de raso de la palabra:

Lo tiro a la basura y me calzo otra palabra.
Busco nombrarme y no me alcanza el pulso
Creo encontrarme y titubeo, perpleja
¿Sin guantes? ¿Sin palabras?
Porque no puedo palidezco,
pierdo mi brillo, me descoso,
me deshilo los dedos.
Zurzo mis dedos, luego,
sobre la temblorosa yema del anular.

El ojo de la tormenta, 77

La actitud conflictiva existente entre la voz poética y sus antecesores provoca el nacimiento de una persona poética definida precisamente en el borde opuesto de la relación familiar. Parecería imprescindible para la voz poética remitirse continuamente a sus antepasados y a lo que éstos simbolizan para lograr dar paso a otra *personna*. Reelaboración del "yo" desde el ámbito que le provee la palabra, la destrucción es el paso previo obligado para su nacimiento. Así, en los poemas "Para quién tañen a fiesta las campanas", "Cundeamor", "Cierto y falso", "Virginia", "El actor dobla una rodilla" y en el cuento "Besitos de coco", son la figura autoritaria del padre o el abuelo y la casi intangible e inexistente figura maternal las que engendran una voz poética abocada casi exclusivamente a interpelarlos, execrarlos, invertir sus expectativas, casi forzándolos a responder ante una sociedad distinta a la deseada por ellos. Abdicación del poder, renuncia a sus privilegios, exclusión de un futuro previsto, la poesía de Nolla está marcada por la insubordinación:

Don Alfredo Ramírez de Arellano
mi abuelo,
ejercía un hechizo
sobre los nietos, hijos, sirvientes
y empleados,
sobre los habitantes de toda la comarca.
En cuanto a mí respecta,
solía mirarme andar con paso decidido

y comentaba en broma
(o entre broma y en serio):
¡Qué hombre se perdió
en esa muchachita!

Para luego añadir:

Abuelo, abuelo mío
caudillo, hábil mago,
explotador benévolo,
¡quién sabe!
ahora que comprendo
que cuando me apuntabas con el dedo
deseando un hombre,
era que sobre mi cabeza
hubieras colocado tu corona,
casi podría detestarte.

El ojo de la tormenta, 11-12

En "La educación sentimental",[39] uno de sus mejores poemas, la voz poética ansía la pasividad como única recompensa después de una ruta constante de renuncias ante la autoridad padre y madre, la autoridad Dios, la autoridad modales de señorita, la expectativa de seleccionar como marido a un hombre como su padre para perpetuar un ciclo poblado de privaciones.

Nolla hace una lectura de su círculo social desde las razones que le proporciona su propia ira. *La familia es el blanco privilegiado de esa vocación inversa que comienza destruyendo su propio centro:*

Mi madre dispersaba sus versos de alegría
y adentro le crecía, llorosa, una nostalgia
Mi madre era feliz
Cierto, cierto
no, falso
Mi madre era un vacío que huía de su sombra
Mi madre no sabía que era infeliz, lo dudo

---

[39] *El sombrero de plata*, pp. 15-16 y en *Poemario de la mujer puertorriqueña*, pp. 40-42.

Mi madre me quería
cierto, cierto, muy cierto
Todavía me empuja la tabla del columpio
Mi madre daba fiestas para los amigos norteamericanos
de mi padre, cierto
Mi padre no aprobaba de la alta burguesía
puertorriqueña
¿falso? ¿cierto? ... no sé

En "Cierto y falso" retrata a sus progenitores como entes contradictorios que no aciertan a encontrarse, cercados como están por sus propios intereses de clase, minada su voluntad por la avaricia y el ocio. Contradicciones de la burguesía puertorriqueña con su complejo de colonizados subalternos, ausencia de una definición propia que logre lanzarlos fuera de la imagen que le crearon del extranjero. La búsqueda de la madre es un tema importante en *El sombrero de plata*. Constituye una forma de encontrarse a sí misma, pero al rechazar lo único que la voz poética halla —máscara, huellas de cosmético, transformaciones—, decide emprender un viaje vestida con los atuendos definidos de su padre o, como ocurre en otro poema, opta por incendiar la casa de muñecas donde Olga y Rosario jugaban o libera a Eurídice de los asedios de Orfeo.[40] La imagen deseada por la voz poética respecto a sus padres contrasta continuamente con la imagen real. Su poema es una lectura simultánea del deseo contrapuesto al hecho, imposibilitándose el hallazgo de aquellos y decidiendo emprender su vida con ella misma en una especie de autofecundación. Ello la conduce, finalmente, al hallazgo de otra realidad y a su propio invento, su otra voz:

Por mi actitud honesta llego a ser cruel.
pero ay,
si actúo insobornable frente al dolor
del prójimo burgués

---

[40] "Eurídice desencadenada", *Guajana*, 4ta época, 5 (enero-marzo 1977), pp. 20-21.

yo sé cuán duro es recibir el golpe
que asesto con violencia,
lo vivo en carne propia
cada vez que descubro la podredumbre
amoratándome los brazos,
y aceptarla,
dar testimonio de su presencia
aunque resbale,
caiga,
muera mi voz.
y es quién sabe si mi voz
renacerá más clara y bondadosa
después de la caída.

El ojo de la tormenta, 20

11. Aurea María Sotomayor: la maravilla tatuada por los ojos

Emitir un juicio sobre mi propia obra coincide siempre —de manera casi fatal— con los motivos que hicieron surgir el texto, con mi propósito de escribir. Creo que todo escritor o escritora, al reflexionar sobre su obra —asediado como lo está por sí mismo en una especie de indagación autoimpuesta, y por los otros que le conminan a hacerlo—, se siente impelido a testificar sobre ese invisible fantasma que da aliciente al cuerpo material del texto. Sin ese fantasma, es decir, sin esa necesidad previa que consiste en el deseo de comunicar algo, en la nostalgia de ordenar el caos que nos rodea de una forma más lúcida, pero quizás e irremediablemente más arbitraria, no habría escritura. Esa forma de la dicha visible que es el texto como entidad material no podría ser posible sin la presencia previa de esa intangible y demasiado frágil, esa especie de pájaro ambiguo que es a su vez ala y ancla. Ala, por lo que tiene de búsqueda; ancla, por lo que tiene de necesidad.

Se escribe porque se tiene la necesidad de decir lo que no se tiene, de dibujar el ámbito del deseo, de nombrar el mundo que desgraciadamente no se posee. En otras palabras, escribo para remediar una ausencia; la ausencia de un mundo más justo y honesto, la ausencia de una sensibilidad hoy cada vez más avara, la ausencia de una mirada que vea y registre un mundo donde todo está a la venta, hasta los corazones de los adioses. Escribo para exponer, entre otras cosas, cuál es el desgraciado ser del siglo XX, con su originalidad apabullante para neutralizar el dolor, para desviar la mirada hacia el lado que no duele, con una habilidad maníaca para multiplicar los signos de la ausencia. Lo negativo del ser humano de hoy es la ausencia y la desmemoria. Puede fatigarse de frivolidades, de vida; puede fatigarse también de objetividad, neutralidad o cientificismo, mas cuando empieza a negarse a mirar, o a mirar y callar, comienza a perderse.

En la búsqueda del mundo y de la palabra que lo nombre se compromete la vida, porque de nada vale ser honestos en la tinta y deshonestos en el vivir. Desde el primer poema de *Aquelarre de una bobina tartamuda*[41] trato de enderezar las palabras como una vía más para transformar (modestamente, es cierto) el mundo:

Voy
trabajar el modo
de entrecuzar palabras
que ceñidas se quedan
a montones de cosas
añadidas en frases
de cuerdas cardinales,
patentadas
adscritas al monopolio de la boca.

Aquelarre, 2

Luché por destruir los silencios que me cercaban de adolescente, las encerronas de la cotidianidad, los protagonistas tristes de una muchedumbre que se acodaba en su vórtice absurdo, las ancianas

---

[41] *Aquelarre de una bobina tartamuda* (San Juan: Cooperativa Romualdo Real, (edición de autor), 1973). Véase la reseña de Juan Martínez Capó en *El Mundo*, 8 de febrero de 1976, y de Ian Martínez, el artículo sobre *Aquelarre* y *Velando mi sueño de madera*, en "A la segunda va la vencida", *Reintegro*, 3:1 (abril 1983), pp. 18-19.

doblegadas por el hambre y el anonimato, los ritos religiosos e incuestionados de los domingos en la iglesia, la burocracia abismada en sus papeles, la dolorosa separación de unos amigos, los intentos de definición de una realidad abocada a la desgracia y a la incomunicación, mi identificación con los marginados, los solitarios, la mujer oprimida, la niñez hambrienta. Consideraba que mi poesía, a pesar del reconocimiento que en ella había hecho de una realidad marcada por la desesperanza, no podía darse el lujo de abismarse en el horror.

con mi joroba honda y necesaria
con tu fijeza tísica de anciano
con el acuartelado ciempiés de cero en cero
con mi cadáver verde sudando hombre
con tu nostalgia triste y la palabra larga

Aquelarre, 20

La solución era la identificación y la palabra: "Se desliga el ego de los pies para esenciarlo / con el núcleo nervioso / con la espina dorsal de los recolectores de tristeza" (*Aquelarre*, 14). Ello conllevaba otro tipo de amor: "El sonido se extiende en la palabra / hasta lograr el coito consumado del amor imantado que está oculto". Se trataba de una poesía que recurría frecuentemente a la imagen surrealista, al juego con las plurivalencias, exhortativa, optimista y pesimista a la vez; era aquelarre, visión apocalíptica de un mundo que intentaba definir con mis palabras.

Mi poesía ha girado siempre sobre esos dos ejes: el mundo exterior y el interior, testimonio y reflexión imbricados, nutridos mutuamente de una misma raíz: ver. Toda poesía es ambas cosas y es a su vez develación y conquista. Develación de un mundo, descomposición (análisis) de una realidad, construcción de otro. Es aquelarre, palimpsesto, vela y sitio. El ser humano no es más que un agregado de detalles, de cicatrices, de marcaduras, combatiéndose sobre una sola masa (el cuerpo) que nos sostiene. Cada marca, de derrota o de victoria, nos hace reconocibles retroactivamente, si es que un día nos damos a la tarea de ir borrándonos hacia atrás. De ahí que el estilo no sea tan relevante a un poeta. Un poeta se hace *a través* de un estilo, no *en* él. De ahí que nuestra libertad mayor estribe entre los pasos tomados y perdidos, los andados y desandados tras Borges, Rilke, Vallejo, Paz, Corretjer, Lorca, Valéry y otros.

En mi segundo libro, *Detalles de filiación*,[42] intento hacer una lectura transversal de mi propia vida, de manera que el primer poema y el último se complementan entre sí, y así los diferentes registros-poemas centrales. En *Velando mi sueño de madera*[43] se trata simultáneamente de una vela y de una ocultación del mundo, incendiado, definiendo, adivinando sus fragmentos, sus tropos, sus sueños y sus límites:

> para que veas más pronto y con más eficacia
> tus amargos pases, tu inconducente rabia,
> tu terca búsqueda de amor
> tu enredo agreste con las telarañas de tu imaginación procaz,
>   insatisfecha,
> pedida a gritos por las comisuras de cada una de tus bocas,
> por el resquicio más escondido de tu lagrimal,
> por la punta más eficaz de tu pestaña,
> por tu yema,
> por el temblor más nítido de tu mano derecha,
> de tu uña sutil, de tu pupila ácida,
> de la vena más recia tuya, más a flor de piel
>
>   *Velando mi sueño de madera*, 43

Sitios de la memoria[44] es la deconstrucción de tres cuerpos: el amor,

---

[42] *Detalles de filiación* (antes *Palimpsestos*), poemario incluido en la colección *La gula de la tinta*, 1994.

[43] *Velando mi sueño de madera* (San Juan: Instituto de Cultura Puertorriqueña, 1980). Sobre el libro, véase la reseña de Juan Martínez Capó en *El Mundo*, 5 de abril de 1981, p. 7-B.

[44] *Sitios de la memoria* (Río Piedras: edición de autor, 1983). Véase sobre el libro la entrevista-artículo de Vanessa Droz, "Sitios de la memoria", *El Mundo*, 17 de octubre de 1982, p. 7-B. De Juan Martínez Capó, "Sitios de la memoria", *El Mundo*, 4 de marzo de 1984, p. 7-B. De Luz Ivonne Ochart, "El abanico y la lucha", *El Mundo*, 19 de mayo de 1985, p. 81. De Manuel de la Puebla, véase su artículo en *Mairena*, 2:6, p. 16.

la memoria, la escritura. La memoria es también un método, un recurso, un aparato desmitificador, es mi razón sensible:

> Cuando la memoria subcutánea
> descubra,
> nadie entonces intente
> trazar el radio
> de su abrazo invertebrado,
> las rutas que persiguen
> sus estiletes dúctiles,
> pormenores buscando
> tinta arrojando para defenderse.
>
> Cuando la memoria
> penetre las esquinas más sagradas,
> pudra cristales,
> devore el límite de los muros,
> roce las orlas del dolor,
> atrapar el sentido
> o mitigar la dureza repentina,
> nadie intente.

Sitios de la memoria, 16

Y la tinta es arma y ala, el supremo gesto.[45] Por eso son tres las superficies sobre las que escribo: la página, el cuerpo y la historia. En *Sitios de la memoria,* se trata de una ruptura que conlleva, como todo acto, la construcción de una sintaxis: la del recuerdo. Se describe allí un proceso: el del camino (los lugares) que recorre el olvido y el de las memorias (el acoso) del devenir, unidos ambos por dos imágenes medulares: la memoria tentacular del pulpo (corazón, ojo, cerebro) y el aire devorador del abanico (superficie sobre la que se escribía, símbolo de autoridad y poder entre los egipcios, arma ofensiva en las artes marciales, arte del abanico). Pero también es lo otro: el recuento de los sitios futuros acosados también por la memoria.

---

[45] El libro está dividido en cuatro gestos, alusivos cada uno respectivamente a cada una de las etapas del proceso deconstructivo de esa memoria.

La memoria funda el olvido y sistematiza la mirada. Y para hacerlo, necesita un cuerpo donde escribirse, una página que trazar, una superficie que romper:

Qué no pudo de ti
desintegrar esta memoria.
Yo que te amé
como la tinta adora sus palabras.
Yo que pude pervertir
la gracia, magullar sabores
estrujar memorias.
Yo que logré por siempre
seducir el olvido.

Sitios de la memoria, 33

Por eso, sus gestos son devastadores: expone, desintegra, corrompe los recuerdos, escalpela la risa. Y luego contempla lo que queda: sus fuegos fatuos, las palabras. El arte poética y el gesto general del poemario se sintetiza en "Arañas":

Cómo vuela ese soplo de luz
que la tejedora ciega esparce
por los rincones más inusitados
más siniestros.
Ese soplo
esas fastuosas hélices
con que alcánzalo todo
logra quebrar, herir, doblar.
Voraz segregación.

Sitios de la memoria, 21

Y el movimiento que anima todo el poemario se sintetiza en el recorrido del álbum fotográfico (o el abanico), hasta su posterior clausura:

El aire nada y se derrama
entre el resquicio que se permite
el espacio poblado.

Se iluminan los bordes
del triángulo redondo.
En la foto destaca
el plomado brillo del marco,
de los marcos dentro del marco,
del detalle sostenido en el detalle.
La mirada voltea hojas,
sitia memorias en el centro del ruido:
la fuga blanquecina.

Sitios de la memoria, 71

La deconstrucción del cuerpo que se lleva a cabo aquí contiene su simiente: la construcción del otro y del mismo: la de la rosa. Se trata del erotismo del espejo, el diálogo con su propia voz, con Gertrude Stein y San Juan de la Cruz aunados:

Entre ella y ella
Amada
las palabras
el silbo de las sílabas furiosas,
el furtivo sentido,
el sonido blindado,
la rosa de la rosa
siempre rosa.

Sitios de la memoria, 53

En mi más reciente libro, *Sáficas* (1979-84), estoy trabajando exclusivamente con la imagen como eje del sentido. Son poemas breves, evocadores de los de Safo, que tratan de describir en otro contexto aquella sensibilidad. Los temas son varios: el tiempo, la naturaleza, la memoria. A título de ejemplo, uno:

Te tatuaré una flor
en el sitio de la risa
para que eches raíces
que suban por mis manos
y me despenen el corazón.

El libro, todo libro, supone una táctica: la captura, ya sea del pájaro devorador o de la maravilla cesada que es la palabra, completado el tránsito (el ciclo fulgurante) entre la necesidad y su dicha. Por eso, escribir (que es la forma asumida por la búsqueda) es el radio de mi esperanza. Aquel fantasma al que aludía, aquella necesidad hecha de arma y ala que dio aliciente al libro y motivo a mi poesía, se convierte, una vez ya concluido, "en maravilla tatuada por los ojos izada en tinta".[46]

12. Etnairis Rivera:
la raíz cósmica

Etnairis Rivera ha publicado hasta hoy cuatro libros de poesía, *Wy dondequiera*, *María Mar Morivoví*, *Pachamamapa Takin* y *El día del polen*. Entre sus libros inéditos figuran *Lluvia de las islas*, *Marcahuasi*, *Los grandes pájaros*, *Maíz el cielo y la tierra* y *La puerta milenaria*.[47] En ellos podemos apreciar tres etapas: una poesía predominantemente social vertida hacia la referencialidad urbana y teñida de autobiografía en *Wy dondequiera*, el rescate de unos contextos latinoamericanos e indigenistas centrados en la mitología arahuaca o andina en *María Mar Morivoví* y *Pachamamapa Takin* —Canto de la Madre Tierra y una unión cósmica con la naturaleza que comienza en *Pachamamapa Takin* y culmina en *El día del polen*. Adivino una cuarta etapa lírica, aunque de vuelta a la referencialidad, en *La puerta milenaria*. Rastreados cada uno de estos libros, advierto un proceso a través del cual la poeta continúa asumiendo el mundo pero introyectándolo. Su lectura de la realidad ha ido prescindiendo de la cotidianidad diaria hasta

---

[46] Verso extraído del poema "Sobre la definición de las quimeras". Este ensayo está compuesto por testimonios enviados a José Ramón Meléndez en 1976 y a Loreina Santos Silva en 1984 y apuntes de la contraportada de *Sitios de la memoria*, 1983. Nota de 1994: Su más reciente libro: *La gula de la tinta* (S.J.: Edit. Postdata), 1994.

[47] *Wy dondequiera* (Río Piedras: Puerto, 1974). *María Mar Morivoví* (Nueva York: Libro Viaje, 1976). *Pachamamapa Taquin* (San Juan: Instituto de Cultura Puertorriqueña, 1976). *El día del polen* (Mayagüez: Libro Espejo, 1983). *La puerta milenaria* ganó el Premio de la Casa del Autor Puertorriqueño en 1983. Nota de 1994: Su último libro: *Entre ciudades y casi paraísos*, 1989.

seleccionar aquellos elementos para ella esenciales (trascendentales, dirían algunos) de esa misma vida. La búsqueda inicial del mundo, que gravita en su primer libro sobre la ciudad de Nueva York, se ha concentrado en una búsqueda de sí misma entre los elementos naturales y, donde antes imperaba la referencialidad, hoy predomina la autorreferencialidad. No obstante, se trata de una poesía introspectiva donde la referencialidad sigue siendo el centro circundado y trascendido por un "yo" que ha seleccionado, entre todas las claves que le presta el mundo, una: la absoluta preeminencia de la naturaleza. Así va disolviéndose su poesía lírico-social inicial para dar paso a una poesía cósmico-social de signo introspectivo.

Si en el romanticismo decimonónico se denominaba panteísmo a la identificación entre la poeta y la naturaleza, en esta era del yoga y de los viajes astrales se la califica de unión cósmica. Así también, si el romanticismo podía acceder a un discurso social de tipo nacionalista, en Etnairis Rivera ese discurso —que no la abandonará nunca— se concentra en un rescate de lo latinoamericano, donde el yo se disuelve entre los elementos, y los seres humanos —los indígenas especialmente— se convierten en símbolos de una lucha internacional. Etnairis Rivera asume entonces la voz de la Pachamamapa y es a través de esa voz lírico-épica que describe al mundo. Francisco Matos Paoli, poeta en el que confluyen extrañamente el discurso lírico-social y el discurso religioso de raigambre cristiana, comenta la poesía de Rivera: "Etnairis en este canto recibe el habla profética de la sacerdotisa. Rinde culto de adoración a la materia encendida. Y también se disuelve en el Gran Vacío. Aquí existe una especie de empatía en que el temperamento épico-lírico se abre para ser fecundado por las euritmias ínsitas de la naturaleza. Exultación perenne, infalible, devocional a la matriz de la cual brotamos todos: la tierra. Así palpitamos en la metamorfosis continua desde un punto de vista alquímico: estamos en el reino de la magia".[48]

---

[48] Prólogo de Francisco Matos Paoli a *Pachamamapa Taquin*. Véanse los ensayos críticos de Juan Martínez Capó sobre *Pachamamapa* en *El Mundo*, 12 de diciembre de 1976,

El cambio de actitudes que se registran en el yo poético se manifiesta también en los caracteres externos de su poesía. En *Wy dondequiera* se cultiva un verso fragmentado lindante con la enumeración caótica y automática, el uso del *collage*, ritmos rápidos que denotan el medio urbano de la ciudad neoyorquina, el uso del *code-switching* a lo Pedro Pietri o el recuento mismo de la precariedad y fugacidad de los signos urbanos. Hay una clara influencia de la poesía de Marinetti, así como también del caligrama tipo Apollinaire o Huidobro, especialmente en *María Mar Moriviví*, libro-canto a una mitología taína. En este libro ya advertimos la actitud que prevalecerá en *Pachamamapa Takin*, cuando, refiriéndose a la imagen del viaje —ya presente en su primer libro—, dice la voz poética:

> sino seguir buscando
> el presentido horizonte
>   más claro
> donde aprenden las gaviotas su canto
> detrás del atardecer
> prefiero
>   su vuelo inseparable del mar
> y este sonido de olas que me libra de los nombres...
>
> *María Mar Moriviví*, 91

Las experiencias "espirituales" de Etnairis Rivera la conducen a descubrir la cordillera andina, el Perú y Bolivia:

> te he cruzado Padre Caribe he brotado
> de mi semilla antillana me extiendo
> pasando tierra americana haciéndome la tierra
> porque faltaba una nota la nota alta del cobre
>
> *Pachamamapa Takin*, 34

Allí escribe una especie de diario poético donde se registra una

p. 8-C. "María Mar Moriviví" en *El Mundo*, 15 de mayo de 1977, p. 17-C, "El día del polen", *El Mundo*, 24 de mayo de 1981, p. 14-B. De Carmen Valle, véase "María Mar Moriviví, su voluptuosidad verbal" en *Ventana* (Río Piedras), 3-4 (1976-1977), pp. 11-13.

mayor unidad en la naturaleza y una lectura de los signos que ésta ofrece para descifrarla: "Hablaron las piedras / el cielo se dejó leer en su fiesta de aguador" (*Pachamamapa Takin*, 23). El desciframiento paulatino de esos signos culmina luego en un rito unitario. Utilizo la palabra unidad y no identificación porque, en la última, aún se distingue una escisión entre el yo y lo otro, mientras que "unidad" transmite la idea misma de transmutación en una totalidad cósmica que es la que se inscribe en este libro: "porque has de saber que también perdí mi nombre / letra a letra en la selva y el desierto" (Pachamamapa Takin, 30). De ahí que todo el poemario constituya una búsqueda de la voz poética misma en la lectura que hace de la naturaleza; búsqueda que, paradójicamente, culmina en la disolución del yo individual, a través de un desnombramiento polarmente opuesto al de Ángela María Dávila. Si la voz poética de Etnairis Rivera privilegia la búsqueda de sí en la naturaleza; la voz de Ángela María Dávila se halla a sí entre los seres humanos. Para Rivera los indígenas son parte misma del jeroglífico a descifrar. Aunados como están a la naturaleza, es imposible leerlos sin leerla. Ángela María Dávila, más materialista, recobra a los seres humanos en sí mismos. Obviamente, se trata de diálogos distintos con lo humano, marcados por ideologías y perspectivas diferentes ante el mundo. Viaje desde la materialidad el de Dávila; desde la espiritualidad el de Rivera; aspecto éste que incide en la intensidad y el eje de sus respectivos discursos: discurso predominantemente social el de Ángela y prioritariamente reflexivo, cósmico, en Rivera. Comparado con *Wy dondequiera*, que incluye poemas excelentes como "Carta a Manuel" o "Para llegar hasta el día" y donde la ira ante una situación social parece ser el arma predilecta, *Pachamamapa Takin* me parece un libro más logrado desde el punto de vista del trabajo de la imagen poética. Así también, la expresión, en el último, es más contenida, más serena, como lo vemos en poemas hermosísimos como "disperso al ver todo aquello", "decirte qué", "he querido escribir más que nada vivir", "¿dónde estará la negra?" y "Oxunmare".

Si *Wy dondequiera* podría describirse como un gran caleidoscopio desatado, *Pachamamapa Takin* narra la disolución del yo individual: la imagen de la partenogénesis que aparece en "Oxunmare", por ejemplo, es interesante a este respecto. La voz poética que ha accedido a la totalidad logra concebir un hijo privilegiado perteneciente a una raza cósmica. Dicho hijo es producto de su coito con la naturaleza:

> Este niño color no tiene padre reconocido
> ni se parecerá a nadie en particular.
> Excluiremos de su alimento al miedo.
> Nacerá de la buena familia del solo vientre de su madre,
> Ya le contará ella que la preñaron los Andes
> la olorosa esperma del río
> la noche vaga entre los montes, la limonada,
> una cálida brisa que le llegó do Brasil.
> Le contará que siempre amó perdidamente
> hasta las piedras.
>
> *Pachamamapa Takin*, 69

Es interesante que Etnairis Rivera tuviera que apartarse, aislarse, del mundo conocido y entrar a otro primigenio, casi exótico, a fin de hallarse. La voz épica que se anunciaba en *Wy dondequiera* era la épica de un mundo destrozado que le negaba el acceso a su otra voz, hallada en el Perú, próxima a la nerudiana de "Alturas de Macchu Picchu". Diferente, sin embargo al gran poeta chileno, la voz épica de Rivera está marcada por su ideología espiritualista y su experiencia como mujer y de ahí el que su disolución en la naturaleza conlleve una fecundación. Esta búsqueda se torna más instrospectiva en *El día del polen*, en el cual poseerse a sí misma constituye su mayor logro:

> Parece que regresa la vendimia
> y el mar ya no será mi terraza
> ni yo seré cuna
> ni tú mi hombre.
> Mi lengua ha ido cambiando
> y mi modo de cantar.

Ningún abandono para mí es cierto
porque tengo el sol cuando se pone
y en tanto lo hace
me voy hasta de mí.

El día del polen, 23

En *El día del polen* descubrimos los mismos temas: un regreso a
María Mar Moriviví al recobrar una geografía caribeña, una transmutación del yo en los elementos, una voz que oscila entre el discurso profético de índole política ("ritual de danza libre") y la
poesía pura de un Guillén y un Salinas. No obstante, hay indicios de otra etapa que, en mi opinión, rompe con su producción
anterior y se ase nuevamente a lo terrenal de *Wy dondequiera*. Ese
cambio se anuncia ya en "La noche inconexa", donde leo una reflexión poética sobre su poesía anterior:

La ciudad es un rey de espadas
preñando esta historia
en esa distancia que amortigua heridas
que ordena este sentir caótico
donde hemos sido el relámpago, el pasado
luego el eco de todos los pájaros
luego el otoño durante toda noche triste en medio
/del verano

En *La puerta milenaria*, Etnairis Rivera rescata al ser de carne y
hueso, se rescata a sí misma en su totalidad, se deshace del espiri-
tualismo casi alucinante de libros anteriores y se posee, después
de todos los caminos, serena y más consciente:

Será mi nombre crisálida, bruja, mar del Egeo.
Dirán del poeta que no tema
que de la noche al alba conmigo copuló
mientras reía olvidándose como un río.
Reinventándonos a plena luz
entre blues y agua bebimos una abierta frontera,
la hazaña de nuestra propia conquista.
Mejor danza no la hubo en nueve lunas
ni fuego ni constelación para nombrarla.

13. Luz Ivonne Ochart: pasión de lo absoluto

La eclosión que produjo la poesía de Luz Ivonne Ochart en la literatura puertorriqueña suscitó no pocos escándalos y numerosas envidias. La opinión más esgrimida a principios de la década de los setenta la calificaba como una poesía enigmática, incomprensible y cifrada. Frecuentemente, la crítica se desplazaba entre los espacios no fructíferos de los adjetivos, y pocas veces se abordaban los textos. Superadas finalmente aquellas lecturas también cifradas y los comentarios de amigos y enemigos, el *Rantamplán*[49] de Ivonne Ochart perdura hoy como uno de los textos más arriesgados de nuestra literatura contemporánea.

El "librono", como lo llama la poeta en su anti-prólogo, consistía originalmente en once poemas que le ganaron el Primer Premio de Poesía del Ateneo Puertorriqueño en 1974. El libro, al que se le añadieron posteriormente quince poemas, halló su forma final al ser editado por la revista *Zona de carga y descarga* en 1975, en cuya mesa editorial trabajaba Ochart. La gran mayoría de los poemas se escriben en Madrid y son fechados entre los años 1971-1975. El aspecto exterior del libro revela el vanguardismo del proyecto. Se trata de una especie de cartapacio donde se barajean a voluntad del lector veintiséis poemas impresos en hojas sueltas no numeradas. No se trata, pues, del libro cosido, empastado o sellado al que está acostumbrado el mercado, sino de páginas que vuelan, se entrelazan con otras, dialogan entre sí.[50] Evoca éste los proyectos del Cortázar de *Rayuela*, los libros "ambidextros" de Macedonio Fernández, la teoría de la *opera aperta* de Umberto Eco. La experimentación con las expectativas del lector,

---

[49] *Rantamplán* (San Juan: Zona, 1975). Véase la reseña sobre el libro por Juan Martínez Capó en *El Mundo*, 4 de septiembre de 1977, p. 10-B.

[50] Su formato evoca el de la revista *La sapa tsé-tsé* (1972) que consistía en un sobre donde se depositaban cuentos, poemas, fotos, dibujos, miscelánea y precariedades. En esta publicación figuraban, entre otros, poemas de Droz, Ochart, Leida Santiago, cuentos de Walter Torres y de Aurea M. Sotomayor (Nadja, pseud). Todos eran estudiantes de Humanidades en esa época (UPR).

con sus variadas lecturas, la sorpresa misma que suscitara el aspecto exterior del libro, invitaba al lector nuevo a que escogiera entre el orden "engañoso" del libro y el orden "natural" (cronológico); adjetivos que utiliza la poeta para aludir, con el primero, a los poemas sometidos al certamen de Navidad del Ateneo en contraposición a los poemas que posteriormente, junto a aquéllos, lo constituyeron. Si escogemos el primer orden nos topamos con una temática: el amor. Si nos atenemos a la segunda lectura hallamos un lúcido recorrido de la poeta por sus primeras experiencias de adolescente, su relación con la familia, el viaje, los estereotipos sociales y otros. No obstante, independientemente de cualquiera de las dos lecturas que se hagan del libro, es imposible asirse a un tema específico. En primer lugar, porque la temática amorosa no puede reducirse a la concebida entre una mujer y un hombre, sino a una más abarcadora: "oh mi pequeña vinculación de sangre con la tierra, / oh mi amor pequeño y sin palabras". En segundo lugar, porque el libro constituye múltiples acercamientos, incluso desde diferentes estilos poéticos, a una realidad total que, lejos de aprehenderse unívocamente, exige lo opuesto. La poeta misma combate en un prólogo el libro constituido alrededor de un tema: "En mi trabajo no había ese orden celestial de algunas biografías célebres, ya en descrédito; inventaba al mismo tiempo dos tres o cuatro estilos totalmente diferentes y, aunque bajo una rigurosa autodisciplina escribí sonetos y liras, romances y tercetos encadenados de la más diversa suerte, jamás atiné a crear un grupo de poemas de idéntico o parecido género, tema y estilo".

Esta disposición formal (informal) anuncia la multiplicidad de temas que en el libro confluyen, la forma en que se abordan, el lenguaje utilizado, a veces provenientes de las voces coloquiales ("esta es la frondosa bullanga de los cuerpos", "esta es la ubérrima gritería de mis haches") o de los códigos tradicionales de la poesía, los ritmos, las divisiones estróficas, los encabalgamientos, el enfado contra las mayúsculas, el uso mallarmeano del espacio, las comas a lo e.e. cummings, las formas sencillas y complejas del poema. La confluencia de estilos, temas y voces conforman un libro nuevo, "abierto" por sus cuatro costados. Por ejemplo, la imagen surrealista es muy frecuente y puede leerse al Vallejo del "Idilio muerto" en el hermoso poema que Ochart dedica a su madre:

> madre estará-hace quehace sin poder hallar con sus
> vestidos
> la cama ni sus cuadros
> Y no podrá de tanto amarla
> recordar otra cosa que sus nombres
> su manera de vivirla su llave
> sus miembros musicales y abolidos

Este parece ser uno de los pocos ejemplos donde se leen influencias, pues a lo largo del libro destaca una voluntad no forzada de ser ella, una superación de las lecturas consabidas, unos estilos propios que, ya sea a través de la ironía, la lírica, la sobriedad o el humor, se revelarán en sus dos poemarios posteriores.

El lema de *Rantamplán* proviene de "El coloquio de los centauros" de Darío, y es alusivo a la transformación de Cenis (la mujer) en Ceneo (el hombre). Según relata Ovidio en su libro doce, la metamorfosis operada en el cuerpo de Cenis responde al ruego que hace ésta a Polifemo de no ser violada. El dios accede a su deseo y además lo torna invulnerable. Esta transformación incide en muchos de los poemas del libro, libro de mutaciones donde todo accede a lo otro. Así vemos el ritual nuevo de "abandonar los lazos y ponerse calzón", o los juegos con su hermana —"juego de las revelaciones", para seguir la lección de Lezama— donde el escondite promueve el que sea una, otra y la misma detrás de los arcos; o los juegos de los amantes a ser distintos a cada segundo:

> Tú   no eres tú
> eres otra
> y otro, y lugares blancos secos furiosos donde
> he vivido

por llegar a ver esa tierra y esa nube y ese mar
que te compone asesinante

"Junto al mar"

Así también se alude al "padre troglodita que sobre una piedra
come las entrañas de todo" o de la ciudad-detalle y la ciudad selva ("porque la jungla es sinuosa como los asesinos y los borracho-
nes / y además la selva es espesa y difícil como tus ojos") o las
máscaras que asumen los seres humanos para satisfacer el cuerpo
social ("y cómo mueven sus ciclópeas cabezas, / es el terror de lo
bruto caminándonos / es el error de los años las clases, los oficios"), las transformaciones de los seres humanos en caimanes, las
del tiempo edificando la muerte, el de las cosas que hablan por
su dueño. En fin, se trata de lo que es y no es, lo que se toca y lo
que no se toca, lo precario y lo esencial. Ese mundo aparentemente caótico parece estar inscrito en un orden arbitrario que es necesario conocer para nombrar. La lectura desfamiliarizante que
hace la voz poética de ese mundo está guiada por una voluntad
de esclarecerlo desde una experiencia que parecería negarle la posibilidad de hallarlo:

¿Quién no desea tu piel?
el que ni ama la vida toca tu piel
el que ni nace toca tu piel
el ciego toca tu piel
y el mudo y el toco y el ñoco toca tu piel
transeúntes de tu risa mi amor   mi animal
                                  / mi mancha humana

El amor a la vida como es da la clave del poemario. Su ambición
es descubrir la magia, el absoluto, no sin antes emprender el viaje hacia esa búsqueda:

Yo salía porque era tarde
y era,
cualquier cosa.
Había pan y no había

todo se daba
y todo se ocultaba
Bajo todas las cosas,
mis manos traspasaban las paredes
las quillas los cuadros las plazas
los museos, monumentos y extensiones:
todo era inútil.
Sólo el amor encontró el tesoro,
una salida para temblar y ver los parques
para arreglar las cuentas y los enchufes
para limpiar los cristales
y componer las sillas y los relojes
Entonces comenzó el viaje.

Barroco del cambio, del juego, del orden inadvertido por la cotidianeidad, *Rantamplán* es una lectura y muchas otras.

Este es nuestro paraíso[51] son dos memorias: la memoria de la ciudad y la de la escritora misma reconstruyéndola en el recuerdo. En San Juan confluyen la luz de la memoria, la luz de la ciudad, la luz del nombre que la nombra. El libro es la construcción de San Juan a través de un "yo" que mira ("ciega de luz") buscando las palabras exactas para nombrarla. La vista da cuerpo a la ciudad y, a su vez, la ciudad se convierte en un cuerpo amado que va descubriéndose paulatinamente.[52] Al reconocer a la ciudad, la voz poética se reconoce a su vez en ella. Mirar equivale a ser y la transición que media entre ambas provoca la escritura, la de la ciudad y la de ella: doble construcción de una ciudad y del "yo" que la mira.

---

[51] *Este es nuestro paraíso* (San Juan: Instituto de Cultura Puertorriqueña, 1981). De Juan Martínez Capó. Véase la reseña en *El Mundo*, 4 de julio de 1982, p. 12-B. De Frances Aparicio, "La ciudad como paraíso poético", *Plaza* (Harvard), 5/6 (otoño 1981-primavera 1982) pp. 181-185. De Manuel de la Puebla, "Este es nuestro paraíso", *Mairena* 4:10 (otoño 1982), pp. 119-122. Véase el testimonio personal de Gina de Lucca en *Reintegro*, 3:1 (abril 1983), p. 17.

[52] La pasión de mirar y recorrer las calles de San Juan tiñe la búsqueda de sugerencias amorosas. Al aludir a la calle del Cristo, dice: "Quizás por haber sido la primera / hubo más pasión de mirarse" o "Porque estás ahí estoy amándote", / para luego añadir "Veo que eres / y comienza todo / te reconozco / me reconozco" (19).

El reconocimiento de la ciudad amada no impide que se la vea objetivamente y que, incluso, parte de ese amor se revele como un proyecto de desmitificación. Así en las calles se descubren lecturas ocultas, por ejemplo, la muerte agazapada en la calle que casi desconoce su nombre y su signo (Calle de la Tranquilidad), el olor a pan como un grito que puebla la San Sebastián, los frutos de la Tetuán, el hambre de luz del callejón del Tamarindo. Para encontrar a sus habitantes, la voz poética ha tenido que hurgar visillos, asomarse a la puerta entreabierta de sus vidas, comprender, como diría Palés, sus "animales interiores".

Este es nuestro paraíso inaugura otros temas en nuestra poesía, el de la vida fictiva que va a buscarse a los bares al amparo del alcohol o de la vellonera, el tema de los boleros, el de los jóvenes obcecados hoy con las videotecas. El tema del bolero y de las velloneras, abordado por esa época también en la poesía de Jorge Morales, es explorado como se demuestra:

> a fuerza de sangre
>   pobres
>   a fuerza de golpes
>   desesperados
>   a fuerza de hambre
>   soñadores
>   oh soñadores países de boleros
>   así amamos
>   por huir y huir y huir
>   así adoramos lo que odiamos
>   y odiamos lo que,
>   no es,
>   sin saber, cuándo amar
>   o cuándo odiar.

Este es nuestro paraíso, 48

Al concluir el libro, la luz va invadiendo la ciudad hasta el punto de no tener necesidad de nombrarla, sino consignar tan sólo su presencia: "Todo blanco / Luz, / no hay palabras" (*Este es nuestro paraíso*, 84). El libro llega a ser un diálogo directo con la ciudad, con su luz, su eternidad, su propia memoria, desde la inteligencia absoluta que le da el amor hacia ella. Memoria y escritura de la luz, su paraíso:

¿Pero cómo te negué por tanto tiempo?
caliente cortadura
de la inteligencia
Qué libro me arrebató tu estilo tu dicha tu llanto real

¿qué amante sin conciencia del amor?
aquí estás
otra vez
devanada
pura suficiencia de lo que es
, Geometría de la perfección
subiendo o bajando según el capricho de la tierra
, invisible
, Presente

Este es nuestro paraíso, 85

El libro inédito, *Poemas de Nueva York* (1979-81), constituye un hito dentro de la producción de Ochart. Ahora la mira se coloca sobre Nueva York, la ciudad de las discotecas, el lujo, las muchachas, los sueños de neón. La voz poética recuenta una experiencia visceral, angustiosa, cercada por la muerte; nos muestra el espectáculo de una civilización desprovista de sentimientos y ahíta de excesos, voraz de sexo, seres inmovilizados en su velocidad, contaminados sus sentimientos de violencia y vértigo. El libro nos transporta a la vida nocturna de Nueva York, a la velocidad que se confunde con la vida. En "Diferencia y cambio", por ejemplo, se plantea la distinción existente entre la velocidad y el movimiento. La velocidad es la lujuria del movimiento, ausencia; a diferencia del tiempo, que es la fuente del verdadero cambio. Es esa velocidad la que marca el paso del citadino:

la velocidad confundida con el cambio
la velocidad trabajada para que tenga apariencia de acto
la velocidad trabajada para que yo tenga apariencia de vida

la velocidad para creerme vivir
la velocidad atropellada deshaciendo mi cuerpo
la velocidad a cambio de la verdad
la velocidad porque la verdad no existe

El uso de la enumeración es frecuente en el libro: enumeraciones que parecen resonar como retruécanos que en su repetición inmovilizan al ser humano. Es un mundo poético que pretende describir las fauces del bolsillo voraz, el deseo abismándose sobre las armas nucleares, caracterizado por la monocorde sensación del pánico.

En el excelente poema "El muerto del Hudson", el río se convierte en continente de la muerte, atraviesa la ciudad, acecha todas las generaciones, irriga con su líquido mortal la ciudad. El agua (el río), que en la poesía de Manrique y Garcilaso era expresión misma de la vida y del sentimiento, se transforma aquí en su opuesto: es irrigadora, transportadora, instrumental de la muerte. Crece en la memoria de los niños como una planta parásita y se adhiere a sus juegos de bayonetas y rifles. Está en la risa, en las palabras y detrás de las palabras. Es esa muerte la que acosa a la voz poética. Se oculta entre los objetos de arte, detrás de la belleza de una cigüeña persa. Es ella la que busca víctimas, pero todos los reflejos de los espejos revierten sobre la voz misma que la mira:

, salta hacia mí
lucha contra el cristal que nos separa
mientras su ojo azul inmóvil   mira en línea recta hacia el
                                                        infinito
y pasan transeúntes de mirada impasible hacia el
                    infinito que me traspasa de
infinito vacío y poblado de transeúntes de mirada impasible
                    hacia el infinito
mientras el ojo azul de la azul de la cigüeña persa que me
                    gusta tanto no me busca
impregnándome de su muerte
de poblados transeúntes, poblados espacios abarrotados
          de tiempo

y objetos y gente que no conozco
, sin dejar un resquicio
de espacio infinito de muerte
que salta hacia mí

Un libro así, terrible y hermoso, parecería dirigirse a la hecatombe final, pero no es así. A lo largo del libro la voz poética resuelve el conflicto con la muerte en una lucha cuerpo a cuerpo, asumiendo el tiempo. Es esa la sorpresa deparada a quien emprenda la saga, a los lectores que con esa voz poética padezcan la experiencia de Nueva York.

14. Nemir Matos:
de lenguajes y mitos

Las mujeres no hablan así y *A través del aire y del fuego, pero no del cristal*,[53] publicados ambos en 1981, inauguran unos contenidos diferentes en nuestra literatura. El título mismo del primer libro, la aserción que contiene, nos remite a una temática y a un lenguaje. La temática: el rescate de una experiencia femenina y una historia de lucha social, y el lenguaje: una apropiación de las palabras marcadas negativamente por la sociedad patriarcal. El proyecto mayor en que se inscribe el libro es de contenido histórico: incorporarse a la historia nuestra, a una historia donde la mujer ha desempeñado un papel importante de liberación social y política. Mujeres como Lola Rodríguez de Tió, Mariana Bracetti, Luisa Capetillo, Lolita Lebrón, Julia de Burgos, proveen del contexto general al proyecto de Nemir Matos que consiste en fraguar otra revolución, la de la palabra femenina. En *Las mujeres no hablan así* hay un plantamiento similar al de las feministas

---

[53] *Las mujeres no hablan así. A través del aire y el fuego, pero no del cristal* (Río Piedras: Atabex, 1981). Sobre la crítica de estos libros, véase el ensayo de Servando Echeandía en *Reintegro* 3:1 (abril 1983), p. 12 y la polémica sostenida entre la poeta Nemir Matos y Manuel Ramos Otero en *Claridad*: "La luna ultrajada", 5-11 de febrero de 1982 y la contestación de la poeta en el rotativo, Sección *En Rojo*, "Somos folklóricas y tradicionalistas", 19-25 de febrero de 1982, p. 11.

francesas más politizadas, específicamente el de la línea político-
femenina de Monique Wittig propugnada por ésta en sus manifiestos y especialmente en su novela *Las guerrilleras*.[54] El rescate
de la palabra y de sus contextos, la crítica al discurso falocéntrico
iniciado por aquélla y otras feministas, como Luce Irigaray y
Hélène Cixous, inscribe el libro de Matos en un proyecto de subversión lingüística que coexiste con el rescate de una mitología
afrocaribeña. Los contenidos son claros. La voz poética intenta
destronar los mitos que hacen de la mujer un ente pasivo y frágil:

Canto a Changó

He recibido bautizo de fuego y de ceniza
Iniciada estoy
Changó vienes violenta
Hembra Hombre Hombra
Vienes con fuerza

En su voz encarnan todas las mujeres fundadoras, especialmente
las de la cosmogonía antillana, las provenientes del mito, las re-
ligiones —Yemayá, Ishtar, Virgen María, Artemisa, Hécate, Isis,
Omecíatl, Selene, Coalitcue. La enumeración le sirve para la identificación, mientras que la organización paralelística sobre la que
se construye otro de sus poemas le sirve para definir lo que no
es. Así el libro se inicia con definiciones y negaciones respecto a
su identidad. En el fragmento que a continuación transcribimos,
Nemir Matos critica las opresiones ejercidas por el *corpus* social
sobre el cuerpo mismo de la mujer:

---

[54] *Las guerrilleras* (Barcelona: Seix Barral, 1971). Véase de Elaine Marks, "Women
and Literature in France", *Signs* 3:4 (verano 1978), pp. 832-842. "Report from Paris:
Women's Writing and the Women's Movement", de Carolyn Greenstein Burke. *Signs*
3:4, pp. 843-855. De Cixous, refiérase a las notas 8-10 *supra* y a los artículos de Ann
Rosalind Jones, "Writing the Body: Toward an Understanding of L'Ecriture Féminine"
y de Hélène Vivienne Wenzel, "The Text as Body/Politics: An Appreciation of Monique
Wittig's Writings in Context", en *Feminist Studies* 7:2 (verano 1981), pp. 247-263 y pp.
263-287.

Me robaron el cuerpo
Yo puta sanjuanera
Yo monja lesbiana
Yo mujer estéril
Yo mujer cero población

Y luego añade:

Y me tallaron a imagen y semejanza
de la Mujer Femenina
        Mujer Virginal
        la mujer Mujer
        mujer Reprimida
        mujer de la Casa Mujer de la Calle Mujer
                Endrogada Mujer Business Woman

y me violaron
porque "en el fondo
eso es lo que queremos
todas las mujeres"

Evocadora del poema de Sylvia Plath, "Daddy", donde la voz poética irónicamente afirma que toda mujer adora a un fascista, Nemir Matos nos ofrece su versión de ello comentando cómo la violencia, y no la ternura, se ha convertido en el modo "natural" que rige las relaciones humanas. Para ello no necesita manifiestos ni exhortaciones a un cambio; simplemente hace una aserción, que dentro del poema funciona críticamente una vez sentado el contexto en que se produce el acto de habla. La búsqueda del estereotipo, de la mujer modelo, produce el comentario modelo, producto de una sociedad que ha invertido su escala de valores. Así también se comenta la prostitución, con el poema en que invocando a Atabex lamenta el destino de las hijas olvidadas que vagan por el Viejo San Juan entregadas a "los rubios dioses del norte". Este poema hermoso tiene reminiscencias de la mejor poesía azteca precolonial y me parece que su estilo y tono debería ser explorado por la poeta en su producción posterior.

En los poemas restantes del libro, Matos redefine el código

erótico de temática lesbiana. Con ello se convierte en la primera poeta nuestra que permite que el lector acceda a un tema-tabú y a un mundo íntimamente femenino. Escoge para ello un lenguaje sin tapujos, lírico en la mayoría de las veces: "dunas o espejismos / istmos o espejos de mi cuerpo tan parecido al tuyo. Eres ave o reptil haces vibrar el ritmo de mi pulso cada vez más excitado por tu contacto de olas y mar alborotado". El léxico utilizado nos remite a la poesía lírica, contrastando esto con otro poema donde el léxico mismo forma parte del proyecto: "esta noche escribo mi nombre en las paredes / con la sangre de mi chocha / Pinto mis labios y mi rostro con la sangre de mi vientre Mojo la tierra".

Mientras que los contenidos intentan resquebrajar las aguas apacibles de la poesía lírica puertorriqueña inscribiendo un léxico erótico y biológico diferente que oscila entre la sensualidad sáfica, la agresividad estilo Wittig y la solidaridad con una conciencia feminista, el mito en el que se apoya ese lenguaje debilita en muchas ocasiones su proyecto. La reivindicación de una sexualidad diferente necesita, además de las palabras o del reconocimiento de un lenguaje sexista, unos contenidos que trasciendan el solo acto de decir y afirmar. Coincido en este sentido con Cixous: "cuidado con los Significantes que nos remitan a los antiguos Significados". Al igual que en la poesía de Etnairis Rivera, el recurrir al mito enajena en muchas ocasiones a un público. No basta con nombrar, hay que darles sentido a esos nombres. Con ello no quiero insistir en la posición que critica el uso de las figuras mitológicas en la literatura feminista;[55] tan sólo que, en la medida en que no se pueblen de significados nuevos esas figuras, incidimos en una lectura prevista por los mismos aparatos del poder que las proveyeron. La relectura de esas figuras, su puesta en escena en otro contexto, constituye la verdadera revolución.

---

[55] Véase la polémica entre Manuel Ramos Otero y la poeta, *supra*, nota 53. Sobre la utilización del mito en la literatura y la actitud revisionista de la escritora, véase el ensayo de Alicia Ostriker, "The Thieves of Language: Women Poets and Revisionist Mythmaking", en *Signs* 8:1 (otoño 1982), pp. 68-90.

Comparado con el poema invocativo a Atabex o los ya citados anteriormente en esta breve discusión, las enumeraciones míticas no contribuyen por sí solas a un cambio.

Importante como es la obra de Nemir Matos en el contexto de esa misma conciencia feminista por la que abogamos, su proyecto no puede darse el lujo de los nombres sin los actos. Dos fuerzas se disputan su discurso: una nueva que consiste en subvertir el lenguaje, las expectativas sociales, los mores poéticos y los mores sexuales; y otra vieja que consiste en el rescate de una mitología caribeña. El que una sea nueva y la otra vieja no depende de su remisión a modos de expresión característicos de una época, sino de la forma en que inciden cada una de estas fuerzas en su discurso. Si los contenidos están ahí y el proyecto le acompaña, sólo falta un poco más de trabajo para un poema hermoso.

15. Lilliana Ramos Collado: pasión de abismos

Proemas para despabilar cándidos es un libro difícil de abordar con las armas convencionales de la crítica. Se trata de poemas lindantes con la prosa, proemas que evaden la expresión lírica, el "dolorido sentir" de Garcilaso. El libro, que obtuvo el Premio de Poesía de la revista *Sin Nombre* en el 1976,[56] fue publicado posteriormente en el 1981 por la revista *Reintegro*, en cuya mesa editorial laboraba la poeta. Se trata de un "proemario" compuesto de quince proemas precedidos por una cita de Rimbaud: "Voici de la prose pour l'avenir de la poésie". Muy próximos a la antipoesía de Nicanor Parra o a la de Quevedo, *Proemas* intenta adecuarse a la misma realidad que quiere nombrar y decir. Ramos estaría de

---

[56] *Sin Nombre* 8:4 (enero-marzo 1978), pp. 28-40. Sobre Lilliana Ramos, véase de Juan Martínez Capó, "Proemas para despabilar cándidos", *El Mundo*, 28 de marzo de 1982, p. 8-B. De Obed Edom, "A dinamitar la sima del horror o la necesidad de la alquimia", *Reintegro*, 3:1 (abril 1983), p. 9. De Edwin Reyes, "La rebelión de los fantasmas" (sobre José Luis Vega y Lilliana Ramos), en *Claridad*, verano 78. De J. Tomé, "Dos poetas renovadores del lenguaje (Lilliana Ramos y Jorge Morales)", *El reportero*, 3 de noviembre de 1981. De De la Puebla, véase la crítica en *Mairena* 1:3 (diciembre 1979), pp. 112-115.

acuerdo con la frase de Parra de que "los poetas bajaron del Olimpo", pero ella los sitúa, además, en la tierra como víctimas y verdugos. Así lo indica en el primer poema de la serie, "Proema clisé", donde se destruye la imagen romántica del poeta ubicándolo dentro del ámbito de una lucha: "Sus armas fueron sus ojos; sus palabras, denotaciones". Como contrapartida, la sociedad lo repudia al situarlo como un objeto más del ultraje, evocando en nosotros la imagen del albatros baudelairiano, objeto de la mofa de los marineros. Frente a la visión romántica del poeta según Baudelaire, el arte poética de la marginalidad que produce la lectura de Ramos lo destina a una función primordialmente social, remitiéndolo, pues, al ámbito de la praxis:

> y siguió trabajando
> con los dientes en los ojos
> con detonaciones en su intención más clara
> mordiéndole el talón a los injustos
> escribía cuando había tiempo.
>
> *Proemas para despabilar cándidos*, 9

Proemas contiene tres proyectos generales: modificar los estereotipos formados en torno a la figura del poeta, dictar los patrones de consumo del artefacto mismo y disolver las diferencias existentes entre la prosa y la poesía. Como parte de un proyecto revitalizador a nivel lingüístico y poético, Lilliana Ramos recurre al uso de frases coloquiales ("si me obligan a tragarme de un cantazo", "doblar la panza", "se arrastró de barriga") o de frases generacionales ("machacado sea", "berrendas de tarea") cuya función principal consiste en borrar los límites existentes entre lo que la crítica formalista y estructuralista ha dado en llamar el lenguaje poético *versus* el lenguaje no poético. Lo poético aquí es lo que se haga con el lenguaje, no importa el léxico usado o los códigos a que se remita o se deje de remitir. Llama la atención en el poemario que todos los verbos utilizados en el libro están en el tiempo presente, aludiendo quizá con ello a la fuerte atadura de estos poemas a su medio ambiente o con el proyecto voluntariamente precario al que se atan, consistente en fomentar una acción en el presente o el ahora. Los deícticos espaciales, la proliferación del pronombre, el sumergirse así en un tiempo y espacio específicos insinúan otra clave para esa lectura posible. Con la utilización de ciertos deícticos y de ciertas formas verbales se les asigna a los poemas un destino, un consumo que no tiene otro referente que no sea el presente absoluto.

Seis de los poemas aluden a una primera persona (2, 4-6, 8, 10), cuatro poemas aluden a una tercera persona singular o colectiva (1, 9, 11, 12), tres utilizan constantemente el infinitivo (tras el cual se oculta también la primera persona) y el libro concluye con un "nosotros". Los poemas anclados en el "yo" dibujan una imagen de la voz poética a partir de sus acciones: el cálculo, la sonrisa irónica de quien lo burla todo, el insinuarse de forma tal que pueda verse a medias su intención: "no hay carátula falsa en mi palabra / y si juego a que me doblo / se verá un tintineo de malicia" (14). El autorreconociento es el pivote del libro y el objetivo de su palabra poética, temas que se inician en "Viaje de ida" y concluyen en el "Viaje de vuelta". En el primero de estos se plantea la necesidad de mirarse en un espejo:

> mala pata la del que no lleva espejo en el bolsillo
> nunca verá sus letras al revés
> nunca tendrá delante su delante
> no podrá agitar su mano y
> reconocerse
> aunque sea como consideración
> previa
> a cualquier cosa que pueda presentarse.

Proemas, 14

Ya en "Viaje de ida" alude a la distancia que media entre el espejo y su rostro a fin de reconocerse ("se es remoto cuando se pierde / el espejo de la / mano", 57) y en el último poema, "Viaje de vuelta", esclarece el objetivo mismo del libro ("aparatosa ha de ser la ecuación de la alegría: / al fin llegar a nosotros / entre nosotros

mismos", 68). El espejo es instrumento para lograr el autorreco-
nocimiento y, a la vez, su relación con los objetos o con el mundo que rodea a la poeta. De ahí que una de las aventuras del libro consista en que el "yo" se vaya disolviendo a través de las
formas verbales impersonales y se reconozca justamente en el "nosotros" con el que concluye el poemario. El libro, pues, marca un
proceso de reconocimiento de la subjetividad en un espacio público, acaso en la colectividad. No obstante, tanto la colectividad
como la realidad en la que opera están marcadas negativamente
en el poemario. El mundo convocado en los poemas es el prelu-
dio a la "sima de horrores" que veremos en el poemario posterior, *Avión de papel*. En *Proemas*, los seres humanos soslayan el
dolor, abandonando, como una "pausa viva" a sus congéneres;
evitan el dolor mediante el manido subterfugio del no sentir o el
no exponerse.

"Ballet clandestino para la perfección" y "Proema para embro-
mar a la muerte" están organizados sobre una serie de infinitivos
que conminan al lector a llevar a cabo determinadas acciones.
Constituyen estos dos poemas una especie de manual de instruc-
ciones, un discurso exhortativo, para el presente, e impelen a que
se lleve a cabo un juego de simulaciones y una práctica gestual.
Ambas armas son privilegiadas por la voz poética con el fin de
combatir el mundo que tan negativamente ha signado durante su
discurso. Esa gimnasia (o esta agresiva "gimnopedia" que transforma la gimnasia en ritual de ataque) doblemente operativa
—a nivel verbal y gestual— tiene como objetivo prepararse, verbo
sobre el que se articula semánticamente la totalidad del poemario.
La clandestinidad, la simulación y la sorpresa son sus armas mortales:

> repetir la dosis de gimnasia en oscuridad de
> sótano
> un
> salir a la calle con barriguita falsa
> dos
> con máscara febril de derrotado

tres dos
no deben ver que te preparas
uno:

(estar listo)

Nombrada táctica, pero oculta entre los paréntesis de una sintaxis aparentemente desprovista de un sujeto, "Ballet clandestino para la perfección" me parece el poema matriz de este primer libro donde sobre todo se intentan esclarecer los límites absurdos de un mundo.

Avión de papel sobre la Isla de Pascua, escrito entre 1972 y 1978 e inédito es un libro mayor logrado en cuanto a su organización, el uso del lenguaje, la definición de sus contenidos y el enriquecimiento de su visión de mundo. En él se nos describe el panorama económico-político de la isla, la situación limitante de sus habitantes, la desmitificación furiosa de la ciudad de Río Piedras y de sus poetas, el viaje de fuga. Si bien *Proemas* anuncia una poesía menos angustiada, *Avión de papel* incide en el mismo paisaje deshumanizante y terrible. Si allí en *Proemas* se instruía y conminaba a "dinamitar la sima del horror", en *Avión* se alecciona: "hay que tomar lecciones de abismo", como lo anuncia el epígrafe de Julio Verne que inicia el libro: "no había nada más poderoso que la atracción hacia un abismo".

El vuelo en torno a la Isla de Pascua (Puerto Rico) es tan aterrador como el descenso al infernal y extinguido cráter del Scartaris o el posterior ascenso del profesor en la novela de Verne a través de la boca del Etna en la Isla de Stromboli. En lugar de viajar al centro de la tierra, descendemos a la infernal sociedad puertorriqueña en la lectura de Ramos. Vastos paisajes arqueológicos, alucinaciones delirantes, marcha retrospectiva sobre los caminos de la minerología, de la psicología, distancia entre la voz poética y la multitud que describe, el poemario gravita exclusivamente sobre la voz, el monólogo, ausente el "yo" lírico que tan sutilmente hacía acto de presencia en *Proemas*. Podríamos decir, pues, que *Avión de papel* es, pese a lo desafortunado de toda comparación, el *waste land* puertorriqueño. El eje principal del libro

—que linda con las estructuras del poema dramático en su segunda parte— es el ensamblado socio-político, el tramado de las voces de unos habitantes que construyen un futuro insensato para la generación próxima:

> y en tu boda compraremos retratos de colores
>   tendrás tu casa y tu perrito
>   y serás como tus mayores
>   son
>   y los nietos harán la rueda de la víbora víbora
>   de la mar
>   y con orejitas gachas
>   bajo la tormenta
>   sacudirán tu sábana
>   pellizcarán tu alma y no habrá azote que los calme
>   sólo tu promesa heredada
>   sólo tu voz despacito y el exorcista en el
>   cine
>   y la pistola de corcho en Navidad
>   sólo tu voz todas las noches
>   susurrando tantas lindas cosas sobre el
>   cuco
>
> "Nana de la isla"

No hay rincón que no se vea en su más atroz desnudez en esta serie de poemas alusivos a la degradación humana. La voz poética, que más bien es máquina ocular, se desplaza incesantemente por una geografía y un paisaje que parecerían malditos. Se desciende a la raíz del cáncer social puertorriqueño y la lectura se torna irritante y desacralizadora. Es una versión más, pero modernizada, de la literatura del mal, fascinada por la visión de los excesos del abismo, en un espectáculo aterrador, en la promesa de la no promesa, seres que se nutren de la muerte del otro, tierra que se refocila en sus propias tinieblas. Es un mundo del mal que genera el mal y frente a ello, seres impotentes, quebrados, carcomidos por la desesperanza, lugares donde la maquinaria de la maña rige y la isla se somete al "paradigma del suspenso". Ante

ese espectáculo inagotable no hay patetismo posible y las salidas
están frustradas de antemano:

> el mar abarcaba la Isla postiza
> era un mar repleto de sólidos objetos y de
> sólidos nombres de objetos
> y de inmóviles recuerdos sólidos y de durísimos olvidos
> y sobre sus lajas el hombre caminaba en otra dirección
> otra distancia
> ...
> duras
> duras eran las fauces de este mar
> y el hombre las pisoteaba hiriéndose la lengua del pie
> y el hombre mascullaba el mar y lo rompía en briznas de hierro
> y de metales turbios y de elementos que lustraba
> contra su pecho
>
> "el mar"

Aun cuando al concluir el poemario, uno de sus habitantes logre salir, hacerlo supone la pérdida del rostro, condenado a ser
un extranjero en todos los lugares. Ya en *Avión de papel* no hay
espejo del cual asirse para hallarse entre los otros, sino fuga del
rostro y del ser.

Decía Julio Verne que "no había nada más poderoso que la
atracción hacia un abismo" y *Avión de papel* es justamente eso, un
lazo fascinante que nos tiende la voz poética para que sus lectores se abismen en el horror de una realidad que por muy próxima
jamás ha visto en sus dimensiones exactas:

> en él
> no hay casitas
>   ni mesitas
>   ni chiquitas
> alegrías
> no hay quien muestre señales
> no hay señales
> no hay quien coja por el cuello al terror
> porque es tan grande

que de un salto estruendoso de vigor
nadie toca en un tris
su exacto centro

> "topografía real de la isla"

Quien busque en la poesía de Lilliana Ramos la lírica no la hallará fácilmente; quien busque en su poesía la paz fracasará mil veces, quien se lance incluso a la tarea de escudriñar la voz poética de este libro no la hallará mas que detrás de la máquina ocular que sin sosiego descubre ese mundo. Escamotearse es el propósito, pero dejarse oír es el otro. Y dice, poblando el mundo de voces cuya cara no tenemos que conocer para reconocer. La descripción, la visión están ahí a través de un (yo) que figura su ausencia en el texto y cuya ausencia es justamente la figura del texto. Las voces solamente congregan el paisaje y lo disgregan.

16. Rosario Ferré:
el revés del bordado

Fábulas de la garza desangrada[57] es el primer libro de poesía de Rosario Ferré. Si lo comparamos con los poemas incluidos en *Papeles de Pandora*, apreciamos que estos eran más referenciales, próximos a la prosa, en los que la rebeldía se expresaba mediante un lenguaje soez, una actitud desacralizadora y una postura revisionista[58] respecto a figuras extraídas del discurso mítico y religioso.[59] *Fábulas de la garza desangrada* muestra a una poeta madura, consciente de sus instrumentos y de los órdenes que arman el libro. De hecho, este libro, *La cicatriz a medias* de Vanessa Droz y

---

[57] *Fábulas de la garza desangrada* (México: Joaquín Mortiz, 1982). Para crítica, consúltese la reseña de Juan Martínez Capó en *El Mundo*, 8 de agosto de 1982, p. 8-B y el ensayo de Ronald Méndez Clark, "La pasión y la marginalidad en (de) la escritura: Rosario Ferré", en *La sartén por el mango*, pp. 119-130.

[58] Véase el ensayo de Ostriker, nota 56, *supra*.

[59] En *Papeles de Pandora*, véase "Medea" y "Eva María". La postura revisionista, los ataques dirigidos al modo de vida de la alta burguesía, el lenguaje prosaico, son también elementos afines a la poesía de Olga Nolla.

La sílaba en la piel de José María Lima, constituyen los libros de poesía más hermosos que se publicaron durante el 1982.[60] Se intensifican en *Fábulas* las tangencias entre el discurso feminista y el revisionismo de la fábula mitológica femenina, y, contrariamente a la producción de las poetas de su generación y a su propia obra narrativa, el proyecto feminista se escinde del contexto de la reivindicación social en una actitud análoga a la que permea la poesía norteamericana.[61] Otra característica de su discurso es su literariedad: así su voz se entrelaza con las voces de múltiples poetas como Sor Juana Inés de la Cruz, Darío, Vallejo, Quevedo, H.D., Borges, Rich, Dante, San Juan de la Cruz, generando un lenguaje preciosista vinculado con el neorafaelismo y el barroco. No obstante, se trata del léxico barroco y no del barroco conceptual. El preciosismo de su lenguaje, evocador del brocado y de la joya, contrasta con la claridad del concepto y del proyecto que se elucida en sus páginas.

En su estructura externa, se entrelazan en el poemario la prosa poética y la poesía lírica. Por un lado tenemos las cuatro epístolas dirigidas al amado imaginado y construido por la voz poética y, por el otro lado, los poemas, especie de autobiografía de otra:[62] las mujeres míticas o literarias cuya voz asume la poeta. Todas, excepto dos —Julia de Burgos y la *personna* poética de Rosario— se remiten al discurso cultural "proveniente de la fantasía colectiva masculina" (Ostriker). Así, la persona poética va construyéndose a medida que rechaza, exalta o trastoca los contenidos con que la cultura patriarcal las ha investido. El acto de rebeldía define a estas protagonistas y así desfilan por sus páginas una Desdémona que envenena a Otelo, una Helena que se suicida a fin de que los hombres no justifiquen sus batallas a partir

---

[60] El libro de Droz será discutido más adelante, y respecto al libro de Lima, véase mi ensayo "Las tácticas de la sorpresa", publicado originalmente en *Plural* (UPR, Colegios Regionales), 1:3 (1983), pp. 217-226, e incluido en este libro.

[61] Véase la sección 6 de este ensayo.

[62] Recuerde el lector "la autobiografía de otro" de Gertrude Stein.

de su belleza milenaria, una Medusa que es la contrapartida de Andrómeda, una Antígona que maldice al sátrapa, una Francesca que acepta alocada el castigo divino, una Dafne que convierte a su amante en fugitivo. De ellas dimana la destrucción o la auto-destrucción, dentro de un esquema conceptual análogo al de *Sitio a Eros*.[63]

Otra lectura del poemario nos remite a la construcción de una figura alterna paralela. Son oponibles, entonces, las sombras, las gemelas, reflejadas y construidas sobre bastidores. Así, la voz poética escinde la figura femenina en pares: el positivo frente al negativo,[64] el poema "Envío" se bifurca espejeándose al final,[65] Antígona se contrapone a Ismene, Medusa —la princesa de la noche— a Andrómeda —la princesa de la luz—, Julia de Burgos a Julia de Burgos (evocando el poema "A Julia de Burgos"), Rosario se enfrenta con su sombra. Una es la figura real ubicada en el mundo, la mujer con un nombre real o mítico que se autoproduce; la otra es su sombra, el ente ficticio creado por el patriarcado, "desterrada de sí misma palmo a palmo". La voz poética confronta ambas versiones —la real y la arquetípica—, la lectura femenina y la lectura masculina, y de ese enfrentamiento surge la ruptura y la opción. *Abocada a las oposiciones, Ferré escoge su lectura y construye su mito: prestigia a la rebelde, investida de realidad, y rechaza a la ficticia, revestida de ausencias.* Pero el hallazgo de sí misma supone un proceso, buscarse en los espejos y en su propio bordado. El proyecto es la escritura; el sujeto, una mujer. Para fecundar a esa mujer ("para ayudarse a sí misma en el trance del parto") se dedica a observar el mundo. El conocimiento se da desde su cuerpo, desde su sexo, desde su experiencia específicamente femenina. Así lo vemos en "Odalisca" ("con los ojos de su pecho ella lo observa"), en "Catalina" ("el ojo del corazón esclarecido") y en "Fábula..." ("Polifema se observa en el espejo / con el único

[63] Véase el inciso III de este ensayo.

[64] *Fábulas de la garza desangrada*, pp. 27 y 31.

[65] *Ibid.*, pp. 7 y 14.

ojo de su sexo").[66] Mirada sobre el mundo, bordado de su figura sobre éste; a medida que Ferré va bordando en el centro de su bastidor la figura imaginada de la mujer que aspira a ser y, a la vez, la de la mujer que rechaza, va construyendo su propio discurso.

En el poema de Adrienne Rich, "Aunt Jennifer's Tigers", una mujer se enfrasca en su tejido. Sobre su dedo anular reposa el anillo pesado y amenazante de su esposo, mientras ella se da a la tarea de bordar las acciones de un intrépido y galopante tigre. Su rico mundo interior no excede los bordes del telar, acción de otros. Al comentar el poema, Rich señala que "en esta mujer son oponibles su imaginación, trabajada en un tapiz, y su modo de vida, orlada por las ordalías que la dominaban".[67] *Fábulas de la garza desangrada* también contiene su bordado. Al bordar la historia de las otras, al evocar su figura, borda la suya. ¿Dónde ubicar, pues, la *personna* poética, al derecho o al revés de ese bordado? Ambas están contenidas en el tapiz, se entrelazan sus hilos, la imagen real siempre arroja su sombra entre los vivos. Pero, a una, la voz poética la inviste de conciencia, pasión, rebeldía, y, a la otra, la signan la ausencia y la rigidez. El poema que da título al libro contiene el tapiz, que es también espejo, donde la voz poética se busca y finalmente se halla. Asistimos a la construcción de una conciencia:

> quiere profundizar en el reflejo
> de su bordador maravilloso;
> fijar sobre el vidrio su escritura,
> grujirla con su sexo.
> absorbida en su labor paciente
> recoge así, en el estambre glicerino de sus sílabas
> los pormenores de su historia:
>
> *Fábulas de la garza desangrada*, 16

---

[66] Es interesante advertir que un ensayo de Ferré sobre Nolla se titula "El ojo de Olga Nolla", estableciéndose un interesante diálogo entre crítica (lectura) y poesía (escritura).

[67] *On Lies, Secrets and Silences*, ver *supra*, nota 5.

La voz poética alude a una tercera persona ("ella") y esa tercera persona, a su vez, relata la historia de otra ella, su melliza. La primera desea gritar, producirse, conocerse, contar su historia; por lo que se da a la tarea de observar las inscripciones que el discurso masculino hizo sobre su melliza. Surgen contrapuestos el ser real frente al ser ficticio, y señala: "a mi cuerpo prefieren su alma dividida en el reverso perfecto del espejo". Ante esta ausencia que es el arquetipo femenino, las preguntas retóricas dinamizan la oposición con el ente real que la cuestiona:

> ¿cómo sacerdotisa del misterio,
> si ignora a dónde va, de dónde viene,
> saltando de rama en rama como garza
> desangrada de la propia vida
> sin caminar jamás del propio brazo?
>
> *Fábulas de la garza desangrada*, 19

Ese doble, proclamado vencedor, "conjurado en el espejo por los hombres" *es el revés del bordado*, la sombra poblada —en la relectura de Ferré— de reprobaciones negativas. Así, la que relata los pormenores de su historia, toma cuerpo, asume el mundo, transgrede la imagen heredada; parafraseando a Sor Juana, "toma entre ambas manos ambos ojos / para recuperar con ellos lo perdido", se transforma en Polifema autoobservándose, se autofecunda y concluye:

> suelta por fin su grito a ras de risa
> a ras de ese cristal que ya no la aprisiona
> instantánea, incandescente
> se desangra por sus mil heridas
> fluye su sangre blanca en éster nítrico
> y escribe con ella su nombre al pie de los fragmentos
> del poema para mejor después desvanecerse.
>
> *Fábulas de la garza desangrada*, 22

Sobre el telar, como en el poema de Rich, borda el poema, su historia, su imagen; lee el revés y escribe el derecho. Apostrofándolas, dialogando con ellas —Andrómeda, Ismene, Julia, Rosario, la otra Helena— se construye. Las exhorta a conocerse, expone su cobardía, las reconviene para que cambien, cuenta la versión escondida de Medusa, reinvindica a Helena. Su heroicidad consiste en conocerse. Así, Medusa, desprovista de un espejo donde mirarse, dice: "no permitiré que me priven de mis ojos; que se me niegue la posibilidad de llegar a saber quién es, cómo es Medusa". Dobles, mellizas, sombras, necesitan de un espejo para reconocerse. Pero a la voz poética el instrumento no le basta. Ello conllevaría una actitud pasiva y una incapacidad para construir el reverso de la imagen que rechaza. Por eso hace del espejo un telar y sustituye la imagen no querida por la querida. Si bien la superficie del espejo no admite dimisiones, la del telar sí; allí registra su escritura, y asida a esos frágiles hilos, se crea.

No obstante, la acción de coser y descoser supone una destrucción posterior. Se escribe y luego la imagen se desvanece, como ocurre en "Fábulas...". *El prefijo "des" que atraviesa todo el poemario, morfología de la ruptura,* reaparece en "Epitalamio", donde después "de ser enseñada a zurcir, a hilvanar su medida a la seguridad del forro", decide d*eshilar, deshilvanar:*

> se desabrocha el corpiño
> y se desprende de la sien el velo de tul ilusión
> a la sombra del cual atraviesa la vida.
> descosida de la propia piel
> deja que los sentimientos se le ajen.
> los estruja contra sus muslos, sudorosos por el uso.
> equilibrada sobre la brisa precaria de sus tacos
> los hace crujir como seda nueva alrededor de su cintura
> antes de tirar de la hebra y deshacer el dibujo.
>
> *Fábulas de la garza desangrada,* 74

En un proceso inverso al acto de bordar que observamos en "Fábulas...", aquí la voz poética deshila la imagen que de sí misma construyeron los otros. Arriba a sí misma y es su antigua imagen el sujeto destruido. Invierte así las labores y el destino de Narciso.

Así como la *personna* poética se construye a lo largo del poema lírico, así también se construye otra imagen —la del amado— en las epístolas. Si los poemas reclaman un lector femenino que simpatice con su proyecto, las epístolas construyen la figura del lector masculino. En las epístolas reposa —inmovilizada— la figura del amante; su presencia late incluso entre las voces mismas de las rebeladas. Ese lector, oculto y soslayado por el discurso feminista, es paradójicamente aquel a quien se le dedica la transformación de la voz poética: "quiero escribirte las razones que tuve para dedicarte este libro, esta larga carta desangrada por la que transito buscándote" (*Fábulas de la garza desangrada*, 35). Al borde de ambos proyectos —el de la transformación y el de la pasión amorosa— se debate la voz poética. El proceso de crear la versión positiva de la mujer consciente marcha paralelo al proceso mediante el cual inventa la figura del amante. ¿Por qué, en un proceso simultáneo al apóstrofe que se dirige a sí misma, construye una imagen tan acrítica del amado donde se relega a la mujer a la misma posición que ha ocupado por milenios? ¿Son procesos excluyentes el amor y la conciencia? *Sitio a Eros* ya dio la respuesta. Diotima lo repite en el poema "A Julia": "el amor es amar lo que nos falta, / dejarse desangrar por el costado / que ya no cicatriza". No obstante, el conflicto en *Fábulas* queda vivo, irresuelto. Tigre devorador de la pasión, pesado y acechante, imagen masculina agazapada tras el revés del bastidor hermoso que bordaba, sólo le queda al proyecto, para cerrarse, conjurar su figura de otro modo, afantasmarlo, y "delinear la fuga de su ausencia".

17. Vanessa Droz:
la inscripción de la piel

Vanessa Droz comenzó a escribir muy joven, a principios de la década de los setenta. En esa época participó en numerosas revistas generacionales como *La sapa tsé-tsé, Penélope y el otro mundo, Zona de carga y descarga* y *Reintegro*. Sin embargo, hasta el año 1982 no publica su primer libro, *La cicatriz a medias*.[68] Adepta como

---

[68] *La cicatriz a medias* (Río Piedras: Cultural, 1982). Para una crítica de su obra, véase

lo es a trabajar el poema, abundante en plurivalencias, neologismos, polisemias, ludismos, la poeta demoró la publicación de la obra que, recogida, abarca poemas escritos entre el 1974 y el 1979. La poesía de Vanessa Droz linda mayormente con el poema puro, con la estética mallarmeana de la página blanca, y dialoga intensamente con los poetas del grupo "Contemporáneos" tales como José Gorostiza, Gilberto Owen, y Xavier Villaurrutia. De ellos hereda, especialmente de Gorostiza, su pasión por la forma, por la imagen reiterada de los vasos y los temas del tiempo y de la muerte. De ahí surge una poesía embelesada con su propia forma, pulida hasta el extremo de hacerse añicos en su fragilidad helada, reducida prácticamente a las esencias de la poesía tradicional clásica, reacia a evocar el mundo desde un lenguaje que no sea estrictamente poético. Así lo social sólo se asume desde la experiencia amorosa con la sombra del amado, imaginado, espectral, distante. No hay colectividades en esta poesía, no hay consignas ni ideologías que simpaticen con el discurso poético de su propia generación. Si su vida personal denota simpatías con los proyectos sociales de la izquierda, su poesía rechaza abordar el tema. Lo humano, la humanidad connotada en ellos, ya lo dije, se produce en el ámbito de la experiencia amorosa.

Dos temas principales recorren su poesía: el amor y el tiempo. Podemos hablar de una poesía erótica en Droz. En ella, la mujer ocupa la misma posición que hasta ahora ha ocupado. De ahí que la elegía, el lamento, el pesimismo en muchas ocasiones, signen su discurso y lo pueblen de sombras, distancias, muertes. Pero el amor, el inventado amante, el contacto con su cuerpo y con sus tretas, los artilugios verbales masculinos que sólo intentan dominar, conducen a la poeta al conocimiento, a la experiencia que, si bien produce dolor, cicatrices, recuerdos, erige, a la vez, un monumento de lucha futura. La descarnada forma en que se

la reseña de Juan Martínez Capó en *El Mundo*, 13 de febrero de 1983, p. 10-B, la entrevista con Andrés Candelario, "Una poetisa de alma y corazón" en *El Nuevo Día* (Suplemento en Grande), 23 de enero de 1983, p. 9, y de José Ramón Meléndez, "Vanescent Draws", en *Claridad* (En Rojo), 29 de julio-4 de agosto de 1983), pp. 16-17.

describe a ese amante, la mirada voraz con que lo cerca, es parte
del proceso:

> Quizás tu único rostro sea el vacío,
> una calavera por la que viaje el viento
> silbando interminablemente como por pabellones
> donde se acurrucan los viejos, tiritando enormemente,
> buscando un refugio azul para sus huesos.
> Eres una estatua de polvo erigido
> rígido con tu máscara de reverso,
> irreconocible, intransitable.

La cicatriz a medias, 52

En "Te amo y su espectro", por ejemplo, asistimos a la ceremonia, el ritual de las palabras. La palabra del hombre es seducción,
rito, hilos con que maneja una marioneta (la mujer) que, atrapa-
da por el recurso que es su lenguaje, cree que en las palabras va
la vida, el amor, la promesa, la verdad. Transcurre el tiempo y, el
ritual, las palabras invocadas para fingir amor, se descascaran,
merman, se congelan. Mientras ella erige el sueño, él lo signa, se
lo apropia con las mismas armas —equívocas en este caso— con
que se asola un territorio:

> La mujer derrama su carencia
> en medio de bosques de vocablos,
> de multitudes de sílabas,
> de frases en motín
> y oraciones reunidas en las plazas.
> El hombre las agarra y sujeta entre sus manos
> para poder reclamar otros mundos,
> Otras caras, otros recuerdos.
> Quiere hacer suyos actos ofrecidos
> antes de su llegada, imponer su posesión,
> su dominio ancestral sobre el cuerpo de la piedra.

La cicatriz a medias, 70

Se trata de una poesía amorosa donde si bien la mujer ocupa el
papel tradicional, cuestiona también las relaciones existentes entre

los géneros. Constituye esa experiencia la fuente de su pasión y de su conocimiento, inteligencia a la que se accede después de asumir su carnalidad, dadora de recuerdos, cicatrices, ausencias, pero sobre todo dadora de la lucha, del amor que madura (también de la "voz que madura") a base de signos imborrables, alas endurecidas, "ojos sin lágrimas":

Sólo la lucha
la parte de mi amor más alada
y alzada por la lluvia,
deberían en todo momento
    ser la herencia a ti dejada

La cicatriz a medias, 63

La otra vertiente de la poesía erótica de Droz se manifiesta a través de la técnica misma con que trabaja el verso. Imágenes como las que aparecen en la sección dedicada a los vasos (específicamente el sexto vaso, alusivo al órgano masculino, y al vaso femenino) engendran una visión evocadora, sensual, precisa en sus connotaciones. Así, son las palabras mismas las que, evocando las figuras, generan una extraña fascinación con esos cuerpos nombrados, convertidos en metáforas, técnicamente seductores. Pero es el lenguaje utilizado, el ritmo mismo con que se describen, el puente de la imagen, lo que los potencia eróticamente. Es una secuencia de metáforas, una gradación de metáforas que nos recuerda el poema "Alturas de Machu Pichu" lo que da vida al poema "El sexto vaso":

naces
arteria sideral   aguja del tiempo
del perpetuo centro del volcán arando
quemando la atmósfera con tu alzado pan
como si no bastara la mano
con sus cinco fuentes derramadas

La cicatriz a medias, 31

Y para describir el sexo femenino acude al movimiento de las piernas. Dice "El vaso femenino":

> Las piernas se me van aparte
> a parto
> su circulación circense
> las piernas duelen
> abrirlas y cerrarse.

La cicatriz a medias, 33

El otro gran tema del libro es el tiempo, trabajado principalmente en la última parte subtitulada "Inicio del mapa". La poesía que Vanessa Droz cultiva entre 1974 y 1978, específicamente su serie sobre los vasos, alusivos a las formas mismas que contienen lo incontenible (y donde sobresale el poema como tema en "El vaso innombrable") o la serie de los payasos donde sucesivamente el poeta (ya sea el enamorado del mar que acerca a su "pabellón de carne" —el oído— el "pabellón de aire" —"caracol"—, el poeta "que busca el cuerpo de su habla y el habla de su cuerpo" en el mar, o el otro cuyas alas batallan con el aire, reacio al mar) se halla acosado por lo que aún no es, es una poesía sumamente hermética que necesita de otros órdenes, menos saturados, para comprenderlos a cabalidad. En "Inicio del mapa", no obstante, se elabora la imagen de la cicatriz. Es ésta la que da título al libro y sobre la que se articulan principalmente tres poemas: "Una cicatriz es un bosque donde un vivo", "Esta dureza no está hecha para ti", "Hay un cuerpo que anda". La cicatriz es el sitio y la marca donde confluye la vida, desde donde puede leerse el tránsito del ser. Así la ontología y la escritura se aúnan en esa geografía del cuerpo donde dialogan pasado, presente y futuro, desde donde se accede al dolor y aquél (el cuerpo) se convierte en conocimiento:

> Tu bosque es por ello más perfecto
> tu ciudad llena de cáscaras más poblada
> por las persecuciones de la vida
> Tu gran cuerpo es la cicatriz gigante.

La cicatriz a medias, 59

Así, evocando el poema del "Segundo Payaso", donde se habla de cómo el mar va edificando su venganza "porque cada cual tiene un grano de sal por el que sangra / y en algún rescoldo del cuerpo una herida invisible", o el del "Tercer Payaso", donde se alude a la espina honda que no puede escapar del cuerpo, "Inicio del mapa" continúa elaborando la imagen Plenipotenciada ahora por una serie de poemas donde el cuerpo es vía, superficie, tránsito al conocimiento. La cicatriz es el sitio vulnerable,[69] la herida invisible, la espina honda, la mácula que signa el cuerpo y lo provee de la dureza necesaria. En el cuerpo habita la muerte, el tiempo y el proyecto futuro. Marcada por lo que es materia necesaria del recuerdo, o miseria asumida, a medida que se va asumiendo la cicatriz en el cuerpo, va creciendo el ser humano en el tiempo, burlando la muerte que se inscribió en su piel. Esa conciencia de sí va acompañada del crecimiento de la voz poética misma que se ha dado en observar aquella transformación, y la "voz que madura" historia la victoria:

> Para perpetuar la clave
> de cómo un cuerpo concluye en otro,
> de cómo el hombre, a fuerza de cicatrices,
> se va haciendo bosque perfecto,
> ciudad de cáscaras,
> selva de aire.
>
> *La cicatriz a medias*, 60

Espacios para nombrarse o desnombrarse, circuitos de la piel ahíta de cicatrices, vasos que desplazan sus contenidos; la poesía de Vanessa Droz, hermética y hermosa, nos remite al espejo donde Narciso, abismado sobre sí, rechaza su propia imagen. La poesía, sitiada por su piel, poseída de forma, maculada de cicatrices, construye la ruta hacia el conocimiento y desde su centro congelado

---

[69] "Tus ojos son tu cicatriz más débil / porque en ella el vivo no ha dejado de correr, / porque con ella te abres al mundo / y eres capaz de mirar las otras oscuridades / que han penetrado tu cuerpo". *La cicatriz a medias*, p. 60.

y distante enuncia un mundo. La poeta, alejada de sí misma mediante la palabra —su cómplice—; mediantes las palabras en la lucha entre el cuerpo y sus experiencias, constituyen éstas el puente para no tocarse, invulnerable dentro de su vulnerabilidad. El conocimiento, lindante con la inteligencia de la forma, le ofrece nuevas vías para marcar una geografía carnal que en el vórtice de su intensidad se petrifica nombrándose. No hay superficie que se resista a ser tallada, inscrita, labrada, por esa mirada poblada de intenciones formantes, de estructuras conjuradas para el sosiego de la pena. Así, el furioso y desbordado contenido se rinde ante la forma y desde allí, la poeta, paradójica y soberbia, "cerca el fuego".[70]

18. Conclusiones

El discurso de las poetas estudiadas se configura dentro de un contexto socio-económico en el que la mujer está aún relegada a posiciones de subordinación, donde su acción —para ser efectiva— tiene que triplicarse y donde las fuerzas del mercado han minusvalorado la poesía frente a otros géneros. Pese a ello, la poesía contemporánea puertorriqueña es, sobre todo, obra de mujeres, ya nos atengamos al enfoque cuantitativo o al cualitativo de esa producción. El contenido de su discurso es también más crítico, sugerente y mordaz; más elaborada la palabra poética. No incurro en exageraciones al afirmar que estas poetas son las orfebres exquisitas de un mundo lacerante.

Las características más sobresalientes de este grupo de poetas son: la creación de un espacio para su voz, la elaboración consciente y visible de un arte poética, la recurrencia a la intertextualidad, el hacer de la palabra un tema más de su poesía de modo que podamos hablar hoy de una "biografía de la escritura" como uno de los proyectos auténticamente originales de esta producción, el énfasis en la materialidad de la palabra y la irrup-

---

[70] "Cercar el fuego", *La cicatriz a medias*, p. 72.

ción del cuerpo como instrumento de conocimiento, el intento épico y, a su vez, el reconocimiento de una degradada o imposible épica que se busca entre los pueblos primigenios latinoamericanos o en la realidad urbana que quiere desmitificarse. Hay, además, una notable vocación antipoética y un deseo de disolver los límites del género.

Uno de los elementos que merece destacarse de la hablante poética de los 70 es el deseo de testimoniar una ruptura de su voz, un conflicto entre mundos aparentemente opuestos. Podría hablarse de una esquizofrenia de la voz poética, pues en el proceso de indagar en el mundo en que viven, descubren conflictos que se asumen con el fin de convertirlos en medios para el conocimiento. Este reconocimiento de lo conflictivo como etapa previa del conocer es determinante. Estas voces poéticas no incurren en falsas sustituciones ni utopías, no lo evaden refugiándose en el solipsismo. Al contrario, enfrentan la ruptura y el conflicto desde una voz consciente de sí. La coexistencia de polaridades es una de las claves de esta poesía: se oponen y reúnen la ternura y la furia, lo humano y lo animal, la ruptura desde la poesía con una clase y con unos cánones poéticos, la unidad que conforman conocimiento y carnalidad, razón y amor. Al indagar en la figura trazada por ese conflicto, por esas dicotomías que reclaman ser vistas, hallamos el arte poética de ésta concretada en imágenes como la cicatriz y los payasos, los gestos y las voces, la araña y el abanico, el bordador y la garza, el ojo de la tormenta.

Estos textos ofrecen un testimonio de la excelencia de una producción que vive y perdurará por tres motivos: el énfasis en la palabra poética como materia a pulirse con esmero, la valoración y exploración de una realidad y la pasión devoradora con que se describe: teoría y praxis de la palabra construida con amor y lucidez.

(Septiembre de 1985)

LAS TÁCTICAS DE LA SORPRESA: *LA SÍLABA EN LA PIEL*, DE JOSÉ MARÍA LIMA[1]

1. Introducción

La sílaba en la piel, publicado por la Editorial Qease a fines de 1982 es, además del poemario más sobresaliente de ese año, uno de los testimonios poéticos más lúcidos que se hayan escrito en Puerto Rico durante las últimas dos décadas. Su autor, José María Lima, profesor de lógica matemática en la Universidad de Puerto Rico, además de integrante del ya desaparecido grupo de artistas que se reunían en torno al café La Torre en Río Piedras, solitario por necesidad, vidente por imposición de las rabias cotidianas, ajedrecista por convicción y dibujante, ha sido uno de los poetas más injustamente olvidados y menos publicados de su generación.[2] Pero el olvido es moneda de dos caras; se puede reducir a su mitad y ya, aparentemente, deja de serlo. De ahí que la obra de José María Lima se haya incluido en revistas como

---

[1] Publicado originalmente en la revista *Plural* (San Juan de Puerto Rico), 1:3 (enero-junio de 1983), pp. 217-226.

[2] Véase la polémica en torno a los conceptos de "generación" y "promoción" en la poesía puertorriqueña de los últimos veinte años en la introducción que hace Luis Antonio Rosario Quiles a su antología, *Poesía nueva puertorriqueña*. Este ubica a José María Lima entre los poetas que nacieron alrededor del 1936 y que ya han terminado sus estudios universitarios en 1955. Entre ellos figuran Hugo Margenat, Jaime Carrero, Jaime Vélez Estrada, Anagilda Garrastegui, Luis Antonio Rosario Quiles y otros.

Versiones[3] y *Zona de carga y descarga*,[4] y en las antologías más importantes publicadas durante la década de los setenta, a saber, *Poesía nueva puertorriqueña*[5] de Luis Antonio Rosario Quiles y *The Puerto Rican Poets*[6] de Iván Silén y Alfredo Matilla. Finalmente, en marzo de 1977, la revista de un sólo número *Cara y Cruz* (Cuadernos de arte y literatura) dedica un espacio considerable de la revista a los poemas y dibujos del poeta.[7] Todos estos son intentos de prevenir el olvido, pero lamentablemente es sólo labor de prevención. José María Lima, quien junto a su esposa de entonces, la poeta Ángela María Dávila, había publicado *Homenaje al ombligo* en 1966, continuaba escribiendo, más carecía de nuevos libros. Su vasta obra era reducida a una muestra antológica. Inclusive, su primer libro *Homenaje al ombligo* había tenido una escasa circulación de unos cien ejemplares, de los que apenas existe rastro.

En un país como el nuestro, donde la historia literaria es sobre todo obra de olvidos y marginaciones, el extravío (el error en la valoración, la distorsión del gusto, la mitificación prematura del escritor, el encomio desmedido de textos parciales) es frecuente. Habría que ver el valor que tiene un poeta inédito renombrado; si el renombre sirve al mito o a la historia. Habría que ver en qué medida vociferar o abundar sobre ciertas obras y ciertos

---

[3] *Versiones* (San Juan), v. I, Segunda época, marzo de 1968. El poema en prosa "Los héroes" aparece mutilado en las páginas 41-42.

[4] *Zona de carga y descarga* (San Juan), 9 (mayo-junio de 1975), pp. 16-17.

[5] *Poesía nueva puertorriqueña*, Río Piedras: Editorial Edil, 1971. Quiero llamar la atención a una errata de importancia en esta antología. Si bien los poemas de Lima se incluyen entre las páginas 99 y 107, se incorporan fragmentos del poema "Si me amas..." de Lima (*La sílaba en la piel*, pp. 165-167) junto con un poema de Juan Martínez Capó titulado "No hemos estado ociosos" (pp. 75-76).

[6] *The Puerto Rican Poets*, Iván Silén y Alfredo Matilla, editores. Nueva York: Bantam Books, 1972.

[7] Me refiero al único número publicado de la revista en marzo de 1977. Es lamentable que el número, que tiene visos de ser el primer homenaje que se le tributa a la figura del poeta y del dibujante Lima, carezca de una introducción y no se mencione quién hizo la selección de los textos.

escritores aún inmaduros poéticamente o usar las revistas, las editoriales o los diarios como arma propagandística de tipo personalista llena las lagunas que en la historia literaria, como en la historia del país, sirven en última instancia para perpetuar mitos, falsificar procesos y privar de la voz (de su espacio) a los que realmente la deben poseer. Es lo que ocurre con José María Lima. Mientras ejercía como profesor de la Universidad de Puerto Rico, fue expulsado de ella por declararse marxista; su obra deja de difundirse a inicios de la década de los sesenta.[8] El surgimiento de la revista *Guajana* en 1962 y la muerte prematura del poeta Hugo Margenat en abril de 1967 atrajeron la atención del público, procesos todos que opacaron la resonancia que pudo haber tenido la poesía lírico-social de Lima durante esa misma década.

Cuando ya su ausencia era demasiado acusada, y para remediar el olvido parcial de una obra fantasmalmente prolífica, la bibliografía puertorriqueña se enriquece con la publicación de *La sílaba en la piel*, libro que incluye —en forma de suma general— una gran cantidad de poemas escritos durante treinta años, entre 1952 y 1982. El poeta, a quien Juan Ramón Jiménez le había dicho "Es usted un verdadero poeta y me alegro de haberlo sabido por mí mismo",[9] da un jaque mate al rey del olvido —ficha invisible y potente— y con la inteligencia del ajedrecista más sagaz, ataca con la pieza más inesperada; esta obra que vence la epidemia de la desmemoria. Las palabras de Lima parecerían confirmarlo:

> Si me castigan, o piensan castigarme, o si les cruza alguna vez por la mente la idea de sujetarme, no puedo imaginar una venganza

---

[8] Corrobórense las fechas de publicación de muchos poemas de Lima publicados en los diarios de mayor difusión del país, entre los que destaca *El Mundo*. Estos poemas aparecen publicados entre los años de 1958 a 1962. De esa fecha en adelante, el silencio cerca la obra del poeta.

[9] *La sílaba en la piel*, entrecomillado nuestro, p. 13. Nos parece ser ésta la voz de un poeta acosado por las circunstancias políticas y burocráticas provenientes de ciertos sectores universitarios mediocres y autoritarios. Como poeta, me solidarizo con esa propuesta, la de cantar. También la de retar, vociferar, desenmascarar (Nota de 1994).

mayor, ni una sorpresa más grande, ni un triunfo más completo
que cantar, como quise siempre y estuvo señalado desde el comienzo.[10]

El olvido en que se había sumido la obra de José María Lima se
transforma —mediante los giros sorpresivos que toma la literatura en nuestro país— en homenaje a través de esta edición que viene acompañada de una bibliografía, fechas de composición de los
poemas, organización y nota editorial de José Ramón Meléndez.

2. Descripción general: sorpresa primera

Las doscientas cuarenta y una páginas de la *La sílaba en la piel*
están divididas temáticamente en cuatro partes principales que
son: "Hacia el olor del pan" (poemas de guerra), "Viajes al interior" (poemas personales), "Los óleos esenciales" (arte amatoria)
y "Atrechos por el extravío" (ars). La primera parte es poesía de
temática social, como lo indica el subtítulo en paréntesis; la
segunda parte es poesía intimista, reflexiva y amatoria, como lo
es también la tercera parte, aún más lírica, y cuyas tangentes son
el "yo" y el "tú" amado. La última sección constituye su arte poética, imprescindible para la comprensión de las razones de su
poesía.

Cada una de las secciones contiene poemas en prosa y en verso y fluctúan a lo largo de toda la recopilación el tono irónico
("AQUEL, Aquel y aquellos"), el lírico ("A Ada Lina"), el épico
("En homenaje a Elías Beauchamp e Hiram Rosado..."), el introspectivo ("Yo he visto a la caída de la tarde"). Se trata de una poesía trabajada con un agudísimo sentido de la música y del ritmo
por un poeta plenamente inmerso en la vanguardia, irreverente
en su uso de la puntuación, las mayúsculas y los encabalgamientos, innovador en la representación figurativa en el papel de los
espacios del tablero de ajedrez y la disposición de las letras en la
serie de poemas titulado "Caracolas". Es, además, una poesía

---

[10] Ob. cit., p. 217. De ahora en adelante, se indicará en el texto mismo la página de
donde proviene la cita.

densa, más para leerse que para decirse, evocadora en más de una ocasión de la poesía vallejiana de *Poemas humanos.* Observamos varias muestras de lo último en la utilización de la enumeración, de los deícticos ("aquí vive una sombra, aquí vive un recuerdo, aquí vive un abismo"), de las personificaciones ("¿por dónde anda mi nombre?"), en la nominalización de adverbios y adjetivos ("Tantos después y tanto siempre / girando sin sentido¡ Tanto nunca redondo / interminablemente..."), en los diminutivos de valor afectivo ("con una cajita de música en mi interior"), en el uso del apóstrofe ("camaradas del sueño, os reconozco, los de la luna repartida en el rostro, los del rostro sin comienzo, pero con un final rotundo y envolvente") y en el estilo dialogal. Una lectura atenta del texto de Lima nos indica que es el primer poeta puertorriqueño en el que se internaliza magistralmente la lección vallejiana, evidente en el plano estilístico y en el estructural, mediante la utilización de la voz poética como eje del dolor humano, y en el ideológico dada la posición ética y social que asume el poeta ante el mundo. En fin, la amatoria de huesos que es la poesía de Lima, la vena siempre abierta hacia un mañana precursor de "otro dolido hoy", el futuro cumplido de los abrazos prometidos ("con el ruido de ayer entre los ojos y en la memoria el beso de mañana") son los de Lima y los de Vallejo a la vez.

El uso de los parónimos y de los hipérbatos enriquece el aspecto sintáctico y léxico de la poesía de José María Lima, le otorga mayor dinamismo a una escritura ya abundante en barroquismos, como lo vemos en el verso "del hombro de la hembra descansa el hambre del hombre", en donde la distribución de los parónimos "hembra-hombro-hambre-hombre" crea un original ludismo entre lexemas y morfemas. Otro ejemplo singular es un poema que se estructura a base de antítesis, y cuyo sentido depende del juego con los palíndromos:

> Atila, guerra
> alita, por inversión, paz
> (pero con vuelo)
> del huno al hotro

    intercalo una red
        un puente
        un tronco
    es decir: Tiendo (o entiendo)
    voy y vengo
    para salir,
    mis armas que me asistan.
    Para venir,
    me basta la sonrisa.   p. 62

La poesía de Lima, pues, no utiliza el mecanismo lúdico por el ludismo mismo; todos sus juegos (cuando se adopan) poseen una intencionalidad definida, signada ideológicamente. De ahí que Lima sea el primero de su generación que utilice la palabra poética, especialmente su polivalencia, para explorar simultáneamente lo estético y lo ideológico; se convierte así en el poeta fundador de otra generación, la del setenta, en la cual se alían la función estética y la referencial, el dúctil arte y el arte útil de decir.

No podemos dejar de mencionar otro visible parentesco entre la poesía de José María Lima y la de otro poeta latinoamericano, Pablo Neruda, en lo que respecta al léxico utilizado, alusivo la mayoría de las veces a lo concreto-material, por ejemplo, en el uso de palabras como "pan", "hueso", "hambriento", "piedra", "trigo", "llanto", "hermanos". Así mismo, las imágenes surrealistas rememoran al Neruda de *Residencia en la tierra*, mientras que la ironía, abundante en la poesía social de Lima, podría vincularse con la antipoesía de Nicanor Parra.

Otro elemento de gran importancia en la poesía de Lima es la perfecta aleación que logra en cuanto a imágenes, estructura y elementos retóricos al usar los *topos* tradicionales, los metros clásicos, el poema breve de corte epigramático, conjuntamente con el uso de imágenes vanguardistas, poesía concreta, poemas en prosa y poemas narrativos de contenido satírico. En relación con todo ello, y parafraseando a T.S. Eliot, Jury Lotman señala que la novedad no es atributo de lo nuevo y que el buen poema se incorpora a la tradición a través de la resurrección de su memoria, más no coincidiendo con aquélla.[11] Un poema funde y funda la tradición y la sorpresa, torna visibles las transformaciones operantes en la tradición poética, enseña a mirar y a descubrir con nuevos ojos. Al efecto, Lima nos dice en su epígrafe del libro: "A cada párpado le corresponde su sorpresa". Desde las poéticas griegas y latinas, la obra artística tiene entre sus funciones las de enseñar y la de agradar. A partir del discurso modernista y, específicamente, desde el surrealismo, sorprender era una de las tácticas utilizadas por André Breton, Tristán Tzara, Antonin Artaud, para burlar al burgués, estremecerlo, socavar los cimientos de sus postulados. En esto estriba uno de los mayores logros del surrealismo; en crear un lector que se deleite en las exquisiteces de la sorpresa, aun cuando se sienta atacado por sus contenidos.

Todo signo es arbitrario. El lenguaje es signo. Cuando esa arbitrariedad se asume con convención tenemos un discurso referencial que utiliza para sus fines la misma arbitrariedad (ya aceptada socialmente) de la que parte. Cuando, armado de la arbitrariedad consubstancial al signo lingüístico, el poeta lo utiliza conscientemente para resquebrajar el orden obtenemos un discurso que se niega a comerciar con los significados y significantes manidos, es decir, se niega a utilizar las monedas gastadas de las palabras. Por el contrario, ese nuevo discurso se dedica a acuñar monedas diferentes a diario; se niega a incidir en los esquemas tradicionales que aseguran el bienestar poético o político. Son éstos los poetas fundadores, los que revolucionan la poesía, los que crean un nuevo lector. La estética de la sorpresa —producto del discurso modernista— tiene en José María Lima uno de sus mejores poetas. Su proyecto poético tiene como base dos sorpresas: la de las imágenes y la de la anunciación de una revolución social. Sus textos más sociales se caracterizan por el presagio, la

---

[11] Léase el ensayo de T.S. Eliot, "Tradition and the Individual Talent" y de Jury Lotman, "On 'Bad' and 'Good' Poetry", en *Analysis of the Poetic Text* (Ann Arbor: Ardis, 1976), pp. 126-131. (*Analiz poeticheskogo teksta: struktura stikh*, 1972).

anunciación, la exhortación a provocar un cambio en nuestra
historia. Versos como los siguientes lo evidencian:

> Cada piel y su historia de cicatrices,
> ahora, reunidos de nuevo los dientes,
> aproxima su relato.
> Sabemos que el metal hará otro tanto
> cuando ordenen las furias.   p. 29

Así también lo vemos en el poema siguiente:

> Si no me engaña el ojo,
> sé que en esa dirección
> a que dirijo esta estrechez
> doblemente inventada
> hay oropel que sabe
> que maldigo
>> su oculta alcancía
>> su bastidor
>> su lentejuela
>> su pequeño puñal de pacotilla
>> sus mal reunidas siglas
>> su equivocado signo
>> su sangre decreciente
>> su creciente burbuja
>
> y que sabe también
> que cuando crezca el túnel
> y reunidas las voces fidedignas
> pronuncien la sorpresa
> mil veces señalada
> la luz dirá otro tanto.   pp. 34-35

Dedicaré la segunda parte de mi análisis a la descripción de la
segunda sorpresa que nos depara el poeta.

3. La sorpresa segunda: "Los ayes que maduran"

"El lenguaje me separa de las cosas y al mismo tiempo me permite caminar entre ellas"[12] señala José María Lima en uno de los poemas en prosa incorporados a la sección "Atrechos por el extravío". Alude con ello a la indisoluble unidad existente entre el sujeto y el objeto por mediación del lenguaje que sirve para decir y describir, y la del poeta, para percibir y organizar. Sin duda, el poeta se define a través del vínculo que establece con las cosas (por la vía del lenguaje) y por la capacidad que tiene para modificarse y proceso que abarca desde la percepción hasta la evaluación y reflexión sobre las cosas. Ya esto define al poeta que utiliza el lenguaje como medio de reflexión y de cambio. Se aspira a crear un justo balance entre el "distanciamiento" como modo de aproximación objetiva a la realidad, y la praxis, la cual tiene como antesala una actitud inquisitiva, científica, cuyo fin es transformar al ser humano tras un enfrentamiento activo con el mundo. Ante un universo fragmentado, donde la norma deja de ser la naturaleza y lo es la moneda, anuncia José María Lima su "conexo desorden":

> Del distanciado grano a la ceniza
> al ser que me alimenta y me consume
> voy, vengo, descifro las raíces
> ocupo mi lugar con entusiasmo
> digo la savia, el conexo desorden
> que me anuncia
> la palabra trivial que muere entera
> al borde de los signos que persigue
> al borde mismo de la muerte intacta
> que persigue la ruta de la vida.   pp. 32-33

Las descripciones que hace el poeta de su realidad son alucinantes porque son retazos de realidad lo que logra asir. Para él, la realidad que es el mundo está dividida, es imposible hallar su unidad. Así también, el poema que la nombra se fractura: "Hay una

---

[12] *La sílaba en la piel*, p. 225.

canción pero está rota y es inútil decirla en pedacitos" (p. 18).
Entre los límites terribles del "tengo" y el "deseo" se sitúa el poeta, en una precaria cuerda floja entre la posesión y la ausencia,
entre el "hay" y el "quiero", entre el pasado y el futuro: "Se rega-
ron las manos, no podrá reunirlas la calma más profunda" (p.
171). De modo que si bien la aserción, el presagio y la amenaza
permean sus poemas "de guerra", en los líricos y personales predomina la interrogación retórica. Se trata de un dolor ancestral
de naturaleza individual y colectiva: "¿Qué puede asir la mano,
qué figura el pelo desorbitado puede decir el viento; qué frágil
frontera de pestañas para la lágrima intermedia?" (p. 193) o como
vemos en el siguiente fragmento:

> ¿Adonde se escondieron las dudas, los temores,
> las inocentes sábanas completas,
> la sencilla alegría de las repeticiones,
> la toalla, el grito comedido,
> el pan con nombre, el nombre atado al pan,
> las migajas sencillas como estrellas,
> las estrellas tan fijas, tan puntuales?
> ¿Adónde están?   p. 172

Su poesía de temática más intimista, pues, está poblada de numerosas preguntas retóricas que cuestionan la posibilidad misma de
asir, tener, poseer: "¿Qué puede asir la mano?" (p. 193), "¿Será
posible abrazar la angustia y repartir caricias elocuentes en el rostro legendario de la desesperación?" (p. 150), "¿a dónde irán, pues,
mis sueños sin sustancia? qué se yo? qué sé yo? qué sabe nadie que
me ve desvariar oculto entre la muchedumbre que besa mis meji-
llas y no siente el calor de mi cuerpo"? (pp. 211-212). Ante esta
visión pesimista de la relación amorosa ("Cuando vuelvas no habrá salidas y, curioso, tampoco habrá forma de saber si has vuelto", p. 147), sólo le queda como esperanza, paradójicamente, la
espera y el recuerdo: "Por eso olvidar tus pómulos sería casi tan
fácil como absurdo, porque entonces, ¿cómo voy a ver la luna y
qué tarea le encomendaría a los labios y a las cuerdas vocales?"
(p. 155).

Sin respuesta ante las preguntas, Lima se lanza a la conquista del papel, como conquista vicaria del cuerpo, y *La sílaba en la piel* deslinda su ruta y su objetivo: "*Se trata de encontrar una puerta, una mano, un lápiz y un espejo y se trata además de reunirte y que el papel no mienta*".[13] Dispersión, necesidad de hallar las palabras precisas y verdaderas, búsqueda incesante de las raíces ancestrales de la risa y de la alegría, son las claves de esta poesía. La ruptura del mundo se manifiesta a través de la utilización de la imagen surrealista y la asociación libre; estilo que traduce una realidad en la cual los valores se han trastocado y los elementos (los minerales, el agua, el viento) se han transformado en medios para satisfacer la gula económica. El estilo quebrado del dolor orienta el camino a recorrer: el reclamo de la liberación humana. Los "tiranos" de este orden antinatural son "los asesinos de las furias verticales, los aniquiladores de la raíz precisa, los encerradores de los abridores, los atacadores de los manantiales, los burladores del buen odio" (p. 24). Los espacios cerrados, la separación, el odio entre hermanos, el dinero, están signados negativamente y se contraponen activamente a lo que en la cosmovisión de Lima constituye la fuente de la fuerza auténtica: la sorpresa, el misterio, la búsqueda del pan, el sueño. Son claramente identificables los polos de este libro y los valores del escritor: esclarecer el orden fecundo que es el orden previsto por la naturaleza y repudiar el infecundo, que se cimenta sobre el excesivo provecho económico derivado por unos pocos.

José María Lima es de los poetas que nos eximen de opciones porque, paradójicamente, nos exige adhesión. Son fascinantes estos poemas densos, complejos y sencillos a su vez, hermosos malabarismos de una geometría exacta y de una ira pulida por la letra. Parte Lima de una descripción tajante de la realidad que le circunda de la que destaca varios temas: la soledad, la angustia, la desesperación, las humillaciones, para luego orientarnos a través de la lectura hacia el reclamo de que el mundo evocado por

---

[13] P. 202, énfasis suplido.

medio de la descripción cese, invitándonos a cuestionar, mirar, decir.

La visión pesimista que se tiene del amor contrasta con la actitud positiva que asume Lima en sus poemas sociales. Estos se modelan sobre la descripción de un detalle de la realidad, de su hecho histórico (Lares), de unos héroes (Elías Beauchamp, Hiram Rosado, Pedro Albizu Campos) o de las víctimas del género humano (esclavos, negros, proletarios), y luego pasa a hacer una aserción sobre el futuro utilizando imperativos o asumiendo una actitud predictiva que se manifiesta como amenaza, juramento o deseo: "Que todo vuelva a ser / y que se gasten todas las monedas" (p. 21). Lima se vale de ciertos verbos clave como son el "hay" y el "quiero", el "ver", el "decir", el "maldecir", todos ellos relacionados con el proceso que intenta provocar en el lector: análisis y reflexión. La utilización de las formas verbales en el tiempo futuro le sirve para iluminar el proceso, así como también la recurrencia insistente a la conjunción "y". Después de describir de forma descarnada dicha realidad valiéndose principalmente de las oposiciones (éste *versus* aquél, hoy *versus* mañana, yo *versus* tú), el proceso mediante el cual se produce el cambio entre un estado de cosas y el otro estado al que se aspira se escamotea. Porque para José María Lima no hay otro proceso que el de la esperanza, el del deseo cumplido, el de la espera de que el deseo se cumpla. De ahí que como contrapartida al verbo "Hay", cuyo uso conlleva el enfrentamiento con un mundo perturbador, se contraponga el verbo "Quiero". Es el deseo sostenido por la amenaza y el juramento de lucha por otra realidad. Buenos ejemplos de esto son el segundo y cuarto poemas de la colección. El segundo poema ("Hay un río de claridades acentuadas") describe el estado caótico de los sentimientos y la imposibilidad de dar cohesión a la dicha:

> Ya no existe sino un dolor terrible
> multiplicado en minas y sembrados.
> hay una canción,
> pero está rota

y es inútil decirla en pedacitos.
hay un abismo concentrado
cavado a pico por siglos de cansancio.
hay placeres quebrados
por la sal adulterada
de las playas prostituidas.
hay objetos amargos como palabras sucias
en la garganta de los recién nacidos.
hay un árbol, un ojo,
y un ombligo minúsculo, rompiéndose.   p. 18

De la otra parte en el cuarto poema ("estoy unido a la extensión del cielo") se propugna un cambio, y, en lugar del verbo "Hay", que nos remite a lo referencial, tenemos el verbo "quiero", utilizado, además, para recalcar la posición del sujeto que emite el discurso ante el mundo que reclama. Veamos el poema que, por tan hermoso, cito en su totalidad:

estoy unido a la extensión del cielo
como por un cordón umbilical,
y si me asustan digo lo que importa
y escupo hacia abajo, nada más,
porque no quiero ayes que me gasten,
quiero un ay que madure
y vuelva a ser,
del péndulo no quiero sino el ruido,
del círculo la interminable redondez,
de los peces su frío,
del engaño encontrármelo otra vez
y quitarle la cáscara,
desmontarle las piezas de su nombre
y romperle su hueco, maldecirlo
y que todos se le rían en la cara
cuando ya no le queden lentejuelas.
del dolor quiero su único dolor,
el verdadero,
el que no tiene dueño ni inventor.
quiero al hombre por su pulgar,
sin pólvora en el otro corazón.
quiero dulces, espejos,

trigo abierto,
sin ventanas cerradas, ni letras
ni estampillas postales,
con destino, sin dirección del remitente.
quiero la piedra sin honda,
la pólvora sin plomo,
la sonrisa sin muros,
y de la muerte quiero
lo que tiene de paz.
que no perturbe nadie los rugidos,
que no pongan sus uñas en la luna
los que compran e inventan realidades;
que los que tienen bolsillos en la sangre
se mueran
y no asusten a los niños
con sus precios;
que todo vuelva a ser
y que se gasten todas las monedas
porque el metal está cansado de retratos.
¿por qué tiene la duda
que ser mía o tuya o del otro
y siempre en una sola dirección
aullando?
¿por qué parir tinieblas
para dejarlas luego a la intemperie?
¿por qué esas quemaduras
en la piel de los niños?
¿por qué las alcancías?
muérase el capataz, quede el obrero;
los médicos que aprendan a sanar
y si alguien quiere
orinar sobre su sombra
que lo haga.
que cada cual haga
con su nariz lo que quiera
porque es suya,
pero que nadie beba
la sangre de los otros.
que si alguien quiere tener
las nalgas grandes

que las tenga,
pero que no le robe al vecino
su mejilla,
ni arrebate los pies al caminante.
quiero, en fin, para mis ojos
luz o sombra
según me diga el corazón la fecha,
y para mis oídos,
silencios o estridencias
según dicte la uña,
conforme lo desee la piel
a ciertas horas.

pp. 20-22

El voluntarismo es el arma repetida del genio y del niño. Intentar hacer el mundo a la medida del deseo y trabajar porque el deseo se cumpla es una de las armas más vigorosas que poseemos contra una realidad que lacera. Pero la dicha tiende a ser menos coherente y más frágil que la realidad, especialmente cuando se tiene el ojo atento a atisbar y enfrentarla. Lima es uno de los poetas que más certeramente fijan el blanco en la descripción de la realidad y más hábilmente hallan el modo de superarla. La utopía, la esperanza, la dicha a medias vista, es el resultado de su proyecto. José María Lima ataca lo roto, lo adulterado, lo disperso; su arma para destruir ese mundo es la ironía, la risa, el cuestionamiento; rutas por las cuales se accede a un cambio, lejos de los entuertos que produce la civilización. El mundo ideal, y a veces, romántico, de Lima es el que ya no es, el ayer de cuyo hoy está "torcido el sueño, arrepentido el apetito". Pero también su otro mundo es el que imagina será:

Desde este hoy con hoyos imagino
descansos e impaciencias;
emparentado el viaje a las esperas
como la flecha al arco,
la noche a las estrellas
el pan al hambre,
el hombre y su frontera
a su sueño de límite distante.

p. 30

Si bien el poeta se identifica con los que sufren, a diferencia de ellos posee dos instrumentos adicionales que coadyuvan a la transformación sorpresiva de la realidad. Una de esas armas es la que se emplea en la contemplación, el repudio y la esperanza:

He visto a los míos siempre en el extremo angosto
...
siempre
        del lado equivocado de la sorpresa
        del doloroso lado del misterio
        del repugnante lado de la duda
        (pues son como monedas estas cosas)
nunca dueños de su dolor
siempre ajenos a su pena
extraños a su angustia
(pues ignoran, los míos, su tesoro).

Pero tengo además, siempre he tenido
siempre tendré otros ojos
y un oído atento a otro redoble
y puedo ver
junto a la muerte de la vida ya descrita
la vida de la muerte
        en la preñada pena que sostengo
        en el odio con luces que me asiste
        en la ilusión terrible que me anima   pp. 41-42

El segundo instrumento es la memoria. Es ella la que inscribe la historia pues la dota de continuidad; es a través de ella como se interpreta el proceso de las humillaciones, es la memoria la que posibilita el que la dolorosa historia a la que alude el poema antes citado culmine en epifanía. Es hilo de recuerdos ("y tenemos el hilo / el recuerdo / y el hilo del recuerdo" (p. 51), hilo histórico ("hilvanaron recuerdos / y con huesos de aquel / y sangre de aquel otro... construyeron andamios" (p. 61), y posibilitadora del cambio ("de la ruta que nace / en el recuerdo / y toma la sorpresa / por asalto" (p. 69). Es esta red de recuerdos la que posibilita la llegada y el cumplimiento del proyecto, la sorpresa segunda, la del cambio social.

4. Conclusiones

La descripción, la ruptura, la búsqueda y la promesa son los núcleos semánticos de la poesía de José María Lima. Su búsqueda, fragmentada como lo es, es encuentro y, a la vez, rechazo de un mundo. Articulado su discurso sobre la promesa de un cambio social y hermanado a los que sufren, la voz de Lima concluye identificando la pólvora y la canción:

> Señoras y señores quiero explicarme, hoy nos vemos con el ojo de frente, sorprendidos, pestaña con pestaña, encogidos al unísono, unos dentro de otros, preguntando, mordiendo para encontrar la sangre del hermano en la garganta y averiguar si es cierto que la canción, la pólvora, el llanto y la sonrisa son sinónimos.   p. 216

El lenguaje, según Lima, es cuchillo y soga, separación y puente. En virtud precisamente de esa doble función, el poeta hace mientras dice, exhorta mientras describe, conmina y mina. El decir funda el hacer; la sílaba (mancha, huella, sombra) se inscribe en el cuerpo y la piel de los que sufren, en la historia. En la medida en que su inscripción perdure habrá libros y, sobre todo, esperanza; en la medida en que se conserve la memoria del dolor, y quiera suprimirse, habrá futuro, pues no hay risa fecunda sin dolor, como no existe historia futura sin memoria. Este excelente libro que es *La sílaba en la piel*, lúcido testimonio, exquisita poesía, así lo confirma:

> Abajo queda siempre el temblor de la hoja
> y el silencio preñado corriendo por los túneles,
> abajo quedan siempre levantando montañas
> los hijos de la noche, diminutos y tiernos,
> comenzando la huella que termina en papel.   p. 209

La imaginería nacionalista: de la historia al relato[1]

> *and certain men-at-arms there were*
> *whose images, in the Great Memory stored,*
> *come with loud cry and panting breast*
> *to break upon a sleeper's rest.*
>
> W. B. Yeats

1. Del *dictum* heroico

. . . Cuando nos poníamos a construir racionalmente nuestros proyectos revolucionarios, nuestra formación histórica se
volvía contra nosotros como un espectro. Un ejército de fantasmas se levantaba ante nuestra admiración como una ejemplaridad,
desde Carabobo a Ayacucho, para gritarnos, bajo la iluminación
de los grandes momentos de la historia:

—¡"Vanguardia adelante¡ ¡Paso de vencedores!"[2]

Se trata de un pasaje ejemplar que transparenta el idealismo y el
romanticismo subyacente en la formación del discurso nacionalista puertorriqueño. En éste, Juan Antonio Corretjer evoca,

---

[1] Leído el 11 de septiembre de 1991 en la Conferencia Pedro Albizu Campos y la
Nación Puertorriqueña en la Universidad de Puerto Rico, recinto de Río Piedras.

La continuación de este ensayo retoma los planteamientos aquí esbozados, utilizando como texto principal la obra de Manuel Ramos Otero. Este segundo ensayo, de
título "Genealogías o el suave desplazamiento de los orígenes, en la narrativa de M.
Ramos Otero", se incluye en el volumen *Cartografía abierta: ensayos postcoloniales puertorriqueños* (San Juan: Editorial Postdata, 1994).

[2] Juan Antonio Corretjer. *El líder de la desesperación.* (Guaynabo, Puerto Rico: 1972),
p. 31.

treinta años después, el discurso del día 23 de febrero de 1936 en el que Pedro Albizu Campos urgía a sus seguidores a la lucha antiimperialista, así fuera con ollas, calderos o cucharas. No obstante, Corretjer insiste en el carácter enajenante de su imaginario, reconociéndolo como enajenante al señalar el carácter espectral de su formación histórica y el signo de ejemplaridad que le concede. Se enfrentan dos discursos en esta evocación: el de Albizu, que en ese día en Ponce instó a seguir otro tipo de ejemplaridad relacionada con cierto tipo de lucha popular, en contraposición al discurso de la imaginación heroica que avasallaba a Corretjer. Y continúa rememorando:

> Pero en eso no pensábamos. Otro tipo de imaginería heroica avasallaba nuestra imaginación. ¡Bolívar¡ "Con una montaña por tribuna, con la tiranía descabezada a los pies..." El héroe único que, sereno, "en medio del combate se desmonta del caballo de la gloria y sus soldados estupefactos lo ven más tranquilamente acomodarle la montura mientras en torno suyo el enemigo riega con sus fuegos el campo de batalla."
>
> Comprendo el realismo de Pedro Albizu Campos luchando contra ese desfile de pabellones peinados por el plomo; oponiendo a la falta de una enérgica y desarrollada voluntad colectiva, de lucha con el pueblo al que amó con las entrañas vertidas en el verbo iracundo, inventar su teoría del "ejército de un solo hombre", reverso de la misma medalla, pero capaz por lo menos de tener nombre propio, real, glorioso y efectivo y llamarse Elías Beauchamp.[3]

La cita no es tan sólo modelo de autocrítica, sino justificación para abismarse en el modelo heroico decimonónico por parte del líder y reconocimiento de una carencia en el pueblo: la falta de voluntad colectiva para luchar por la independencia. La solución será: a falta de masas, héroes individuales; a falta de apoyo

---

[3] Véase el pasaje completo en el cual se alude a la Revolución de Octubre, las imágenes que la madre grabó en J.A.C. y una visión imaginada de Maceo como "echado de bruces sobre el caballo de batalla, cargando frente a un batallón de truenos y descabezando españoles con el relámpago" de su mano. *Ibid.*, pp. 31-32.

colectivo, la fórmula del ejército de un solo hombre. La evocación no puede evitar la nostalgia. Porque en el fondo, lo que se anhela y se echa de menos es el ejército heroico ante el cual, todavía treinta años después y aún con la conciencia adquirida de la proletarización, sucumbe la imaginación corretjeriana. El nacionalismo puertorriqueño halla en Juan Antonio Corretjer a su mitógrafo y en Pedro Albizu Campos a su estratega.[4] El "discípulo rebelde" así como el "jurista armado"[5] contribuyen a formular la idea de la nacionalidad junto con el discurso de la nación. Trabajan ambos en la búsqueda de sus teoremas culturales y cultuales, y es en virtud de esas construcciones que nos cerramos a la historia moderna; y la historia de nuestra nación, el relato de nuestra nacionalidad, adquiere el rasgo que sucesivos nacionalismos periféricos han adquirido: el de la sobredeterminación ideológica mediada por unas metáforas atinentes al ser nacional. La polaridad más repetida: "¡O yanquis o puertorriqueños!" Respecto a la transición entre aquellos relatos fundadores de la nación y los relatos de esa nación en nuestra narrativa a partir del 50, sólo existen leves diferencias.

Una vez Albizu es elegido presidente del Partido Nacionalista en el año 1930, desencadena un proceso cuyo objetivo es crear la cohesión nacional. El instrumento será "la invención de la tradición" en el sentido en que lo usa el historiador Eric Hobsbawn en *The Invention of Tradition*: como "un conjunto de prácticas, normalmente gobernadas por reglas que se aceptan implícita o explícitamente, de un ritual de naturaleza simbólica que busca

---

[4] Para corroborar esta aserción sobre Corretjer, consúltense los libros *Mitología del Grito de Lares* (Guaynabo, Puerto Rico: 1970) y *Futuro sin falla, mito, realidad y antillanía* (San Juan: Cooperativa de Artes Gráficas Romualdo Real, 1963). Véase, además, la tesina para el Bachillerato en Estudios Generales, *El tema mitológico en la obra poética de Juan Antonio Corretjer*, de Aurea María Sotomayor, 1972.

[5] Alusión a sí mismo y a Albizu en "Hostos y Albizu Campos", 1965. La mayoría de estos ensayos fueron publicados posteriormente en el volumen de Corretjer titulado *Albizu Campos* (Montevideo: Siglo Ilustrado, 1970). El ensayo "El líder de la desesperación", de Juan A. Corretjer, no fue incluido en el volumen.

inculcar ciertos valores y normas de conducta mediante la repetición, lo cual implica continuidad con el pasado".[6] Más adelante, analizaremos los ritos iniciáticos que conforman el discurso albizuista sobre la nación. Por ahora, recordemos el propósito: crear conciencia de lo puertorriqueño y, en el proceso, glosando a Hobsbawn, la recurrencia a materiales antiguos para construir una tradición de un nuevo tipo inventada con propósitos nuevos. El listado de esos ritos lo constituyen, entre otros, el regreso al 23 de septiembre de 1868 como efemérides, el culto de la bandera y de los héroes, su investidura religiosa evocada por términos como campo santo, tierra santa, transfiguración gloriosa, las despedidas de duelo, las proclamas. Todos ellos son símbolos emocionalmente orientados hacia la "creación de sistemas de valores y conductas en el seno de comunidades o grupos recién formulados".[7]

Mas regresemos a la cita. ¿En qué no piensa Corretjer? En la posibilidad de la lucha popular. La retrospección aquí es una medida de la introspección y posibilita el espacio de la retractación. Si, por un lado, se enfrentan la imaginería heroica y la fórmula popular de lucha, por el otro lado se antagonizan los oyentes del discurso: el grupo de intelectuales, de profesores y periodistas que se mofan irónicamente de esa propuesta albizuista (J. A. Corretjer, entre ellos) en oposición al "pueblo" que lo aplaude. El modelo del héroe necesita cederle el paso a la masa la cual, armándose literalmente de los instrumentos de la culinaria, lucha contra las tropas napoleónicas del 2 de mayo madrileño en el ejemplo traído por Albizu.[8] No obstante, en esta lúcida auto-

---

[6] *The Invention of Tradition*, editado por Eric Hobsbawn y Terence Ranger (Cambridge: Cambridge University Press, 1983).

[7] *Ibid.*, p. 9.

[8] La referencia es la siguiente: "Recuerdo algunas expresiones de la tribuna albizuísta de la que se hiciera mucha mofa, aun en momentos cuando su autor gozaba de mayor prestigio. Por ejemplo: aquello que dijera en Ponce sobre combatir a los yankis con los cuchillos, tenedores y cucharas del ajuar hogareño y hasta con las ollas y calderos de las cocinas". Y en otro párrafo: "Con verdadera pasión ha embargado nuestro espíritu

crítica de Juan Antonio Corretjer, el fantasma de la heroicidad en el pasaje, fantasma del *dictum* heroico, desplaza a la masa como protagonista de la historia. Similar al nacionalismo indio, el nacionalismo puertorriqueño se enfrentó al dilema de "conservar las diversas clases bajo un mismo quitasol".[9] De ahí provienen, entre otros, el fracasado intento de proletarización (episodio de las huelgas), el llamado demasiado agresivo a la mujer sufragista para que se uniera a sus filas, en suma, la reiterada insistencia en una versión heroica de la historia patria, la del grito de 1868, que aglutinara a diversos sectores, como mujeres, proletarios y propietarios, a sobreponerse a la escena del 1898.[10] El héroe no debía poseer características personales demasiado perfiladas, más bien, debía reunir en sí un pasado hecho de símbolos. Como lo explica Eric Williams,[11] la guerra es una de las conflagraciones aglutinadoras tendentes a exacerbar el sentimiento nacional. El discurso de la guerra y de los héroes reúne sectores provenientes de comunidades reales diversas y suple de una experiencia unificadora, así como lo hacen la iglesia y la escuela, en el proceso de nacionalización.[12]

Mas el relato de Corretjer entraña otra lección y otra lectura para nosotros. La historia de la emancipación puertorriqueña ha

---

aquel anecdotario del 2 de mayo madrileño que nutrió nuestra infancia; aquellas ollas llenas de aceite caliente que desde balcones y ventanas las cocineras de Madrid lanzaban sobre la desmoralizada tropa napoleónica". *El líder de la desesperación*, p. 29.

[9] *El tercer mundo*, de Peter Worsley (México: Editorial Siglo XXI, 1966), p. 63.

[10] En un artículo de 1971, "La lucha de independencia en la década del setenta", señala César Andréu Iglesias que "Albizu Campos percibió la cuestión nacional de Puerto Rico de una manera estática. Erigió toda su doctrina sobre los factores determinantes del 1898". En la tesina de Raúl Mari Pesquera para el Bachillerato en Estudios Generales, "La transformación del movimiento pro-independencia de Puerto Rico (MPI) de vanguardia patriótica a partido marxista leninista", mayo de 1991. Citado de la p. 11 del artículo de Andréu Iglesias, que aparece como apéndice en la referida tesina.

[11] "La cultura de las naciones", p. 210 *passim*, en *Hacia el año 2000* (Barcelona: Editorial Grijalbo, 1983).

[12] Al respecto, el reclamo de grupos armados puertorriqueños relativos al estado de guerra del pueblo puertorriqueño contra la política imperialista norteamericana forma parte de ese discurso.

sido lastrada por el culto creado en torno a las pasadas gestas
liberadoras (en los pueblos de Lares y Jayuya). Esos hechos y esos
hombres, transformados en efemérides y héroes, imposibilitan el
discurso contemporáneo tercermundista de la emancipación.
Contra esa imaginación lucha —pero muy efímeramente, diría
yo—, Albizu. Lucha contra el "desfile de pabellones peinados por
el plomo", como diría Corretjer, le opone a la ausencia de una
voluntad colectiva de lucha el ideario del "ejército de un solo
hombre que es Elías Beauchamp", pugna con "el verbo iracundo",
pero lucha, sobre todo, contra su propia imaginación y la de
J.A. Corretjer, embarcados ambos en un pasado heroico ya ca-
duco.

Con muy pocas excepciones (recuerdo a Emilio S. Belaval,
por ejemplo), la narrativa anterior a la de Luis Rafael Sánchez
pulsaba una cuerda ético-política que se tornaba opaca en resonancias: el patriotismo de la solemnidad y el melodrama, la retórica del varón estético, la militancia agresiva de corte demasiado
viril para incorporar el emergente sufragismo femenino. En el
proceso de pulverizar el viejo espectro de lo heroico, que ha sido
desplazado como fuerza retrógrada, y respaldados por un nuevo
realismo, el antiguo apego a la epicidad se ha tornado en simpatía con la cotidianidad, y los tonos menores del humor, la sátira
y la ironía han invadido la narrativa con el obvio desenfado de
sus planteamientos y la corrosiva postura deslegitimadora que
incide principalmente en una concepción de la historia y en un
enfoque diferente de la imaginería nacional.

Pero, antes de entrar en ese tema abramos un paréntesis para
examinar el relato albizuista sobre la nacionalidad.

2. Glosa y lectura del discurso albizuista: tres signos y un juramento

Reaccionando al Informe Brookings en el año 1930, Albizu
advierte una transformación en el discurso político norteamericano, el cual atañe a la imagen a exportar de las colonias. La estrategia anterior insistía en una autorrepresentación como bene-

factor rudo, dado el mesianismo subyacente en la doctrina del destino manifiesto aunada a la implantación de la ideología de la superioridad étnica. Posteriormente, sin embargo, se insistió en exportar la imagen del pueblo colonizado mediante álbumes fotográficos que recogen un signo investido de precariedad: la hambruna del puertorriqueño. Álbumes para exportar y para incorporar en el colonizado quien, mirándose en ese azogue brindado por el otro, va asumiendo la imagen que le ofrecen (recordemos la brillante teorización de Memmi): de miseria y servilismo. Comenta Albizu, en aquel momento, sobre el Informe: "la nación asintió a su desmembramiento material y moral, anestesiada con las supuestas buenas intenciones".[13] Insistamos en tres palabras: "desmembramiento", "moral" y "anestesiada". La metáfora del desmembramiento regresa al discurso albizuista en el año de 1933,[14] cuando, al identificar patria con ciudadanía, familia y sociedad, señala que el aparato colonial instrumentaliza la destrucción de las tres nociones. La ruptura con esas nociones esenciales a su pasado produce la esclavitud. El primer hecho es la desmembración, para después Albizu describir su efecto que se resume, en mi lectura, en una *fisonomía de la servidumbre* al utilizar la frase "manada de esclavos sujetos a explotación".[15]

---

[13] *Pedro Albizu Campos, obras escogidas, 1932-1936* (San Juan: Editorial Jelofe, 1975), p. 99.

[14] "La labor más difícil que tiene un pueblo que ha perdido su libertad, es la labor que le impone la noción de nacionalidad. Saber lo que es una nación, es saber lo que es un ciudadano, saber lo que es una familia y saber lo que es una sociedad. Cuando a un pueblo se le quiere esclavizar, se le rompe la noción de ciudadanía, para que confunda al esclavo con el hombre libre; se le rompe la familia y se le rompe la noción de sociedad para que confunda una sociedad con una manada de esclavos sujetos a explotación." *Ibid.*, p. 254.

[15] Son frases y conceptos afines, excesivamente manidos en *La cuestión nacional*, del Taller de Formación Política, por la interpretación marxista-leninista que carga la noción de esclavo como sinónimo de proletario y de proletario como peón, lo cual produce una lectura eventual de Albizu como la de un revolucionario pequeño-burgués. En esa lectura del Taller de Formación, la polarización original "o yanquis o puertorriqueños" genera una glosa sarcástica alterna: "o proletarios o propietarios". *La cuestión nacional: el partido nacionalista y el movimiento obrero puertorriqueño* (Taller de Formación Política. Río Piedras: Huracán, 1982).

Hago hincapié en una lectura de Albizu como reformador moral porque la insistencia albizuista recae sobre la elucidación y la descripción de un *tipo psicológico*: el del lacayo, y conforma la posibilidad de que a partir de este retrato (el del peón que es menos proletario que esclavo en mi lectura contextual de Albizu, ya que en su discurso se trata sobre todo de una metáfora), se elabore una tesis. Si el régimen despedaza nuestra nacionalidad (dice P.A. Campos en "La mujer libertadora"),[16] el tipo personifica las señales de la desmembración, que son de naturaleza principalmente moral: En primer lugar, estado de *abatimiento moral* que conlleva una confusión de valores. En segundo lugar, *pérdida del sentido de dignidad* y agotamiento de las fuerzas espirituales. En tercer lugar, *ruina del espíritu*.[17]

El idealista consumado que es Pedro Albizu Campos dice que la falta de moral "es causa de la ruina material" y produce "el tipo insensible a la colonia".[18] El retrato del colonizado, en palabras de Albizu, lo sintetiza su frase: "esclavo, al fin, prefiere lo exótico a lo nativo; culto, a veces, defiende con sinceridad la negación de su propia ciudadanía y la personalidad de su patria" y "no se conforma con su suicidio moral".[19]

Tres signos son consubstanciales al discurso albizuista de la emancipación: el de la prédica moral, que opone a la ruindad antes tipificada, es decir, el de un nacionalismo profundo, puro, sacrificado e integral, calificativos que, sumados, producen la *ficha del valor*, medular en la prédica nacionalista.[20] El segundo signo: *el emblema de lo antiguo*, el cual resume una simbología que elabora la visión de una "reconquista" nacional.[21] El programa

---

[16] *Obras escogidas*, pp. 96-97.

[17] Énfasis suplido.

[18] *Ibid.*

[19] *Ibid.*

[20] Recordamos al efecto las características del nacionalista, en las pp. 179 y 224 del primer tomo de las *Obras escogidas*.

[21] *Ibid.*, p. 256.

del partido *"retrotrae* al pueblo puertorriqueño a la situación moral en que se encontraba en el año 68",[22] dice Albizu. Hay una remisión al pasado mediante la cual el receptáculo de la memoria es el ente abstracto de la patria,[23] el origen de la nacionalidad es una fecha pasada y el modelo heroico lo personifican los abuelos. Hay un culto a los progenitores[24] cuya marca de superioridad estriba en "los elevados principios de su conciencia",[25] de ahí la necesidad de que el presente imite el pasado, a los abuelos. Esa remisión al pasado codifica el lenguaje de la reconquista de cenizas y símbolos[26] y constituye parte de la transición entre un nacionalismo de élite y un nacionalismo de masas. Para ese nacionalismo de masas es imprescindible la creación de símbolos aglutinados. Basta enumerarlos con el mismo lenguaje impregnado de referencias cristianas y greco-latinas para reconocer, sobre todo, el rito iniciático y la ceremonia. Así, por ejemplo, el día 23 de septiembre es el día máximo, "jornada épica bautizada con sangre",[27] Lares es tierra privilegiada y consagrada como tabernáculo, tierra santa a la que se entra de rodillas. El sacrificio es el bautismo del patriota-mártir que se consagra en la búsqueda de la soberanía y al cual se le rinde tributo en el campo santo, no en el cementerio. El nacionalismo es el "culto al valor",[28] "la religión de la patria"[29] que nos redime del "naufragio de los valores humanos".[30] En suma, en el pensamiento albizuista, cualquiera tiempo pasado fue mejor, y el mejor pasaje es uno de naturaleza autobiográfica caído en el olvido donde Albizu describe

---

[22] *Ibid.*, p. 50.

[23] *Ibid.*, p. 208.

[24] *Ibid.*, p. 206.

[25] *Ibid.*, p. 173.

[26] *Ibid.*, p. 255.

[27] *Ibid.*, p. 204.

[28] *Ibid.*, p. 255.

[29] *Ibid.*, p. 221.

[30] *Ibid.*, p. 238.

casi líricamente el "abatimiento moral" producido por la depresión económica:

> Y hoy, señores, todos los rostros están tristes. Los ancianos de
> entonces, tenían bríos también para la juvenil hazaña, fuertes, vi-
> gorosos, tenían energías físicas y espirituales. Hoy los hombres de
> mediana edad miran con ojos tristes, trágicos, desolados. (El ora-
> dor mira hacia la galería. La galería está llena de niños. Los niños
> están quietos, silenciosos.) Yo me alarmo cuando la niñez está en
> quietud. Me alarmo cuando los niños de mi patria asisten a un
> acto como éste, y están quietos, juiciosos, cuando no han derrum-
> bado todas las sillas de la galería y no han tenido que salir a relu-
> cir las correas de los señores padres. Porque yo sé que esa quietud
> es sintomática. Yo sé que cuando el niño no juega, cuando el niño
> no es fósforo encendedor de travesuras, es que tiene sobre su ca-
> beza la mano fría de la epidemia —adelantada de la muerte.[31]

Más tarde regresaremos a la cita. Albizu es un reformador moral.
La descripción que hace del pueblo puertorriqueño como agobia-
do por una doctrina pesimista, su exhortación a crear un "espíritu público" confiado en el futuro, y el objetivo de transmitir una
"infusión moral en nuestro pueblo para que vuelva a creer en su
destino",[32] su advertencia sobre "el naufragio de los valores humanos",[33] son frases que van dibujando a trazos breves el tercer
rasgo, *la imagen del héroe ausente*. Pedro Albizu Campos lamenta
la ausencia de un relevo generacional y señala, con índice de
pantocrator, a los "indignos sucesores de la memoria"[34] que no
están a "la altura moral de los héroes del 68".[35] En su discurso,
esta invalidez de heroísmo está marcada por una retórica fusti-
gante que en lugar de alabar a su audiencia recrimina contra ella,

---

[31] *Ibid.*, p. 176.

[32] *Ibid.*, p. 87.

[33] *Ibid.*, p. 238.

[34] *Ibid.*, p. 206.

[35] *Ibid.*, p. 173.

la castiga, y le exige.[36] Albizu está muy lejos de ser el político de corte populista que proliferó en muchos países latinoamericanos. Mediante el didactismo, el análisis y la agresividad de su retórica, aspiró a *construir a su oyente en el proceso mismo del discurso*. El juego de inclusivos y exclusivos personales ("ustedes", "nosotros", por ejemplo), la conciencia agudísima del poder de acción de la palabra, el didactismo, van constituyendo al sujeto en su interpelación. Sus seguidores son castigados durante el proceso con una "fulminación a lo Zaratustra", como señaló Corretjer alguna vez.[37] Ante la ausencia de héroes, hay que cubrir los monumentos "con un sudario de luto",[38] dice. "Yo no vengo a deciros a vosotras que sois mujeres lindas y preciosas y a vosotros que sois unos patriotas. Yo vengo a deciros que no estáis cumpliendo con vuestro deber".[39] No encomia, exige. *Albizu insiste en lo que no se hace y dictamina lo que no se es. De ahí el pacto o el juramento*. El juramento constituye un acto de palabra que marca la transición entre la devoción a un ideal y la consagración a éste: "No basta la devoción a una idea, es menester la consagración a la idea y esto implica el sacrificio."[40]

La exigencia es el juramento, fórmula que remite individualmente a la situación moral del 68 y compromete personalmente. *En el proceso de constitución de ese sujeto consagrado* y dispuesto a sacrificarse por la patria, objetivo que cifra el discurso albizuista, se formula un pacto que marca la transfiguración del "lacayo" y del "insensible a la colonia" en revolucionario. La "acción" de palabra y de hecho es el juramento. Es el "juramento de ser dignos descendientes de nuestros abuelos" lo que consuma y signa

---

36 Véase como ejemplo el discurso del Día de la Raza, de octubre de 1933, como aparece transcrito en el libro de Manuel Maldonado Denis, *La conciencia nacional puertorriqueña* (México: Editorial Siglo XXI, 1974).

37 "Hostos y Albizu Campos", Guaynabo, 1965, p. 6.

38 *Obras escogidas*, p. 206.

39 *Ibid.*, p.173.

40 *Ibid.*, p. 172.

como retrógrada la actitud de reconquista del movimiento nacionalista dirigido por Albizu. Pero es el acto lo que los remite al presente. *Jurar ser otro*, no el abatido moral ni el confundido, significa transformarse, acto que toma lugar en el presente. Pero, sobre todo, entraña repetir la heroicidad perdida imprimiéndole un carácter conservador a una *memoria de la emancipación*. Si los signos de la ausencia apuntaban a la derrota, el pesimismo, la tristeza, la indiferencia y la servidumbre; el juramento posibilita la resurrección y constituye el lazo que consolida la reconquista del pasado. Pero el juramento es presentista y se afina en virtud de los sacrificios sucesivos que producen el valor. Es, entonces, un juramento la palabra exigida por el "patriota visionario", (por el "hombre de temperamento místico-religioso de moral tradicional a prueba de ácido",[41] como le llamó Ángela Negrón Muñoz) a los miembros del Partido Nacionalista al asumir la presidencia. Constituye el *vínculo de sangre* entre los nacionalistas. Cito las palabras: "Ahora compañeros, os voy a exigir un juramento de honor. (La concurrencia se puso de pie y alzó la mano en alto.) Juremos aquí solemnemente que defenderemos el ideal nacionalista y que sacrificaremos nuestra hacienda y nuestra vida si fuera preciso por la independencia de nuestra patria."[42] Mas es este

---

[41]   *Obras escogidas*, p. 197.

[42]   Este pacto es el planteamiento principal del cuento "El juramento", de René Marqués (Originalmente en *Otro día nuestro*, de 1955 e incluido posteriormente en *En una ciudad llamada San Juan*). Un personaje extraño es forzado a recordar un suceso remoto de su infancia en el que se resiste a entonar el himno norteamericano. Ante la represión de las autoridades escolares, el protagonista exclama: "Juro por mi madre que no soy americano" (129). Un acto de negación es sustituido por una afirmación de puertorriqueñidad: "Sí, juré". El protagonista es forzado a expresarse en un tribunal de justicia, aparentemente a partir de la vigencia de la Ley de la Mordaza ("En eso precisamente consistía el crimen recién inventado: en ser criminal siendo inocente" (117). La pregunta se formula en torno a si se produjo o no el juramento. Tanto el sistema escolar como el judicial se prestan a la represión y ambos espacios son homologados en el cuento dado que la retrospección y el regreso se producen en la escuela "que es" el juzgado. Aquí, recuerdo es conciencia y ésta se crea en virtud de una memoria que excluye el sentido del absurdo. Recordemos, al efecto, que el cuento, en sus inicios, crea cierta atmósfera kafkiana, dadas las señales de incomunicación, desconocimiento de los

juramento el espectro terrorífico que suscitará la creación de la Ley de la Mordaza.

Sinteticemos. El discurso albizuista parte de la noción de desmembramiento del sentido de la nacionalidad llevado a cabo por la invasión norteamericana, y describe el surgimiento de un tipo psicológico confuso y abatido moralmente. Albizu genera una oratoria suasoria que gira en torno a tres signos: la ficha del valor, el emblema de lo antiguo, la noción de héroe ausente. Todo ello tiene como propósito provocar un nacimiento: el de la nación; pero, reformador moral como es Albizu, la nación es integrada por hombres (e insisto en la distinción de género) *transfigurados* por la exigencia de un compromiso moral asumido individualmente mediante un juramento. La caza de brujos perpetrada contra el movimiento nacionalista insiste en este detalle que da la medida legal de la intención delictual por el elemento de premeditación que supone. Se le atribuye a Albizu ser "autor intelectual", si no el autor de hecho de esta acción.[43] Se condena a varios única y exclusivamente por haber jurado,[44] porque el

---

motivos de la acusación, y la actitud cínica del protagonista que opta por la risa como instrumento perturbador de las autoridades invirtiendo así la noción convencional de víctima-victimario. Es en ese sentido que la recuperación de la escena elidida de la niñez (el juramento) excluye el sentido del absurdo: "Y se dio cuenta al instante de que había perdido el sentido de lo absurdo. Y sintió la terrible congoja de recobrar conciencia de todo lo que es trágico y cotidiano" (131). René Marqués insiste en la definición de lo nacional vía la respuesta trágica. El nacimiento de la conciencia (que aquí equivale al hallazgo de la definición de lo nacional) que testimonia el cuento imprime en el protagonista la marca trágica y suprime, entre otros, la posibilidad del absurdo. Se reitera la opción marquesiana revisada luego por Andréu Iglesias, su contemporáneo, en *Los derrotados* (1956) en la cual la crisis psicológica del personaje se produce por razones socio-económicas (la depresión produce la depresión) y engendra cierto existencialismo en éste que se resuelve posteriormente en la promesa proletaria. El fuerte acento tético de la novela impide un cuestionamiento más profundo ante la crítica que entraña la narrativa de Andréu Iglesias a la formulación de lo nacional en René Marqués.

[43] *La Mordaza*, de Ivonne Acosta (Río Piedras: Editorial Edil, 1987).

[44] *Ibid.*, p. 144.

juramento es "la llama que alimentó la revuelta",[45] pero es imposible probar la relación entre la palabra y la insurrección.

El juramento tiene como función provocar un compromiso moral en el juramentado. El juramento es un acto de habla que opera en un contexto comunicativo o pragmático y se adopta en un acto público, político y solemne. Posee carácter de contrato y, por lo tanto, un elemento voluntarista entre partes el cual surge después de una exposición de tipo ilocutorio (el discurso político) donde se invita a hacer a los oyentes. Para los creadores de la Ley de la Mordaza, tiene importancia el discurso, pero lo que más concierne de él, es la *ejecutoria* que se exige del otro, el juramento mediante el cual se suscita la *acción* del oyente. Es ello lo que convierte a Albizu, según este razonamiento, en "autor intelectual". No distingue el discurso legal entre motivo y causa, y simple y llanamente identifica la invitación a jurar y el juramento como elementos del delito. Es característico de este derecho tan burdo no poder distinguir el abismo existente entre la esfera de la palabra y la esfera de la acción.

Visto desde la perspectiva propiamente ética del discurso albizuista, jurar tenía una consecuencia moral de compromiso político ineludible. Quien escucha obedece un mandato. Quien jura obedece un mandato. En las palabras antes versadas de Albizu, promesa y mandato se funden en el juramento. Una es hacerla y la otra, ordenar hacerlo. Sobre lo que nos interesa, el filósofo del lenguaje, John Searle, señala que en la promesa lo prometido debe ser algo que el oyente desea que se haga y, sobre todo, la promesa compromete personalmente, es condición ineludible para realizar el acto. En otras palabras, si faltara la promesa, no se concretaría un acto.[46] Remitámonos al contexto. La

---

[45] *Ibid.*, p. 145.

[46] *Speech Acts (An Essay in the Philosophy of Language)*. (Cambridge University Press, 1976). Cf. *Toward a Speech Act Theory of Literary Discourse*, de Mary L. Pratt (Bloomington: Indiana University Press, 1977); *How to Do Things with Words*, de J.L. Austin (Cambridge: Harvard Universiy, 1978); de J.R. Searle (ed.), *The Philosophy of Language* (Oxford: Oxford University Press, 1977) y de Paul Ricoeur, *El discurso de la acción* (Madrid: Ediciones Cátedra, 1981).

puertorriqueñidad, dice Albizu, está desmembrada; el puertorriqueño es un ser confuso y abatido, hay ausencia de héroe. El puertorriqueño se constituye en el proceso de escuchar mi discurso, y
se eleva al estatuto de posibilidad de reencarnar al héroe mediante el juramento. En otras palabras, la promesa funda la posibilidad de una ética: la del valor y el sacrificio, y el elemento volitivo
transforma al lacayo en persona durante un acto público y solemne. Sobre este análisis se constituye el discurso albizuista. Sin
embargo, las "condiciones de felicidad" (la sinceridad del
hablante) de este juramento se hallaban minadas en su origen por
haberse producido durante el acto ritual que es un discurso político. Hacer un juramento, como cantar un himno, como evocar
una efemérides, real y efectivamente no garantizaba absolutamente nada. Para aquéllos, no obstante, vale la ceremonia, el rito
iniciático de Hobsbawn o el consentimiento presente que tan
bien ha descrito Renan en su artículo "¿Qué es una nación?", de
1882: "Dos elementos conforman el alma de la nación", según el
pensamiento renaniano, "la posesión común de un rico legado de
memorias" y "el consentimiento presente, cotidiano, el deseo de
vivir juntos". En una primera instancia, el relato metanacional se
ase de la elaboración mitificadora de la tradición nacional. En el
proceso de deconstrucción de este discurso retrógrado surgen y
se redefinen otros subdiscursos como son las despedidas de duelo, las proclamas, las consagraciones, marcadas todas por el signo de la ausencia y adornadas con el palio de la solemnidad funeral. En un interesante artículo sobre la *intelligensia* nacionalista
filipina, se hace hincapié en su iconografía señalándose que la
ausencia del patriota del solar nativo se remeda con fotos en las
cuales se van estereotipando y fijando los rasgos de la identidad
—virilidad, valor, aura de eternidad— que producen unas fotos
arcaicas operativas dentro de una retórica del duelo.[47] El sufrimiento colectivo, decía Renan, unifica más que la alegría porque,

---

[47] Vicente L. Rafael. "Nationalism, Imagery and the Filipino Intelligensia in the 19th.
Century". *Critical Inquiry* 16 (4): 591-611 (Primavera de 1990).

cuando se trata de memorias nacionales, el duelo es más valioso que el triunfo porque impone deberes y exige un esfuerzo colectivo.[48] El fenómeno nacionalista puertorriqueño reclama esta lectura. La insistencia en el sacrificio halla su cara luminosa en el otro aspecto de la nación subrayado por Renan que atañe al consentimiento diario y que por esa razón lo ata al futuro. El juramento es, según lo veo, el nudo con que se traban el tiempo del origen y el tiempo del presente a perpetuarse en el futuro porque, según el credo nacionalista, el valor sólo se consolida en el proceso perpetuo del sacrificio. La condición para garantizar el sacrificio es el juramento.

Se trata de un nacionalismo cultural mediante el cual la movilización retórica del pasado tiene como objeto transformar al puertorriqueño en *persona de valor*. La reforma es principalmente ética y son las palabras invitadoras del discurso político las que orientan la acción del juramentado. La condición es el compromiso de cambio que entraña la promesa. El discurso albizuista crea una *versión de la nación* que se funda en el *héroe ausente*. Recurrir a la simbología, al drama, a la proclama, a la despedida de duelo (momentos privilegiados en que se reitera el juramento),[49] son puntales del rito. *El futuro se abisma en el juramento* por reencarnar un pasado. Ya la segunda etapa del pensamiento albizuista, la etapa desilusionada, revela fundamentarse en una reflexión pesimista, derrotista y funeral en lo que respecta a la identidad nacional. Su discurso del 18 de octubre de 1930 citado en este ensayo (página 187) es una despedida de duelo más; en esta ocasión, despedida de duelo respecto a un pueblo futuro tocado por "la mano fría de la epidemia adelantada de la muerte" porque allí lo representado es la muerte de los niños y lo sintomático es su falta de algarabía y entusiasmo ante un pasado feliz y vigoroso.

---

[48] Ernest Renan. "What is a Nation?". Conferencia leída en la Sorbona el 11 de marzo de 1882. Trad. al inglés por Martin Thom en Homi K. Bhabha, *Nation and Narration* (Londres y Nueva York: Routledge, 1990).

[49] Véanse los discursos del 25 de octubre de 1935 y el 24 de febrero de 1936 en el t. II de las *Obras escogidas*.

La descripción del pueblo en la que se insiste allí está tocada por la mano fatal de la desilusión y teñida de la melancolía que supone la pérdida del objeto amado que es la patria.[50] No es insólito, pues, que más tarde añada en el mismo discurso lo siguiente: "¿A dónde conduce este sistema de explotación? A la ruina, sólo a la ruina. Cada minuto que pasa cae un nuevo terrateniente portorriqueño y se levanta un explotador yanqui. Y los pocos boricuas que quedan están *fatalmente condenados a desaparecer*".[51] Señala Rafael en su artículo: "Whereas nationalist texts articulate *national identity* with reference to the *absent figure of the motherland*, photographs bring forth the *image of the nation* with reference to the absent bodies of patriots."[52] La patria, así como el "hombre" que la constituyen, es una ausencia. Son los herederos directos de este modo doloroso, funeral y trágico del discurso albizuista los textos de Antonio S. Pedreira (*Insularismo*), René Marqués ("El puertorriqueño dócil", "En la popa hay un cuerpo reclinado", "El miedo", "La sala", y *Un niño azul para esa sombra, La muerte no entrará a palacio, Los soles truncos*, entre otras) y Edgardo Rodríguez Juliá (*Campeche o los diablejos de la melancolía, "1998", Puertorriqueños, El entierro de Cortijo).*[53]

3. Las versiones de la identidad: el relato sobre el nacionalismo

Evoco tres momentos literarios: *El Aguinaldo Puertorriqueño*, "El Josco", "Pollito Chicken". Podrían ser más. La literatura puertorriqueña nos expone a una definición de la identidad mediante

---

[50] Véase el análisis freudiano de la melancolía en *Metapsicología*, en *Obras completas*, t. I (Madrid: Editorial Biblioteca Nueva, 1967), pp. 1075-1082.

[51] *Obras escogidas*, p. 177, énfasis suplido.

[52] *Critical Inquiry*, 16 (4): 603.

[53] Sobre la aplicación de este análisis a la obra de Rodríguez Juliá, véase mi ensayo "Escribir la mirada", secciones "Puertorriqueños: urna funeraria" y "Lo criollo: melancolía y nostalgia". Dicho ensayo figura en el volumen, *Las tribulaciones de Juliá* (San Juan: Instituto de Cultura Puertorriqueña, 1992) y en este volumen.

polarizaciones exacerbadas por la conciencia de ser uno de tantos nacionalismos periféricos. El folklorismo populista o lo que llamo "una erótica de la puertorriqueñidad", el rechazo o minusvalorización de la literatura trabada en el exilio o la neoriqueña, entre otros, son tres de los rostros demudados con que se asume una pregunta borgiana que, glosada por Luis Rafael Sánchez en un brillante ensayo, elucidaba el problema: "Mahoma no habla de camellos porque es árabe".[54] Decía Tom Nairn en "El Jano moderno" que el nacionalismo de las periferias es un rito de paso que sufren los países de desarrollo desigual, el cual es alentado por el poder extranjero y no forma parte natural de su crecimiento como en los países desarrollados.[55] Uno de los problemas del escritor puertorriqueño, señala Luis Rafael Sánchez en el artículo citado, consiste en que nuestra literatura "está hecha desde el sentimiento insensato de la culpa" y que el escritor puertorriqueño es sobre todo el "autoproclamado ojo negado al sosiego".

La literatura elabora un discurso nacional paralelo. La nación se narra en la literatura, y por versar una definición de la identidad, convierte la puertorriqueñidad en uno de sus temas. El relato de la nación fabricado por Albizu en el seno del discurso político de los años 30 interseca el relato de la nación que algunos miembros de nuestra narrrativa, desde René Marqués hasta Tomás López Ramírez han narrado. Lo que me interesa hoy es apuntar cómo se ha narrado el nacionalismo en la literatura.

La reflexión ontológica sobre lo puertorriqueño inicialmente formulada por la generación de los 30 produce respuestas diversas. Sus variantes pueden advertirse si comparamos el retrato del puertorriqueño que emana de *Insularismo*[56] y el que brota de los discursos albizuistas. Estos ensayos de interpretación nacional,

---

[54] "Cinco problemas del escritor puertorriqueño", *Vórtice* (Stanford University), 2 (2-3, 1979):118.

[55] *Los nuevos nacionalismos en Europa* (Barcelona: Editorial Península, 1979), pp. 303-337. (*The Break Up of Britain*, 1977, para la edición inglesa.)

[56] Véase el libro de Juan Gelpí *Literatura y paternalismo* (Río Piedras, Puerto Rico: Editorial de la Universidad de Puerto Rico, 1992).

nos preguntamos, ¿no son muestra de una visión negativa adoptada por el puertorriqueño mismo e inducida por el colonizador? Esos discursos de definición, ¿son de naturaleza descriptiva o, por el contrario, prescriptivos y suasorios? ¿Qué diálogo sostuvo Albizu con Blanco, Pedreira, Margot Arce, Luis Palés Matos, por ejemplo? El modo melancólico y trágico del discurso albizuista al que aludía en la segunda parte de este ensayo es evidencia de su inserción en el discurso de la época. Señala Gordon Lewis que el éxito del reformismo del P.P.D. se debe atribuir a la conciencia nacional creada por Albizu y aprovechada por Muñoz.[57] Nuestra literatura es testigo del enfrentamiento entre estas dos sombras y estas dos fórmulas políticas representadas especialmente en la obra de René Marqués, César Andréu Iglesias y Magali García Ramis. En principio, la literatura puertorriqueña (con excepción de la poesía) se silencia ante el fenómeno nacionalista. *Canto de la locura,* de Francisco Matos Paoli es uno de los poemarios que abordan el tema desde una perspectiva política y religiosa. La narrativa y el ensayo medraron ante el tema. No se aborda el nacionalismo como tema literario hasta que llegamos a la obra de dos escritores: René Marqués y César Andréu Iglesias.

Para este análisis, quiero privilegiar un cuento de René Marqués, "Otro día nuestro", de 1955. El cuento, estructurado sobre el paralelismo Cristo-Albizu, convierte el espacio de la habitación en que se halla encarcelado el patriota y el espacio de la ciudad de San Juan en metáforas de opresión que dramatizan la oposición binaria paradigmática y decimonónica de civilización vs. barbarie desarrollada por Domingo Faustino Sarmiento y José Enrique Rodó que acá asume las variantes "ruralía-urbanismo" y hermosa "tradición hispánica" contra el antiestetismo norteamericano. Los adjetivos utilizados en el relato son afines a la tradición y visión albizuista. La "modernidad", simbolizada aquí por un camión de basura, por una red de cables telefónicos, por postes de alumbrado, por la fábrica y el humo, por las líneas frías

---

[57] *Puerto Rico: colonialismo y revolución* (México: Editorial Era, 1974), pp. 190-191.

del Hotel Metropolitano, representa una otredad impregnada de negatividad en la que se inscribe el transcurso del tiempo y el ruido. Halla su antítesis en los signos emblemáticos de la eternidad como lo es la centenaria madera de ausubo que sostiene las vigas de la habitación de Albizu, las cuales contienen "la historia toda de la nación en ciernes"[58] personificada en la figura de Albizu, hierática, anacrónica y endeble. La descripción de su indumentaria decimonónica y el símbolo que lo cifra, la espada, constituyen comentarios autoriales explícitos sobre su figura. Se dice de la espada antigua: "Su hoja de Toledo había brillado ensangrentada, proclamando el triunfo de siglos de historia bajo una capa de herrumbre: inmóvil, anacrónica, inútil" (53). La descripción del personaje de Albizu y de su ambiente coadyuva, en el plano del relato, a recalcar la inmovilidad. A medida que el cuento progresa, Albizu se convierte en el otro, lo que da la medida de la inadecuación al medio, dado el análisis moral y psicológico que el narrador hace de la figura histórica. La lectura marquesiana de Albizu surge tras una escena epifánica. El personaje confiesa no pertenecer al siglo y el narrador comenta: "Había querido revivir un mundo de sueños sublimes e ideales heroicos en un mundo donde apenas cabía el ideal miserable de sobrevivir a cada día. Había dejado una huella, un testimonio, pero no podría ir más allá. *Sembrarás y no segarás; pisarás la uva y no beberás el vino.* El pasado vivía en él. Y vio claramente que su misión no era de este mundo innoble y burdo, tan hostil al pasado" (54).[59]

---

[58] Cito de *En una ciudad llamada San Juan* (Río Piedras: Editorial Cultural, 1983). En adelante, se indica en el texto la página citada.

[59] La escena rememora el otro relato sobre la inadecuación histórica de una clase: "Purificación en la Calle del Cristo", cuyos protagonistas son también suicidas, como lo es el protagonista de "En la popa hay un cuerpo reclinado", metáfora de la carencia sexual que es también fracaso de la patria (véase el paralelismo cojones-hombría-antifeminismo en el pensamiento marquesiano). La reivindicación masculina a través de la agresividad dirigida hacia una mujer es otra constante a explorar en este discurso sado-masoquista.

En "Otro día nuestro" se elabora literariamente el fervor a Albizu con visos religiosos que no excluyen una lectura crítica de éste, pero que ata excesivamente el valor estético del relato a su contexto histórico. Podemos observar, por ejemplo, una traducción simbólica casi literal del credo nacionalista entretejido con el relato católico de Marqués formando una madeja inextricable: "Por la raíz honda de la raza que manos impías querían profanar. Por la tierra dada en heredad para nutrir la raíz sagrada. Por la lengua que legaron los abuelos, por la Cruz de la Redención, por la libertad de la Isla" (51). La figura de Albizu es internalizada casi de forma autobiográfica en la narrativa de René Marqués, específicamente en "El bastón".[60] La resolución suicida del Albizu de "Otro día nuestro" es evidente cuando toma "el bastón con empuñadura de plata"(54) y sale de la habitación. El objeto (el bastón) es el fetiche privilegiado y anacrónico, "silencioso e inmóvil como un mero objeto de arte" (43). Hay una teoría estética formulada en "El bastón" que transita por el mismo sendero de la opción hostosiana y cuya mediación la da el bastón con que se manifiesta simbólicamente en la obra el *exit* de lo estético y la incidencia en lo ideológico. No en vano advertimos que la obra de Marqués se carga paulatinamente de referencias políticas que hacen ilegible en múltiples renglones muchas de sus obras entre lectores no puertorriqueños. La prédica albizuista halla en René Marqués uno de sus mayores cultores. Si bien los relatos que componen *En una ciudad llamada San Juan* no son textos apologéticos, se desprende de la obra marquesiana posterior una investidura mística de la figura de Albizu e incluso se forzarán las oposiciones entre éste y Luis Muñoz Marín, los dos fantasmas políticos de nuestra narrativa. A este respecto, el texto más evidente es *La muerte no entrará en palacio*, donde se citan palabras de Albizu, de Muñoz, y se inquiere en el intríngulis de la compleja relación familiar de la primera familia. Con esta obra se inicia literariamente la imagen de Muñoz Marín como renegado, la cual será

---

[60] *Sin nombre* 5 (4): 43-53 (abril-junio de 1975).

evocada reiteradamente en la obra de Edgardo Rodríguez Juliá adoptando rostros diferentes (*Las tribulaciones de Jonás, La noche oscura del niño Avilés, La renuncia del héroe Baltasar*).

Pasemos a César Andréu Iglesias. "Soñamos con el milagro. Tanto soñamos, que nos pasamos la vida creando salvadores, todopoderosos: dioses, tarzanes, supermanes. ¡Ah, caramba¡ Si tuviéramos algún santo guerrero, un ¡Santiago, cierra España!, un Superman volador, o siquiera un Supermouse. Realizaríamos nuestra misión, y en el momento en que los soldados del *malo* se nos abalanzan encima para capturarnos, se oscurece el sol y aparece en los aires el famoso Supermouse, y ¡pin pan! el ejército enemigo retrocede en desbandada, y nosotros regresamos en brazos del moderno ángel del bien para ser recibidos como héroes."[61] En la novela de Andréu Iglesias (1956), se recoge con bastante fidelidad el sentir de un sector de la población puertorriqueña respecto al nacionalismo insistiendo en su rechazo, en el apelativo de "locos" con que son signados, en el idealismo que se les atribuye y en su marginación social, política y económica. Lo que une a César Andréu Iglesias y a René Marqués es una lectura del nacionalismo como movimiento suicida, desesperado y derrotado.[62] Por otra parte, la recreación que Andréu Iglesias hace del nacionalismo recurre a *topos* como su decadencia, su estatus de partido minoritario. Además, personifica su derrota al representar a su protagonista como una persona hierática, impotente, contemplativa. Los argumentos principales que resume esta novela de tesis a favor del movimiento obrero-sindical son todas críticas al nacionalismo, por operar éste en la esfera absoluta de

---

[61] *Los derrotados* (Río Piedras: Ediciones Puerto, 1973).

[62] La locura se equipara con el heroísmo según uno de los personajes (245) y el suicidio es una solución viable para ellos (187). "No puede triunfar porque la época no le ayuda. Precisamente por eso, en su desesperación, recurre a esa clase de acciones, como quien pretende vencer un gigante con una pedrada. Pero no hay más diferencia entre los libertadores de los pueblos que tanto admiramos, la diferencia que elevó a aquellos al poder y a la gloria, y a éste lo lleva, si no a la muerte, al presidio, que una ecuación sencilla, uno de cuyos extremos dice: ¡victoria!, y el otro ¡derrota!", pp. 244-245.

las ideas abstractas, por su excesiva religiosidad, por la exacerbación de la imaginación heroica. Se formula en la novela una crítica acerba al papel subordinado asignado a la mujer dentro del movimiento,[63] se tipifica paródica y casi patéticamente la heroicidad nacionalista,[64] vinculándola con la muerte[65] y con una retórica vacía. En suma, en *Los derrotados*, leemos la primera propuesta para elaborar un nacionalismo desde la pluralidad (y no desde la homogeneidad, que era el supuesto albizuista). Ello se hace evidente cuando se vislumbra un diálogo posible entre Albizu y Muñoz Marín en la novela. Extraemos de ese diálogo el pasaje más revelador: "Yo creo que en Puerto Rico no perdurará lo que nos desnaturaliza. Perdurará lo que afirma y engrandece al puertorriqueño, que es todo aquello que realza y desarrolla los valores puertorriqueños" (172). La novela, sin embargo, falla al ser demasiado tética y al convertirse, desde la ficción, en un relato de emancipación a favor del obrerismo. Mas Andréu Iglesias nos lega una interpretación que posteriormente será elaborada por José Luis González, A.G. Quintero Rivera y el mismo René Marqués.

Una de las mayores aportaciones hechas por la generación de los 70 a la elaboración de la temática sobre el nacionalismo estriba en soslayar la figura de Albizu para insistir en otros aspectos

---

[63] "Son un accesorio del movimiento, algo así como un adorno complementario... Pero el movimiento es un movimiento de hombres. ¡Nunca un movimiento de hombres y mujeres! Y mientras no lo sea...", p. 180.

[64] Una vez fracasa el atentado, se describe el automóvil como si fuera "un monstruo prehistórico" (225) o "las patas rotas de un animal muerto" (228), y la pistola se describe como un "juguete inservible" para un hombre que "parece un muñeco sin cuerda" (227).

[65] Véase el retrato paródico del nacionalista: "Desde el primer día de clases se sabía quiénes habrían de iniciarse en la cofradía no organizada de los patriotas. Los cínicos les llamaban aspirantes a próceres. Se les reconocía con facilidad. Eran poco inclinados al deporte. Se les veía casi siempre enchaquetonados. Por lo regular, usaban corbata negra; a veces de pajarita. A algunos les gustaba presentarse con tamañas chalinas negras, nadie lo ordenaba, pero era como la expresión de un entendido tácito: luto por la patria esclavizada" (16).

del movimiento nacionalista, como ocurre en la novela de Tomás
López Ramírez, *Juego de las revelaciones*.[66] El autor selecciona
varios sucesos históricos a los que se alude efímeramente, evocando una atmósfera casi onírica. Estos sucesos son, entre otros, el
ataque de los nacionalistas al Congreso, la Masacre de Ponce, el
cerco de Albizu en el Viejo San Juan, el asesinato de Riggs por
Elías Beauchamp. El protagonista, Ceferino, cuya fealdad y denta-
dura son paradigmáticas, parece ajeno a los sucesos políticos que
lo rodean, los cuales son narrados enigmáticamente por Eusebio,
una especie de Virgilio, entre cronista, espiritista y vidente[67] que
se los cuenta tanto a él mismo (Ceferino), como a Elías Beauchamp.[68] A Ceferino le dice: "a ti te persigue la sombra funesta
del fracaso".[69] Es el mismo Eusebio quien le impone una misión
a Elías y con quien traba una extraña complicidad. A todo ello,

---

[66] México: Editorial Extemporáneos, 1976.

[67] La noche en que encarcelan a Albizu, Eusebio encuentra a Ceferino: "Usted ha
sido testigo de historia —dijo—, de una historia que termina aquí. Está condenado a no
vivir la que vendrá, a no querer testificarla. ¿Y usted quién es? —preguntó Ceferino sin
sobresaltarse. El viejo camina cabizbajo, con el paraguas en una mano y la otra a la espalda. De pronto levanta sus grandes ojos asustados. Yo soy Eusebio —dice—, para ser-
virle. Y ríe satisfecho, dejando ver su boca casi desdentada. Llegan a la Fonda Isabelita
y toman café, mientras Eusebio relata los sucesos históricos que ha presenciado. Y le
hace la primera revelación: hace años descubrí que estoy predestinado a testificar la
historia. Desde entonces es mi única historia en el mundo". *Juego de las revelaciones*,
pp. 20-21.

[68] Días antes de Elías Beauchamp asesinar al Coronel Riggs, Eusebio conversa con
él en el Hotel Europa, donde viven ambos, y Beauchamp le revela que va a matar a un
hombre, aunque no sabe por qué. Eusebio le contesta: "No es necesario, porque yo sé
la razón, la he sabido desde hace mucho. No la razón que tú imaginas, la única que yo
debía saber, sino otra, la que tú mismo desconoces. Esa que está ahí, en ese punto invisible hasta hoy y que contemplas cada día. Eso que me ha permitido ver y que ya está
dentro de mí. Ya has llegado a unirte con él sin posibilidad de separarte jamás. No me
dijo nada pero comprendió. Y lo que me dice la historia es que lo que hizo fue comprender demasiado bien que no tenía otro camino. El amor a su causa y a su vida esta-
ban subordinados al camino que él no eligió; fue elegido para seguirle. Allí lo dejé porque supe que no había consuelo necesario para él, que lo acataría todo fielmente. Lo
que no supe fue que me había hecho partícipe, cómplice, y que no era la última vez
que me vería". *Ibid.*, pp. 53-54.

[69] *Ibid*, p. 26.

Ceferino es un hombre deslumbrado por las historias de monarcas y héroes, fascinado por la literatura, y es el oyente perfecto de los relatos cifrados de Eusebio y sus viejas fantasías de los parques.[70]

En este texto, la presentación de los personajes se urde desde el extrañamiento de las situaciones, desde una lejanía que las impregna de elementos maravillosos. Así, por ejemplo, el llanto de las personas y la neblina que invade en una noche las estrechas calles de San Juan resulta ser el efecto de los gases lacrimógenos la noche en que se asedia y posteriormente se encarcela a Albizu, a raíz de la insurrección nacionalista del 50. *Juego de las revelaciones* es un relato alucinante y descentrado, donde la posible revelación es la muerte esplendorosa por suicida de Eusebio, ahogado (literalmente) por sus recuerdos, entre ellos, el relato de su amada, el de Elías Beauchamp y el de Albizu, "por el cual nunca será necesario llorar".[71] Albizu aquí es una referencia importante, pero es una figura remota en la narración, velado por el extrañamiento casi mágico de la descripción que ya lo transforma en la materia dúctil de una fábula.

En *Puertorriqueños*,[72] de Edgardo Rodríguez Juliá, advertimos la descolocación de la figura de Albizu, por hallarse en un espacio ajeno y hostil, el Hospital Presbiteriano, por el perfil lírico que emana de la evocación, y por ser observado a través de los ojos de un niño. A pesar de la obsesión que con la figura paternal —Muñoz Marín, Corretjer— confiesa tener Rodríguez Juliá, en sus crónicas no incluye a Albizu entre la nómina de los patriarcas ya que, por el contrario, Albizu posee aquí un halo más maternal y femenino. Quizá por su fragilidad, la sonrisa que brota de su cara, el silencio que lo rodea, que contrastan con la violencia y el asedio de quienes le acompañan. La imagen de Albizu,

---

[70] Véase el relato homónimo en *Cordial magia enemiga* (Río Piedras: Editorial Antillana, 1971).

[71] *Op. cit.*, 114.

[72] San Juan: Editorial Playor, 1988.

además, viene alterada por la yuxtaposición de testimonios diversos respecto a su persona. Los signos de la violencia, la histeria, la muerte y el ruido con que se marca lo prohibido político es similar a la marca de la que son portaestandartes los nacionalistas en la novela de García Ramis.[73] Cuatro voces de cuatro tías, cada una enarbolando su tesis sobre Albizu ("hombre de ideales", "acomplejado por negro", "sacrificado", "sanguinario") sintetizan la opinión popular. Y el niño que es Rodríguez Juliá entonces confiesa no temerle, pero tampoco admirarlo: "sólo lo recordaba como una presencia perturbadora, un hombre hecho de muchas voces encontradas y noticias dichas a toda histeria".[74] Constituye este pasaje uno de los más breves, pero más hermosos, escritos sobre el hombre solitario y sitiado, inmerso en un pasillo lleno de luz. Ya aquí Albizu es un texto, un lugar de encuentro, *pero fraguado por opiniones dispares,* una nueva instancia de la imposibilidad de la nación como familia.[75]

En la obra de Magali García Ramis, el discurso sobre "la gran familia puertorriqueña" es siempre cuestionado desde los ojos de una niña que no admite falsas ni fáciles polarizaciones. En *La familia de todos nosotros*[76] y en *Felices días, tío Sergio,*[77] Magali García Ramis evoca las actitudes de un sector de la población en la década de los cincuenta que condena el nacionalismo y todas las connotaciones que posee el movimiento para una pequeña burguesía en formación que cifra en el bienestar económico la solución de todos los males. Si bien el nacionalismo parece haber sido

---

[73] *Felices días, tío Sergio* (Río Piedras: Editorial Antillana, 1986). Véase la discusión de "lo prohibido político" en la novela de García Ramis en mi artículo "Si un nombre convoca un mundo, *Felices días, tío Sergio*"(febrero de 1987), publicado en el número especial dedicado a la literatura puertorriqueña en la *Revista Iberoamericana.*

[74] *Ibid.,* 116.

[75] Véase mi lectura de *Puertorriqueños,* como "nostalgia de la familia" en "Escribir la mirada", *op. cit.*

[76] *La familia de todos nosotros* (San Juan: Instituto de Cultura Puertorriqueña, 1976).

[77] *Felices días, tío Sergio* (Río Piedras: Editorial Cultural, 1986). Véase mi artículo sobre la misma novela en este volumen.

excluido como alternativa política por este sector, para los niños que entonces crecen esa "prohibición política" constituye una vía negada, pero atractiva. Se atribuye a los nacionalistas un cierto secreto, una cierta fuerza que los idealiza ante sus ojos y que se consolida más al victimizarlos. No obstante, es el tío Sergio en la novela de García Ramis quien se convierte en el modelo de esta generación en ciernes que, si bien carece de mentores visibles, opta parcialmente por uno que cumple con los ritos iniciáticos de orientarlos en el campo de la política, los valores y el arte, a pesar de que finalmente cumple, en mi opinión, con otro rito necesario de la iniciación: abandonarlos en el proceso. Para nuestra discusión, su pertinencia estriba en el hecho de ser el tío Sergio probablemente trotskista. Ha habido, pues, un desplazamiento en la opción política que carga significativamente a este personaje modélico y que lo emparenta con otro personaje, esta vez de Ana Lydia Vega. La protagonista de "Sobre héroes y tumbas (folletín de caballería boricua)",[78] sueña con la aparición de una importante feminista que intenta identificar en su sueño y que resulta ser Luisa Capetillo, anarquista, feminista y vegetariana. Antes, se han descartado como probables algunas de las figuras femeninas consagradas por el nacionalismo, entre ellas, Mariana Bracetti y Doris Torregrosa. El lúdico acertijo comporta un significado paralelo al del Tío Sergio en la novela de García Ramis. Ciertas opciones políticas válidas en un momento (a fines del siglo XIX y a principios del XX) han dejado de ser viables para una propuesta radical y democrática del independentismo de izquierda.[79] El lastre autoritario, machista y militarista del independentismo es objeto de una crítica directa o indirecta por una serie de escritores, entre ellos, César Andréu Iglesias, Magali García Ramis, Ana Lydia Vega, Manuel Ramos Otero.

---

[78] *Pasión de historia* (Río Piedras: Editorial Cultural, 1987). Véase mi reseña del libro: "Historias de pasión" en *El Mundo*, Puerto Rico Ilustrado, domingo 28 de febrero de 1988, pp. 8-9.

[79] Cf. Juan Duchesne Winter, "Convalecencia del independentismo de izquierda", en *Postdata*, 1 (1991).

Leída en uno de sus más productivos niveles, "La familia de todos nosotros", de Magali García Ramis, funciona como una alegoría de la gran familia puertorriqueña teorizada en sus diversas manifestaciones por Brau, Albizu, Pedreira, Blanco, Rodríguez Juliá.[80] Relato su argumento. Dos cronistas presentan versiones divergentes sobre la repentina enfermedad de la tía Ileana. Uno, Geño, de mayor edad y temeroso, y otra, Lydia, más joven, luchadora y positiva, que advierte en su tía el síntoma de la tristeza. Ambos, que se visualizan como cronistas de la historia familiar, "éramos los únicos que buscábamos". Geño atribuye la tristeza al derrotismo y como cronista se remite a los ancestros en busca de la solución que, según él, consiste en regresar a España, el país de origen. En la otra respuesta al problema, versada por Lydia, se sostiene que "todo estaba en la tierra y en las crónicas de la familia de todos nosotros quienes desconocían su propia memoria e ignoraban su propia historia". Y nos preguntamos, ¿Respondemos nosotros al epíteto de "derrotados"? ¿Lo aceptamos? El adjetivo está demasiado cargado como para soslayar su significado. La niña del relato asume la misma posición contestataria de Lydia en la novela. Del otro lado, la tía Ileana representa el desarraigo convertido en patología, de lo cual la salva, literalmente, un baño de tierra. Y para el resto de la familia, los cronistas oficiales "son locos y tontos", son marginados, como Lydia y tío Sergio. La posición adversativa de quien narra cifra la defensa de otra interpretación de la historia fuera del cauce del discurso pesimista, funeral y trágico de Marqués y de su tesis derrotista. Y en este relato se rebate dicha posición.

En los textos de Ana Lydia Vega se produce, por razón del humor, una liviandad en la narración que atañe al rechazo de lo solemne y de lo trágico. "Sobre héroes y tumbas (folletín de caballería boricua)" trata de una búsqueda: la de las tumbas de

---

[80] Sobre el tema de "la gran familia" véase en *Patricios y plebeyos: burgueses, hacendados, artesanos y obreros*, de Ángel G. Quintero Rivera, el capítulo IV, "Apuntes para una sociología del análisis social en Puerto Rico: el mundo letrado y las clases sociales en los inicios de la reflexión sociológica" (Río Piedras: Editorial Huracán, 1988), pp 189-279.

M. Bruckman y B. Bauren. El humor textual brota del enfrentamiento valorativo que se hace entre dos métodos: el modo intuitivo del espiritista nacionalista y el pretendido método objetivo y documentado del historiador.[81] Ante la inexistencia del documento, el historiador se ve obligado a valerse de la tradición oral, de don Virgilio, el viejo nacionalista, cuyo conocimiento vital respecto al nacionalismo es más efectivo que el proceso de inquisición de legajos. El careo entre ambos métodos, *la historia documentada y la historia testimoniada,* sirve al narrador para parodiar las labores del incipiente historiador y las portentosas comunicaciones espirituales de don Virgilio. Como señala de Certeau, "Es siempre en nombre de una realidad que se hace caminar a los creyentes y que uno los produce. La historiografía adquiere tal poder en la medida en que presenta e interpreta los 'hechos'".[82] En el relato se formulan varias críticas: el papel subordinado desempeñado por la mujer en el movimiento, la crítica de la exacerbación de las oposiciones (espiritismo contra ciencia), la simpatía por la otra historia, la que descarta el procerato, el heroísmo y la historia oficial y exalta la pasión de historia, así como el placer del texto. Pero acaso lo más interesante se perfile en el aspecto formal de la narración: la forma paródica de la representación en la búsqueda de las tumbas, la búsqueda de los héroes y de la tradición. Es en el registro formal de la narración que se libera el peso y la solemnidad del tema.

Si René Marqués incide, pese a su crítica al albizuismo, en la

---

[81] "El discurso histórico es un discurso performativo engañoso en el cual el verificativo (el descriptivo aparente) no es más que el significante del acto de habla como acto de autoridad", p. 49. Roland Barthes, "El discurso de la historia", en *Estructuralismo y literatura* (Buenos Aires: Editorial Nueva Visión, 1972). Sobre la "objetividad" falsa del discurso histórico, véase además, de Michel de Certeau, "L'histoire, science et fiction", en *Histoire et psychoanalyse entre science et fiction* (Paris: Gallimard, 1987) y *La escritura de la historia* (México: Universidad Iberoamericana, 1985); Hayden White, en *Tropics of Discourse, Essays in Cultural Criticism* (Baltimore y London: John Hopkins University Press, 1978) y Paul Veyne, *Comment on écrit l'histoire* (Paris: Editions du Seuil, 1978).

[82] En "L'histoire, science et fiction", *op. cit.*, p. 70. Traducción nuestra.

mistificación, en César Andréu Iglesias, al asumir su narrativa una investidura tética, se retorna al cauce solemnificador y rígido de la escritura como eticidad. Es entre los narradores más recientes que se despoja al nacionalismo de su hieratismo. Me refiero principalmente a "la literatura del exilio puertorriqueño". ¿Podría llamársele así? O por el contrario, ¿se trata de escritores norteamericanos pese a sus raíces puertorriqueñas? En primer lugar, se somete al escrutinio de una interrogante concerniente al problema de la identidad. ¿Cuáles son las fronteras de la nación? En ese sentido, ¿Cómo podría definirse una literatura escrita en otro español que no sea el puertorriqueño, pero, además, en ninguno de los dialectos latinoamericanos? ¿O escrito en otro inglés que no sea el americano? ¿Qué podríamos decir de la literatura puertorriqueña escrita en los Estados Unidos que carece del cuño de la lengua? ¿Qué nos dicen ellos, imposibilitados como están de asumir uno de los polos de la dicotomía albizuista "o yanquis o puertorriqueños"?

En segundo lugar, en la narrativa puertorriqueña contemporánea se reflexiona sobre la nacionalidad y sobre la identidad a través de un artilugio formal, el del narrador. Desde allí el discurso ficticio explora las incertidumbres y fabricaciones del discurso histórico. Tres relatos debo mencionar. *Seva, historia de la primera invasión norteamericana de la Isla de Puerto Rico ocurrida en mayo de 1898*,[83] de Luis López Nieves, "Sobre héroes y tumbas (folletín de caballería boricua)" de Ana Lydia Vega y "Vivir del cuento",[84] de Manuel Ramos Otero. En *Seva*, de Luis López Nieves, se cuestiona la posibilidad de una oposición armada de los puertorriqueños a la invasión norteamericana del 98. López Nieves juega con las expectativas heroicas del pueblo y, sobre todo, con sus desilusiones. "Sobre héroes y tumbas" erige en centro del relato, no tanto la búsqueda de las tumbas de Bruckman y

---

[83] *Seva* (San Juan: Editorial Cordillera, 1984) y publicado originalmente en el periódico *Claridad*, el 23 de diciembre de 1983.

[84] *Página en blanco y staccato* (Madrid: Editorial Playor, 1988).

Bauren, sino los traspiés de dos imposibles certezas: la del discurso histórico y el discurso cuasi-literario o imaginativo del viejo, mientras la figura autorial, desplazada, se mofa de ambos. "Vivir del cuento", de Ramos Otero, parece atrapado entre la elegía y la nostalgia, por una de sus caras, y por la ambigüedad y el humor negro por la otra. Uno de sus mayores logros es el cuestionamiento que, desde su seno, se hace del observador constituyente o etnográfico. Al respecto, es imprescindible recordar *La llegada*, de José Luis González, narración en que la figura autorial se oculta o se desplaza entre los diferentes narradores que versan historias diversas en torno a la invasión.[85]

Pedro Albizu Campos, en su búsqueda del deber ser del puertorriqueño, de una noción fija y sin fisuras de la identidad nacional, recalcó excesivamente lo que no se era, hasta el punto de sentar las bases de una visión poco feliz del puertorriqueño. Insistió demasiado en una compulsoria homogeneidad cultural y en un modo: una eticidad calcada sobre la tradición liberal decimonónica. La sobreidentificación, la alabanza desmedida de unos topos políticos, el monotematismo que comentaba Luis Rafael Sánchez, la tipificación folklorista de la puertorriqueñidad, constituyen los residuos de esta postura.[86] Mas el discurso literario, específicamente la narrativa, erosiona el discurso de esta identidad insistiendo en discutir procesos culturales dinámicos, y no

---

[85] Al respecto, véase mi artículo "Apuntes de un cronista: *La llegada*", en *Reintegro*, 1:3 (enero de 1981), p. 37, y sobre la narrativa contemporánea puertorriqueña y el tema de la historia, "La hora del lector", en *El Mundo*, domingo 14 de abril de 1985, p. 80.

[86] No es una alternativa descolonizadora hoy día asumir una actitud nativista frente al imperialismo, pues con ello se consolida la distinción "colonizado-colonizador". Como señala Edward Said, "to accept nativism is to accept the consequences of imperialism too willingly, to accept the very radical, religious, and political divisions imposed on places like Ireland, India, Lebanon, and Palestine by imperialism itself", en *Nationalism, Colonialism, and Literature* (Minneapolis: University of Minnessota Press, 1990), p. 82. De ahí que la contraposición "yanquis o puertorriqueños" sea hoy tan irreal como inconducente. El nacionalismo, en su afán de hallar diferencias entre colonizado y colonizador consiente sin saberlo con el imperialismo al aceptar el discurso impuesto o asignado: Nationalism is also the enemy, en "Representing the Colonized: Anthropology's Interlocutors", *Critical Inquiry* 15(2): 205-225, Invierno de 1989.

fijaciones abstractas y trascendentes. Ello nos ofrece un acceso para sonreír ante la tradición. Los escritores, por un lado, sienten el peso de la tradición ancestral y transforman la vocación y simpatía independentistas en una especie de misión que incide en el texto lastrando ideológicamente la escritura. Se constituyen en "el ojo negado al sosiego" del que hablaba Sánchez. Pero, por el otro lado, asumen la situación inherentemente contestataria que es la escritura.

La discusión sobre el nacionalismo transita, en el seno de nuestra narrativa, por un cuestionamiento de la historia y de quién la escribe. La abundancia de cronistas y narradores como personajes que figuran en nuestra más reciente cuentística y novelística no debe pasar desapercibida. No tan sólo son estos textos ejemplares excelentes de metarelatos, sino, además, un testimonio pertinente que incide en la misma perturbadora pregunta que acosó a la generación del 30, pero que hoy contestamos de otra forma. Somos quienes nos construyen. Lo puertorriqueño no es una definición, sino un proceso dependiente en gran medida de la voz que nos construye y que nos habla.[87]

Nuestros narradores han tomado en sus manos la ficción para cuestionar la historia y el cronista de lo ficticio ofrece su versión de los hechos desde la otredad de un saber quién es el cronista y para qué sirve: el historiador de *Seva*, los cronistas de "La familia de todos nosotros", la proliferación de cronistas en *La noche obscura del Niño Avilés*, el historiador de *La renuncia del Héroe Baltasar*, las narradoras de *Pasión de historia*, el historiador y el testigo de "Sobre héroes y tumbas", el testimonio del leproso Monserrate Álvarez. Acaso esa pluralidad de lo que se es lo resuma magistralmente Monserrate Álvarez, quien poniendo en entredicho a los sucesivos narradores de su historia (el cuentista, la historiadora, él como testigo), pulverice la noción equívoca de la identidad, la de nosotros, los otros: "Desde entonces he vuelto a la misma lectura: estoy a 88 años de mi nacimiento y desde hace

---

[87] Cf. "Apuntes de un cronista: La llegada", *op. cit.* y en este volumen, p. 257.

como cinco que los médicos me han dicho que no soy leproso, que nunca lo he sido, que lo mío es una condición del pigmento de la piel. Y entonces, de repente llega una carta desde la colonia de Puerto Rico hasta la colonia de leprosos en Molokai devolviéndome de pronto la humanidad y ahora sí valgo como personaje de cuento, como trabajador inmigrante, como puertorriqueño, como leproso, y ya están revolcando la basura incoherente de mi historia para que esa tumba que todavía no reclama su inquilino reclame el epitafio que ustedes han escrito".[88] La alegoría resiste mayor explicación. La multiplicación prolifera cuando se libera de una marca estigmatizadora y esclerotizante. Lugar privilegiado de ese cuento y comienzo privilegiado de otro ensayo.[89]

---

[88] *Op. cit.* p. 68.

[89] La continuación de este ensayo retoma los planteamientos aquí esbozados, utilizando como texto principal la obra de Manuel Ramos Otero. Este segundo ensayo, de título "Genealogías o el suave desplazamiento de los orígenes, en la narrativa de M. Ramos Otero", se incluye en el volumen *Cartografía abierta: ensayos postcoloniales puertorriqueños* (San Juan: Editorial Postdata, 1994).

ESCRIBIR LA MIRADA[1]

A mis hijos Dafne Almar y René Alejandro

> *¿Si hubiéramos corrido la suerte de tantos intérpretes, que creen ver claramente lo que el artista no ha pretendido, consciente ni inconscientemente crear.*
>
> S. Freud

1. La mirada transcrita

El notable ensayo sobre la obra del pintor puertorriqueño del dieciocho, *Campeche o los diablejos de la melancolía*,[2] rezuma[3] un planteamiento: las sucesivas reformulaciones que advienen en la obra artística en virtud de las lecturas que provoca. Una recensión del libro,[4] menciona que, a simple vista, el lector lego no advierte

---

[1] Este artículo fue escrito en el verano de 1990, para ser incluido en el libro *Las tribulaciones de Juliá*. Juan Duchesne, editor (San Juan: Instituto de Cultura Puertorriqueña, 1992).

[2] *Campeche o los diablejos de la melancolía* (San Juan: Instituto de Cultura Puertorriqueña, 1986). Otras obras del autor que mencionaremos aquí son: *Puertorriqueños* (San Juan: Playor, 1988); *La noche oscura del niño Avilés* (Río Piedras: Huracán, 1984 y Editorial de la Universidad de Puerto Rico, 1991); *La renuncia del héroe Baltasar* (San Juan: Editorial Antillana, 1974); *Las tribulaciones de Jonás* (Río Piedras: Editorial Huracán, 1981); *El entierro de Cortijo* (Río Piedras: Editorial Huracán, 1983); *El cruce de la Bahía de Guánica* (Río Piedras: Editorial Cultural, 1989).

[3] "rezumar": "Dicho de un líquido; salir al exterior en gotas a través de los poros o intersticios de un cuerpo".

[4] "El escritor Rodríguez Juliá como lector de cuadros", por Estelle Irizarry. *Caribán* (San Juan), II (3-4): 17-18.

en la pintura analizada ciertos detalles que sólo después de leer la interpretación de Edgardo Rodríguez Juliá logra captar y confirmar. Este tipo de comentario erige al novelista puertorriqueño en el lector indiscutido y privilegiado de las intenciones y logros de Campeche. Dicho análisis sólo aspira a una opción: coincidir con la mirada del escritor.

La lectura que el autor hace en Campeche disimula —más mal que bien— una visión, una tesis sobre nuestro criollo del dieciocho que se enuncia plenamente como ensayo de interpretación nacional en *Puertorriqueños*, libro en el que, emancipándose de las imágenes y la iconografía fundacionales del criollo que ilustran los lienzos de Campeche, el autor superpone, a manera de palimpsesto, las fotos perecederas e instantáneas de una incipiente clase media. El museo abierto o la exposición de retratos que manifiesta la organización de *Campeche o los diablejos de la melancolía* abre paso en *Puertorriqueños* al álbum, metáfora espacial que aspira a una coherencia, a un orden, a una unidad, —necesariamente, a una temporalidad— que se descubre deshecha posteriormente. Si nuestro autor lee al criollo en las ausencias, tristezas y miniaturas que fabrica la pintura de Campeche, la fotografía de las veleidades, metamorfosis y cursilerías de la clase media se convierten en motivo de reflexión para la elaboración teórica posterior. Ese despliegue de imágenes que abarca desde el rococó aminiaturado de Campeche hasta la modernidad puertorriqueña estampada en el álbum memorioso que es *Puertorriqueños*, opera como mecanismo mediador de una tesis cuya figura emblemática es el niño Avilés, imagen itinerante entre los ojos y la paleta de Campeche o entre la mirada y las ficciones del cronista de *La noche oscura*.

Este trabajo ensaya *una lectura de las lecturas* de Edgardo Rodríguez Juliá. El entramado barroco del discurso de éste lo debe a las sucesivas cajas chinas que esfuman sus marcos: los empotramientos o inserciones que de un texto hay dentro de otros textos, susceptibles a ser leídos o mirados por personajes privilegiados por el narrador, ya sea en las crónicas, ya sea en las ficciones. La vocación voyeurista de nuestro narrador se "reivindica" tornando productiva su afición al mirar: exhibiendo y escribiendo su lectura. Enumero varias instancias. Alejandro Juliá Marín[5] lee, interpreta, glosa y escribe una leyenda a la obra plástica del arquitecto leproso Juan Espinosa en *La renuncia del héroe Baltasar*. En la misma novela, el historiador apócrifo Alejandro Cadalso, interpreta la vida de Baltasar a partir de fuentes secundarias, y el personaje aparece nuevamente en *La noche oscura* exponiendo los documentos de los cronistas criollos, Gracián y Julián Flores, el Renegado. También, el libro sobre Campeche es lectura de la lectura hecha por el pintor dieciochesco respecto a los tres estamentos más importantes de la sociedad criolla. Del mismo modo, el discurso evaluativo de los gestos, la retórica y las poses de Luis Muñoz Marín es lectura ancilar que transita por el marco provisto por el fotógrafo de las escenas allí incluidas. En el retrato de la muchedumbre de gestos incoherentes que se desprende de *El entierro de Cortijo* se sondean las lecturas laterales y reductoras del cronista mismo visto desde ahora desde los ojos del otro. En virtud de su función visual es que se exponen en *El Cruce de la Bahía de Guánica* las heterotopías, el "paraíso" y el erotismo salvaje de las pinturas de Rafael Ferrer que lee Rodríguez Juliá. Igual función visual desempeñan las fotos, como imágenes de la familia puertorriqueña, en *Puertorriqueños*, álbum familiar que se enarbola como signo sagrado de la historia colectiva. Textos visuales son el *paisaje visionario y lúbrico* (calco plástico de la pintura alucinante de un Jerónimo Bosco), *desolado y utópico de las novelas*, así como su visión opuesta, el *paisaje nostálgico, desilusionado y consolador que recorren las crónicas*.

La imaginación narrativa de Rodríguez Juliá se articula sobre la memoria visual. El mejor *exhibit* textual que ilustra la recurrencia a lo visual es justamente la pintura que analiza el autor al concluir su ensayo interpretativo en torno a la figura y la obra

---

[5] "Literato", en *La renuncia del héroe Baltasar*, usado por el personaje que funge de historiador para interpretar literariamente los dibujos de Juan Espinosa.

de Campeche. Su opción es su comentario: Rodríguez Juliá opta
por la versión melancólica del pintor. De dos retratos que aún se
conservan de Campeche, uno realizado por Oller y el otro por
Ramón Atiles (basados ambos en un autorretrato perdido), Rodríguez Juliá selecciona el óleo de Atiles para su lectura. Escoge
el Campeche que es representado, en palabras de René Taylor,
como "un hombre evidentemente nacido bajo el signo de Satur-
no".[6] En esa opción se resume la "gesticulación del pincel"[7] del
ensayista Rodríguez Juliá. La guiñada (¿lo es?) autorística incide
en la versión preferida para su lectura, que no puede ser cierta
porque no hay verdad: el original del autorretrato se extravió. Es
la conciencia de la versión lo que su opción manifiesta, es la *imagen que se sabe transcrita por la mirada*. Transcribir es transfigurar.
Somos su invento.

Rodríguez Juliá se deleita en ofrecernos un retrato o un espejo para que lo observemos. Son los retratos realizados por Campeche, que en ocasiones denotan "giros venenosos del pincel",
galería en que se despliega el origen de la personalidad criolla. Es
el retrato verbal de Muñoz que se desprende de la visita que a éste
hiciera el autor. De esa visita cuaja posteriormente un texto cuyos matices más evidentes son el interrogatorio y la elegía. *Tribulación de Muñoz, el ser sujeto de éstas; tribulación de su cronista, el optar por estos modos*. Son también los retratos de los caudillos
fracasados, Baltasar y Obatal, prototipos de la figura del también
renegado Muñoz.[8] Todos evocan explícitamente la "trágica certe-

---

[6]   El "artista" de René Taylor. En *José Campeche* (catálogo y ensayos críticos) (Puerto
Rico: Museo de Arte de Ponce, 1988), pp. 83-106. En la nota cincuentinueve de su ensayo, Taylor indica: "Existe muy poca evidencia que sustente la tesis de Edgardo Rodríguez Juliá de que Campeche era un melancólico, enunciada en su libro *Campeche o
los diablejos de la melancolía*", p. 106. Obviamente, tampoco el libro de Rodríguez Juliá
es esto; la melancolía en este texto es un ardid.

[7]   Frase utilizada por el autor para su lectura de las intenciones de Campeche al representar ciertos detalles y matices de sus pinturas, en este caso, en el retrato de Ustáriz.
Véase al respecto la p. 14 en *Campeche o los diablejos de la melancolía*.

[8]   Alusiones a Muñoz como renegado surgen de las pp. 35, 45 y 53 de *Las tribulaciones de Jonás*.

za de la ruina".[9] Son, además, los retratos de la muchedumbre que intenta definirse como "pueblo" en *El entierro de Cortijo* y en *Puertorriqueños*, en las crónicas. Esos retratos o esos espejos sostienen la mirada de ese cronista, la "costumbre que es su mirada", sobre quiénes y cómo son los puertorriqueños. Es el retrato en cuyos ojos se abisma la mirada del cronista-narrador. Es la mirada como depósito del ser. Es la lectura espejo de su imagen.

Me lanzo a leer esto y lo otro. Aquello que produce su mirada y también esto, el pánico y su límite, el gesto que se ahueca, el detritus, residuo de su lección: "También el psicoanálisis acostumbra deducir de rasgos poco estimados o inobservados, del residuo —el *refuse* de la observación—, cosas secretas o encubiertas".[10]

2. Aperos para mirar

> *Entre tubos de vidrio o girasol*
> *disminuye su cielo despedido,*
> *su lengua apuntadora.*
>
> José Lezama Lima

Mirar es la palabra clave a partir del Renacimiento, y las diversas prácticas de la guerra, la indagación, el dibujo, el testimonio, están indisolublemente atadas a su desarrollo técnico. Mirillas, "ubicuos", catalejos, lupas, antonietas, telescopios; un vasto repertorio de instrumentos visuales afinan, forman y deforman la visión.

En las novelas que versan el siglo dieciocho puertorriqueño de Rodríguez Juliá, la metáfora visual encabeza las labores del historiógrafo Alejandro Cadalso, cuya "indagadora mirada" intenta desentrañar el misterio del protagonista, Baltasar Montañez. La mirada aquí es instrumento de conocimiento, penetra el misterio de las cosas, aunque —irónicamente— el enigma de Baltasar

---

[9] *La noche oscura del niño Avilés*, p. 65.

[10] "El Moisés de Miguel Ángel". Sigmund Freud. *Obras completas*, t. II (Madrid: Editorial Biblioteca Nueva, 1968), p. 1075.

perdure a lo largo de la novela. Es su sostén. Así también, el lugar y la intención de la escritura-pintura de un Campeche imaginado el cual es convocado por el narrador en su segunda novela, se centra en la elucidación del misterio del niño Avilés, otra figura enigmática de su narrativa. Atribuyendo a Campeche un texto, el "Diario de la muy apoteósica fundación de la Nueva Venecia", relata el motivo de su rescate (el del texto) aludiendo a la fascinación que el Avilés ejerce sobre él como pintor: "Volví a corregir, una y otra vez, los bocetos, pues pretendía capturar el signo de aquella sonrisa que iniciaba un mundo".[11] Sutil equívoco el de convertir a Campeche en narrador que busca un texto donde explica una fascinación visual que cifra su descubrimiento. Asistimos a la fundación de un nuevo mito. Desentrañar esa sonrisa del Avilés equivale a atisbar en el "nacimiento de la conciencia".[12] Es decir, la elucidación depende de la mirada que escoja Campeche-Rodríguez Juliá para escrutar al Avilés.

Así mismo, *La renuncia del héroe Baltasar* gira en torno a los dibujos eróticos del arquitecto leproso. Dichos dibujos son objeto de una doble mirada: la versión historiográfica presuntamente objetiva y el discurso lírico-filosófico de Alejandro Juliá Marín, quien se libera de la imagen para construir su propio texto. La novela sólo puede progresar a partir del esquema de la mirada. Para un contemplativo como Baltasar, nada puede ser más idóneo que la presunta pasividad de hacerse contemplar y la absoluta pasión de imaginar. Mediante el artilugio de la mirilla, el espacio de la novela se multiplica y ésta se convierte en un descomunal lienzo erótico tan alucinante y misterioso como el otro jardín, el de las delicias de Jerónimo Bosco:

> Y colocaré en su habitación una mirilla que dé a mi retiro de placer, y será esta mirilla la permanente tentación en aquellas fantasiosas noches cuando mediando los oidores, su mente inventará los más deliciosos y rizados placeres de la carne. Oirá los rumo-

---

[11] *La noche oscura del niño Avilés*, p. 18.

[12] *Op. cit.*

res, el vivísimo jadeo que emiten los cuerpos convulsos por el inmenso placer que es el de la carne, y entonces deseará unirse a la orgía; pero será posible sólo por la mirada, y será ésta su dulce humillación, la que doblega su cuerpo a mi gran voluntad sin yo sufrir la persecución de sus ojos.[13]

A través de este cuadro gigantesco se funden los aposentos de Baltasar, el de su esposa Josefina y el despacho del Obispo Larra; tríptico afín al triángulo del ardid pseudo-emancipador de razas tramado por Larra. Tanto Josefina como el lector acceden a la recámara de Baltasar mediante la vista —mirilla para Josefina y pintura que es mirilla para el lector— a través de los dibujos del leproso que Cadalso describe y que Juliá Marín interpreta casi con la parodia de la metafísica.

A simple vista, todo el erotismo de la novela parece concentrarse en una práctica *voyeurista*. *Sin embargo, el lector no mira; sólo lee. Y lee lo que informa el ojo del narrador.* En primer lugar, porque nuestra imaginación se ase (hace) al ojo para ver con el suyo y con sus palabras lo que leemos. En segundo lugar, los poemas de Juliá Marín descartan la posibilidad de lo verosímil: es insensata la transcripción lingüística de un sistema de signos ajeno. Se realiza así un doble distanciamiento que abole la imagen, precisamente en virtud de su verbalización, ya sea ese modo el denotativo (el discurso "objetivo" del personaje historiador) o el modo connotativo (los fragmentos líricos del escritor). Hacerse mirar para ser deseado es el propósito de Baltasar. Su fin es humillar a Josefina, una de las formas que adopta su poder. Desear vicariamente a través de los ojos del otro (el otro es Cadalso, fascinado con el espectáculo) es el ardid que ata al lector (la trampa es el deseo provocado en éste por el historiador) a las expectativas de Cadalso, primer transcriptor.

¿No es este el mismo ardid utilizado en *Puertorriqueños, Las tribulaciones de Jonás y Campeche...*? ¿No miramos acaso lo que ya no el historiador sino el cronista o el lector de imágenes,

---

[13] *La renuncia del héroe Baltasar*, p. 48.

mejor, el ficcionalizador de imágenes, presenta? Se trata de un mecanismo suasorio que depende de un discurso valorativo cargado de frases de tipo perlocutorio, frecuente en la obra de nuestro autor. La primera muestra del mecanismo la hallamos en *La renuncia del héroe Baltasar*. Si el narrador traduce una imagen *que no vemos* (el tríptico erótico de dicha novela), en sus otras galerías (*Puertorriqueños, Campeche..., Las tribulaciones...*) exhibe *imágenes henchidas con su modo de mirar*. Función del texto: definir la imagen. La labor del lector consiste en viajar por la pupila de Rodríguez Juliá en aventura similar al viaje de Gracián por la niña de Trespalacios.

Ya en el prólogo de *La noche oscura del niño Avilés*, se alude a una metáfora visual. Allí, Alejandro Cadalso invita al lector a contemplar el "tríptico infinito y desolado" para que decidamos sobre su posible existencia. ¿Qué contiene esta invitación? La afirmación de que el reconocimiento de lo visto conduce a la verificación de lo real. El tríptico es el de Silvestre Andino ("sobrino de Campeche") y en él se representa la ciudad lacustre, un "extraño paisaje de canales e islotes donde se alzan majestuosos edificios parecidos a colmenas",[14] la ciudad libertaria fundada por el Avilés, modelo de cimarronaje.[15] Si el lector depende de una visión pictórica —de un retablo narrativo sobre el poblado de Nueva Venecia y su fundador— que se ha convertido en documento (la crónica de Nueva Venecia que es la novela),[16] también de-

---

[14] *La noche oscura del niño Avilés*, p. 10.

[15] Véase la reseña de Juan Duchesne-Winter, "Una lectura en *La noche oscura del niño Avilés*", en *Cuadernos americanos*, México, Año XLIV, Vol. CCLIX (marzo-abril de 1985), pp. 219-224. También el capítulo de Antonio Benítez Rojo, "Niño Avilés o la libido de la historia", en *La isla que se repite* (Hanover: Ediciones Norte, 1989). Ambos estudios exploran el ángulo alusivo al cimarronaje.

[16] Incluso, algunos —los que niegan la existencia de Nueva Venecia— señalan que los documentos se escribieron precisamente a partir de los paisajes visionarios. Otros intentos de crear una historia puertorriqueña alterna de monumentalidad épica en esta generación de narradores puertorriqueños la hallamos en *Seva*, de Luis López Nieves y podríamos leer su intento a medias paródico en el relato de Ana Lydia Vega, "Sobre tumbas y héroes".

pendemos de una palabra para evaluar la veracidad de su existencia. "Cruzaré a tiro de remos las fétidas aguas donde el Avilés fundó en el siglo pasado, aquella magnífica visión que fue la ciudad lacustre de Nueva Venecia".[17] Decía Ramón García Quevedo, de lo cual se asen los historiógrafos que intentan borrar Nueva Venecia de la historia, señalando que aquí "visión" equivale a quimera. Desentrañar la "verdad" o "falsedad" de esa polisemia es otra misión que le asigna el narrador al lector.

En ambas novelas, al lector se le propone contemplar un lienzo: paisaje citadino o ruta erótica. Una es la pintura lúbrica (el deseo del cuerpo); la otra es la ciudad prohibida y libertaria (la utopía racional); y el lector es el mirón *vicario* de ambas construcciones, o de ambas pasiones, porque, si ve, es por lo que quieren (desde donde observan) Cadalso o los cronistas. Mirar es conocer, conato de desentrañamiento, pero el conocer aquí se ata, indefectiblemente, a la transgresión. Doble transgresión porque implica una mirada atrevida y develadora de aquello que se suprime o se oculta, ya sea la utopía, ya sea el cuerpo del deseo; y también porque altera, modifica, el perfil real de las cosas. Hay un pasaje ejemplar de esa mirada que ilustra las operaciones narrativas de Rodríguez Juliá. Al escribir sobre el "periscopio", dice el narrador de *La noche oscura*...:

> Como podemos advertir, la máquina es un engendro óptico, cámara bruja para multiplicar siempre invertidos los ecos de luz. En la boca inferior del cañón se colocará un lente de aumento para enfocar la luz en dos mirillas; esta imperfecta técnica tiene la desventaja de invertir la imagen, ponerla al revés, patas arriba, por lo que usar esta máquina es como espiar las curiosidades de un mundo puesto de cabeza. Otro capricho de la jirafa es que deforma la imagen hacia los extremos, acercándola derretida a nuestros ojos, mientras que el centro del foco aparece con una lejanía, que es como una puerta al otro mundo.[18]

---

[17] *La noche oscura del niño Avilés*, p. 13.

[18] *Ibid.*, p. 196.

El lugar de la enunciación

En los textos de Edgardo Rodríguez Juliá, el conocimiento se organiza en virtud de la mirada. Como diría Foucault, es un ver que conduce al decir, a la manera del discurso médico del siglo XVIII que pretendía leer la verdad del cuerpo enfermo a través del descubrimiento de sus síntomas. El hallazgo de la palabra que la sintetizara (la reducción nominalista) entrañaba el descubrimiento de la enfermedad. El "curandero de la tribu" aquí es el narrador que funge de cronista o historiógrafo. El cronista y el historiador comparten una labor de elucidación del acontecimiento, remoto o próximo en el tiempo. Ambos describen, elucidan, teorizan, sobre el suceso. Pero, sobre todo, ficcionalizan; aunque su pretensión sea remitirse a la realidad. Si la historiografía —en una época, terreno fértil para juristas y magistrados— desempeñaba una labor servil frente al Príncipe en los siglos XVI-XVIII, elaborando un discurso al servicio del "bien público" y para "utilidad del Estado",[19] el historiador moderno opera "al lado" del poder escribiendo una versión de la historia pues recibe, explícita o implícitamente, las directrices de su discurso. El historiador juega al príncipe que no es; a su vez intenta dictar las pautas de la conducta política:

> Su discurso será magisterial sin ser el del maestro, también dará lecciones de gobierno sin reconocer las responsabilidades ni los riesgos. Piensa en un poder que no tiene. Su análisis se desarrolla pues, "al lado" del presente, con una escenificación del pasado parecida a la que, desfasada en lo que se refiere al presente, produce al futurólogo en términos de futuro.[20]

Mas, ¿quién es el cronista? ¿Qué lo caracteriza? ¿Cuáles son sus atributos? ¿Qué lugar ocupa en la narración? El papel que Rodríguez Juliá le asigna al cronista en sus ficciones novelísticas

---

[19] Michel de Certeau, *La escritura de la historia* (México: Universidad Iberoamericana, 1985), p. 21.

[20] *Ibid.*, p. 22.

comparte varios elementos con el papel desempeñado por el personaje Rodríguez Juliá como "testigo ocular" en sus crónicas contemporáneas. A saber, el primer elemento común sería una pretendida objetividad, lograda por razón de la distancia que el cronista establece respecto a lo comentado, como en el pasaje que señala que "el cronista no debe estar en el ajo de los sucesos, sino a dos o tres pasos atrás de donde los hombres se juzgan".[21] Empero, se trata de una conciencia irónica del distanciamiento. El narrador se sitúa en la atalaya, lejos, arriba, en el balcón, con catalejos, balanceándose en el gabinete colgante que promete abismos; pero su mirada está cautivada por la fascinación que ejerce el espectáculo sobre él.

El segundo elemento común es el humor con que se aborda esa pretendida neutralidad. Engendra una ambivalencia que acopla sentimientos tan conflictivos como lo trágico y lo autodespectivo. Y relacionados con esa ambivalencia, son elocuentes los titubeos afectivos del cronista en *Las tribulaciones, El entierro de Cortijo* y *Puertorriqueños*. En estos textos, la distancia entre el cronista y el otro es objeto minucioso de la crónica, y el discurso se pronuncia sobre ello. En cada crónica, el otro marca diferentes distancias. En *Las tribulaciones de Jonás* es el "renegado" ideológico; en *El entierro de Cortijo* es el otro étnico, y en *Puertorriqueños*, es la otra clase. A pesar de la distancia, la sinrazón surge del amor, o aquélla emana del registro afectivo en conflicto con la diferencia ideológica. Como práctica de lectura, sugiero pensar en Muñoz Marín y en Ran. Suscita compasión contemplar la muerte de un caudillo fracasado que vive a solas su íntima tragedia (Muñoz), como provoca un patetismo lindante con lo sublime evocar la figura del Ran de Kurosawa, síntesis de la desmesura del poder y el delirio de la insania. A Ran y a Muñoz los hermana la exhibición de su desvalimiento. Y *Las tribulaciones de Jonás* ha expuesto precisamente la gran debilidad de ese caudillo muerto.

---

[21] *La noche oscura del niño Avilés*, p. 20. Y también. "Me mantuve periférico, tres pasos atrás como corresponde a los cronistas salerosos... Quise estar ajeno a las cosas del diablo, que me entretuve por acá, en la comparsita de los guasones", p. 246.

En *El entierro de Cortijo*, el motivo de la crónica es el duelo del pueblo, duelo que testimonia su inconsciencia al hacer gala en el cementerio de una cierta conducta en los velorios. El cronista parece lamentar la dejadez de ese pueblo ante la tradición, la incoherencia de sus gestos, signos que anuncian cierta enfermedad en el cuerpo social: una inconsistencia entre el sentimiento afectivo y los gestos sacrílegos que lo acompañan. El autor no sabe cuál tono, cuál registro, cuál palabra escoger para describir ambos espectáculos: el de Muñoz o el de Cortijo. No sabe qué tono asignar a su voz: si el tono elegíaco o el despectivo, ya sea esa figura la de Muñoz el caudillo fracasado, o el rostro del "pueblo", el *exhibit* de una colectividad que despide a un músico popular.

Pero en el texto donde más efectivamente se funden ambos modos (el lamentativo y el despreciativo) y la misma ambigüedad es en *Puertorriqueños*. La distancia aquí no la estatuye la presencia del otro, sino que se resuelve o intenta resolverse en la paradoja del otro que es el mismo. La distancia se abole y el motivo de la ambivalencia que anuda la racionalidad y la afectividad se neutraliza. Lo advertimos en la técnica narrativa, cuando se observa el narrador en el otro que es su sujeto, y lo advertimos en el estilo cuando el discurso se decide "simultáneamente por la burla y la compasión".[22] Con ello se escamotea, mas no se anula, cualquier fuente de contradicción; y entonces el otro, es decir, el caudillo fracasado, el pueblo, la clase media, empieza a ser más objeto de nostalgia. Comienzan a definirlos el transcurso del tiempo, el extrañamiento urdido por la temporalidad.

El autor de *Puertorriqueños* construye un segmento de nuestra historia íntima a partir de las fotos del álbum familiar y el isleño aunando lo autobiográfico y lo nacional, la intrahistoria y la historia. En ese libro se construye el retrato del Puerto Rico contemporáneo a partir del artilugio del álbum: libro, signo e iconografía general donde se registran los deseos, valores y frivolidades

---

[22] *Puertorriqueños*, p. 11.

de la clase media. Mediante esa suma de signos cotidianos e imaginería, el autor observa y lee en las fotos su propia mirada, evalúa y se contempla a sí mismo inmerso en una época y en un país: sujeto que mira y sujeto que se mira. Sujeto, como veremos, que miramos.

Mas, el proceso de *observación del otro se abole en el Narciso que comienza a revelar su faz.* Hay una necesidad de la figura ficticia del cronista o del historiador como punto de partida de su escritura porque el historiador define lo otro en el tiempo. En este inciso vale reflexionar sobre sus novelas, versiones del dieciocho. En el cronista, sin embargo, la alteridad se define como inscrita en el presente, por lo que aquí lo otro comienza consigo mismo (la figura autorística) como testigo ocular. El registro del suceso en estas crónicas sólo se produce más tarde; el suceso siempre es aplazado, interrumpido, relativizado. Inicialmente, las crónicas contemporáneas que son *Cortijo* y *Las tribulaciones...* parten del autoextrañamiento y el desconocimiento de sí ante los otros. Si los personajes del Avilés y de Baltasar son enigmáticos, el último misterio lo constituye el mismo narrador. La diferencia que corre desde las primeras crónicas hasta *Puertorriqueños* está enlazada a la elucidación del titubeo entre el afecto y la razón del testigo. La movilidad y la frescura de estos tres libros (*El entierro de Cortijo, Las tribulaciones de Juliá* y *Puertorriqueños*) estriba en una escritura que revela un intenso proceso de búsqueda respecto a la realidad puertorriqueña, perturbadoramente contradictoria. En los dos testimonios más recientes, *Una noche con Iris Chacón* y *El cruce de la bahía de Guánica*, sólo hay respuestas. La indagación sobre la realidad puertorriqueña ha cesado. En estos libros, Rodríguez Juliá es ya el testigo convencido con una tesis resuelta.

El tercer elemento común es el lugar marginal ocupado por el testigo; la desubicación, la conciencia de la otredad ideológica, étnica y de clase manifestada en la reiteración de una interrogante: "¿Qué hace un chico independentista como tú en un sitio como éste?", epígrafe de *Las tribulaciones...* Y acota la pregunta una foto de Muñoz rodeado por un grupo de campesinos. El libro es biografía y autobiografía; retrato y autorretrato. El equívoco brota de la pregunta sobre "quién es el tú", frase que podría dirigirse a Muñoz tanto como a Rodríguez Juliá; hábil juego de espejos utilísimo a nuestra reflexión. El "tú" (¿Muñoz? ¿Rodríguez Juliá?), adjunto al "este" (el lugar de la foto o el espacio creado por el texto) se funden. El pronombre personal (tú) y el deíctico (este), que es espacial y es temporal a su vez, remiten, pese al juego de equívocos, a una pregunta unívoca que atañe a ambos personajes. Trama una respuesta: "ayer Muñoz fue como tú hoy". *El autor juega al príncipe (que no es)*.

En la obra de Rodríguez Juliá, el interrogatorio del otro es precedido por un autorretrato. Existe, además, una necesidad de ubicarse mediante las palabras del otro. En última instancia, lo que se cuestiona es la ubicación de esa voz del disidente. Las tribulaciones de Jonás tratarán de contestar esta pregunta cuyo intríngulis estriba no tanto en definir el sitio del hombre (Muñoz), sino a quien lo describe y los motivos de su escritura. El cuestionamiento, unido al sentido de exclusión, autoextrañamiento y desubicación, se lo formula el cronista en *Cortijo*: "¿Qué hago aquí?".[23] Su travesía —*su tribulación*— es definible como un intento de aproximación que se frustra en virtud de un lenguaje (hay giros lingüísticos que no puede descifrar) y en virtud de su atuendo, signo de extracción de clase. La reducción que sabe hace, se la hace:

> Pero no crean, también yo seré sometido a la mismísima reducción, un blanquito de cara mofletuda, bigotes de punta al ojo y espejuelos es una presencia perturbadora en Lloréns; también ellos son capaces de leerme, ya me tienen leído: ese tiene cara de mamao... Mera, dame diez chavos...[24]

Similar interrogante adquiere otro matiz en *Puertorriqueños*, y allí atañe a la raza: "¿Qué hace ese negro manco en el Álbum de

---

[23] *El entierro de Cortijo*, p. 22.

[24] *Ibid.*, p. 13.

Familia?".[25] Así también, en *La noche oscura...* se advierte sobre "el estilo exaltado y la condición de marginado"[26] del Renegado. La marginalidad —pienso— es atributo de este cronista en un por "ambos contrarios combatido" que evoca la épica de los vencidos de don Alonso de Ercilla. La mirada se reconoce como mirada antes de ella construir un espectáculo o reconocer un signo: el fracaso, la melancolía, la nostalgia, el extravío. En la mirada con conciencia propia se estatuye la necesidad de que el cronista defina su espacio. La "finura" de esa mirada estriba en saberse mirada. De ahí la reiterada, y a veces impertinente, presencia del cronista, del lector, del historiador.

La figura del cronista, como vemos, reúne varias características; es *irónico, ambiguo y marginal;* es decir, ocupa el espacio del equívoco y del cuestionamiento, desde donde se divierte para jugar con la idea del "Otro". Algo de ello tiene el cronista apodado El Renegado, el enamorado de Johari, la reina africana, más proclive a la ficción que a la historia. Gracián, de otro lado, cumple funciones de cronista, monaguillo, bufón, e incluso, ayudante de exorcismos, casi convirtiéndose, en las postrimerías de la novela en una figura extraída de la picaresca.[27] Los cronistas protagonizan la obra, porque son ellos los mirones que nos informan sobre Trespalacios y sobre la gesta abortada de Obatal y Mitume. Sus voces sucumben fascinadas ante la visión de Obatal, de la reina y de su manatí. Por escribir bajo el efecto del licor o de los alucinógenos, su visión se desborda en capítulos como el undécimo, cuya imaginería visual corresponde y evoca las pesadillas del infierno dantesco, así como la oscura ciudad de Cacodelphia, en el *Adán Buenosayres*, de Leopoldo Marechal, o el obsedido relato sobre ciegos de Ernesto Sábato en *Sobre héroes y tumbas.*

Los cronistas, "a tres ajos de los sucesos", casi siempre usan aparatos —*aperos para mirar*— que sirven a la mirada y la deforman: "el centro del foco aparece con una lejanía que es como una

---

[25] *Puertorriqueños*, p. 28.

[26] *La noche oscura*, p. 47.

[27] *Ibid.*, p. 321.

puerta al otro mundo".[28] Ambos, —cronistas e historiadores—, son lectores, figura mayor que emerge de la narrativa de Rodríguez Juliá, voraces lectores de sus propias imágenes y las ajenas.

3. Imágenes para ser contadas

> *Este que ves, engaño colorido,*
> *que, del arte ostentando los primores,*
> *con falsos silogismos de colores,*
> *es cauteloso engaño del sentido.*

Juana Inés de la Cruz

Si bien una foto es una "reproducción analógica de la realidad",[29] en ella se consignan procedimientos connotativos provistos por el enmarcado, los objetos, los vestidos, la sintaxis, la pose. La foto no es imagen denotativa, sino connotativa. Bertold Brecht lo sintetiza en una frase brillante: "la réplica de la realidad nos dice sobre la realidad menos que nunca".[30] Más bien, esa lectura de esa foto nos habla del lector que, ya autor, aúna en su texto elementos perceptivos, cognitivos e ideológicos. El código lingüístico al que se traduce la imagen, violenta —por así decirlo— una vez más la realidad. La lectura, como la escritura, nunca es inocente. El libro sobre Campeche, sobre Muñoz, y el álbum *Puertorriqueños*, son libros hechos también para mirarse. El signo visual (en estos casos, pinturas o fotos) y el signo lingüístico se funden en una sola propuesta que es el texto contado. *El verbo no acota la imagen, más bien la agota.* Al construir una historia en torno a la imagen, ésta se convierte en imagen evocada, imagen verbalizada. La imagen es trampolín para la leyenda, trampa para los ojos del lector.

---

[28] *La noche oscura*, p. 196.

[29] Roland Barthes, "El mensaje fotográfico". *La semiología* (Buenos Aires: Tiempo contemporáneo, 1970), pp. 115-126.

[30] Citado por Walter Benjamin en "Pequeña historia de la fotografía", *Discursos interrumpidos I* (Madrid: Taurus, 1981).

El aquí exégeta de la imagen plástica funda su tesis sobre una selección de las pinturas que considera representativas de Campeche. Son *ciertas* pinturas escogidas al amparo de *cierta* mirada las interpretadas por Rodríguez Juliá. El *ironista sentimental* se desnuda —o lo pretende— en el álbum de su familia; acto exhibicionista que se marida a un ejercicio paralelo: el de confesor y psicólogo de Muñoz quien, como figura pública, igualmente comparte unos tragos con Palés, como asiste a una cena de gala con J.F. Kennedy o corteja con pose de patricio a unos jíbaros que acuclillados lo rodean. Para el puertorriqueño que mira estas fotos, Muñoz es el centro imantado de la narración; los demás constituyen su corte.

En estos textos advierto reiteraciones que son efecto de mi lectura incidiendo sobre la de Rodríguez Juliá. En primer lugar, hay una predilección por el retrato, por el elogio de la figura *individual*, ya sea pública o privada, representantes de los estamentos privilegiados de la nación en ciernes o personajes engullidos por el anonimato de la caseta fotográfica durante las fiestas patronales. En segundo lugar, *existe un despliegue del retrato de acuerdo con una determinada sintaxis*. En las postrimerías del libro sobre Campeche se afirma que el pueblo, así como el negro, son ausencias visibles en la obra del pintor. En *Las tribulaciones de Jonás*, el pueblo hace su aparición lateral, desplazado por la figura del caudillo quien, paradójicamente, le provee visibilidad en las fotos. Y en *Puertorriqueños*, parece ser el pueblo —asumiendo la faz de clase media— el centro del relato. En tercer lugar, hay una tendencia a *enfrentar al biografiado* (Campeche, Muñoz, Rodríguez Juliá) *con su propio retrato*. A saber, el Campeche histórico enfrentado con el retrato que de él elabora posteriormente Ramón Atiles a partir del autorretrato formulado por Campeche; el retrato de Muñoz casi abismándose en la célebre pintura de Francisco Rodón; el de Edgardo Rodríguez Juliá enfrentándose con su fotografía infantil. El enfrentamiento rezuma siempre cierta desilusión, ya sea por una debilidad en el carácter o en la personalidad (Campeche), por el reconocimiento del fracaso

(Muñoz) o lo advertimos en el simple hecho de una ausencia de fotos que rebasen la temprana adolescencia (Rodríguez Juliá). *Puertorriqueños* es la culminación de este proceso de búsqueda del "yo", y el libro —como proceso que es— va tornándose paulatinamente en espejo que refleja otro espejo, en una misma imagen que paulatinamente se deforma. En virtud de un proceso cíclico y narcisista, el álbum *Puertorriqueños* va brotando de la mirada organizadora del autor que hace la selección, y esta mirada converge en el rostro propio, en la autoexploración.

Rodríguez Juliá: biógrafo del gesto

El libro sobre Campeche elucida —mediante la pintura— el surgimiento de la personalidad criolla en el siglo XVIII. Son tres los estamentos protagónicos en la visión de Campeche: la administración colonial, la burguesía criolla y el clero. El ensayista intenta discernir "la costumbre de su mirada" y "el giro venenoso del pincel". La primera indagación produce la tesis de la utopía fracasada o la fusión de clases y etnias que se saben abocadas al fracaso. La tristeza (en el pincel, como en los ojos del gobernador Ustáriz) emana de la costumbre de su mirada. "El giro venenoso del pincel" engendra el realismo problemático que le adjudica Rodríguez Juliá, perceptible dicho realismo en el trasfondo de la ciudad de San Juan en el lienzo de Ustáriz, en el detalle del pañuelo en manos de don Valentín Martínez y en la ausencia de mulatos y de "pueblo" que develan sus pinturas. *Campeche o los diablejos de la melancolía* parece escribirse para validar la lectura que el autor hace del retrato íntimo de Campeche a partir del hombre saturnal que recopiara Ramón Atiles. Le sirve, además, para insinuar una tesis sobre el surgimiento de la nacionalidad puertorriqueña. Ambos retratos —o sus verbalizaciones— arrojan una figura poco halagadora. Rodríguez Juliá se convierte en el biógrafo del gesto y explica al pintor desde las ausencias y silencios, es decir, desde las insistencias que advierte él en sus representaciones. Según el autor, la obra de Campeche demuestra un afán de autovalidación de la mulatez propia del pintor, fuente oculta, según él, de su melancolía.

La primera tristeza es autobiográfica y atañe a la raza y a la posición social, mientras que la segunda aflicción incide sobre lo colectivo. Rodríguez Juliá intenta describir el perfil psicológico del criollo en ciernes del dieciocho a partir de una lectura de los emblemas, gestos y detalles que imprime Campeche en sus figuras y que el autor identifica con características como el desasosiego, la melancolía, la inquietud, la soledad. Dicho brevemente, en la lectura de Rodríguez Juliá, el criollo es un ser resentido. Su mirada es lanza de negatividad que describe ausencias, impotencias, timideces, recatos más que audacias, miniaturas más que monumentos. Por ejemplo, la lectura y evaluación del retrato de don Valentín Martínez es una de las instancias más ejemplares de esta lectura inventora que se quiere parcial, cuando —y el giro lingüístico denota su posición—, para identificarlo, el autor lo llama por su nombre de pila y no por su patronímico, como se acostumbra. El criollo puertorriqueño, especialmente las clases en ascenso, están marcadas por el signo de la inconclusión y la inseguridad en la lectura hecha por Rodríguez Juliá. Martínez, más bien, don Valentín, es el precedente de los "puertorriqueños". A esta conclusión arriba un lector atento una vez desentraña la reflexión de Rodríguez Juliá aquí, la cual exhibe como evidencia las pinturas de Campeche.

Ambos, el autor y el pintor, se hermanan. Rodríguez Juliá comparte con Campeche "la costumbre de su mirada". Privilegia y selecciona a Campeche porque ambos son atraídos por el retrato, signo de individualidad, muestra de "tendencia romántico-liberal" en Campeche, según Rodríguez Juliá. El retrato obliga a la representación en un espacio reducido, a saber, el aposento o el gabinete, lugar apropiado donde reluce el gesto. Retrato y gesto se aúnan en la lectura de *Puertorriqueños*. La pose, definida en Campeche como "la suma de la actitud y el gesto", es el comentario que arrojan todas las imágenes en dicha obra porque "posar es un acto de fundación", "un decir autobiográfico desde las condiciones de clase".[31] La pose de la clase media histriónica y exhibicionista que hace su aparición en *Puertorriqueños* contiene una historia: la del álbum que organiza su autor. El que posa, al igual que el que escribe, inventa más de la mitad de los "hechos". Es esa pose la que le otorga carta de ciudadanía a la recreación de su imagen y de su historia por otro que lo transforma en narración. Sigmund Freud se excusaba de haber convertido la monumental escultura del Moisés en una narración al decidir explicarla, pues la explicación consistía en suplirle una historia. Así mismo, en *Puertorriqueños* obtenemos una lectura de la personalidad cuyo método es la ficcionalización. El aposento en la pintura dieciochesca de Campeche, "la máquina fabricadora de individualidad"[32] se convertirá en el siglo de la reproductividad técnica masiva en estudio fotográfico, y uno de los emblemas posibles de esta centuria lo proveen las escenografías pintadas de un estudio. El tema principal de *Puertorriqueños* —la paulatina desaparición de la familia a raíz de las transformaciones que engendra el 98— se emblematiza en el objeto "álbum de fotos", cuya forma y estructura evoca agilidad y dinamismo. Pese a esa organización del texto, su contenido connota un cierto tipo de muerte. La escritura de Rodríguez Juliá funde los signos de la transformación con las imágenes de la muerte en diálogo parecido al de Ramón Juliá Marín, de quien se cita: "lo único que importa es narrar el misterio de un mundo que muere, describir el asombro ante un engendro acabado de nacer".[33] Existe un hilo conductor adicional entre estos libros. El reconocimiento sobre el surgimiento de un modo de lo criollo y del Estado en *Campeche*, se convierte en *Puertorriqueños* en confirmación perpleja al describirse las fases de la disolución de la familia. Esta visión de nuestra historia ha pasado previamente por el lamento de *Las tribulaciones...* una de cuyas afirmaciones más importantes es que la familia en Puerto Rico ha reemplazado al Estado.

---

[31] *Puertorriqueños*, p. 15.

[32] *Ibid.*, p. 9.

[33]. *Ibid.*, p. 33.

Las biografías parciales que construye nuestro autor se convierten en mediación para elucubrar un discurso sobre nuestra historia. Con ello, Rodríguez Juliá juega al príncipe que no es. Su discurso —análisis del presente con representación del pasado— se suma al de otros escritores que han elaborado a su vez un discurso nacional con similares síntomas, como los "infortunios" de Alonso Ramírez, el "mundo enfermo" de Zeno Gandía, el "insularismo" de Antonio S. Pedreira, la "docilidad" de Marqués.[34]

El juego con los orígenes y las postrimerías toma en el autor otro cariz si consideramos el elemento utópico. La utopía conjura una doble actitud: la esperanza y la desesperanza. De Cristóbal Colón a Tomás Moro,[35] el sueño y la fantasía se combinaron con la acción política. Así también, el álbum es suma de contradicciones y de encuentros: el tinte sepia de la impresión confirma su investidura nostálgica; sella en el tiempo la historia anónima o la frívola, pero la historia es un cúmulo de transformaciones.

Puertorriqueños: urna funeraria

What men or gods are these? What maidens loath?
What mad pursuit? What struggle to escape?
What pipes and timbrels? What wild ecstasy?

John Keats

"La fotografía permanece como ruina de la personalidad y monumento al nuevo orden".[36] La aserción, en este caso, reúne aparentes opuestos: nacimiento y muerte, pero nacimiento de un sistema nuevo y evidencia de lo necesariamente perecedero: un instante de la vida plasmado en una foto. Es imposible obviar la

---

[34] Véase, sobre la metáfora de la enfermedad, *Literatura y paternalismo en Puerto Rico*. Juan Gelpí (San Juan: Editorial de la Universidad de Puerto Rico, 1992).

[35] *Utopia and Revolution*, de Melvin J. Lasky (Chicago: University of Chicago Press, 1976).

[36] *Puertorriqueños*, p. 20.

metáfora que sostiene el libro. *El álbum es urna funeraria y urna estética.* El célebre poema de John Keats me parece su mejor análogo. La urna —como el lago lamartiniano o las columnas vivas del bosque de signos del célebre poema de Baudelaire— es también texto. El poeta le exige una historia a la urna, la interroga. Y en ella reconoce la inscripción estética, y la forma es leída, es narrada por el poeta, el cual descubre que la acción que allí se muestra no es vida, sino mímesis de vida, efecto de vida que aspira a inmortalizarse, a perdurar sólo en virtud de su congelación, de su inmovilidad en el tiempo, de su renuncia a realizarse. La forma congela, preservando y destruyendo una imagen. Esa dialéctica íntima de lo abierto y lo cerrado que tan bien consignara Gaston Bachelard en otras formas (el cofre, el armario, el cajón, la concha) se halla presente aquí. Es la apertura a lo posible por la promesa inscrita en la forma estética y es lo cerrado porque para poder ser (arte) la muerte tiene que haber empezado a invadirla.

Señala Walter Benjamin,[37] que en el siglo diecinueve las placas de plata de las fotografías de Daguerre eran guardadas en estuches como si fuesen joyas. El detalle —acaso el gesto— nos es pertinente. La foto familiar se transforma en joya para quien aprende a recordar, y el álbum es el cofre donde se despliegan, bajo los ojos nostálgicos y el deseo furtivo, los instantes que se cargaron de emoción. Rodríguez Juliá llama al fotógrafo "cronista de la imagen", y a la foto, "geografía del recuerdo" y al álbum, mapa o comentario anotado de esa geografía. Hay un intento de visión totalizadora en la recuperación fallida del recuerdo a través del álbum. El proyecto de Rodríguez Juliá es convertir la foto en conocimiento[38] en virtud de la supresión de la atadura afectiva. Será su proyecto, pero no el logro, porque su lectura, pese al sesgo irónico que permea muchos de sus comentarios, está irremisiblemente teñida de nostalgia. Y es justamente ello lo que convierte a *Puertorriqueños* en lamento. En este sentido, es intere-

---

[37] "Pequeña historia de la fotografía", *Discursos interrumpidos I*, pp. 61-83.

[38] *Puertorriqueños*, p. 81.

sante que en esta época de la reproducción masiva Rodríguez Juliá preserve de su lectura de la fotografía el aspecto que lo vincula al arte tradicional de la pintura: el elemento inherentemente *cultual* del retrato.

En la preferencia por el retrato se preserva el aura, el aquí y el ahora de un original ("la manifestación irrepetible de una lejanía").[39] Es el rostro, como señala Benjamin, la última trinchera del aura. Lo cultual, vinculado a la tradición y a lo antiguo, se opone al valor exhibitivo en virtud del cual puede la masa adueñarse de los objetos producidos que por estar tan próximos han sido anulados en lo que de lejanía tienen. *La insistencia en el retrato, su fervor por el aura, ata el álbum a* la nostalgia, a la melancolía, a *la muerte.* El álbum opera como un mecanismo iterativo que se engarza en una cronología. El álbum, compuesto predominantemente por retratos, es una sinonimia desplazándose en el tiempo y es, a su vez, en el caso de *Puertorriqueños*, espejo, porque el retrato del otro es el mío y el centro del libro es mi propia foto. (El yo es el del cronista.) Por virtud de la semejanza, de la identidad trocable —es decir, serie de sinonimias o serie infinita de espejos—, *Puertorriqueños* se convierte en galería de fotos privadas erigidas en álbum público, representativas del "pueblo" (aunque el autor querría decir "ser") puertorriqueño. Hay una actitud recurrente en las crónicas: su ambigüedad rezuma del importe autobiográfico con que se graba un texto que aparentemente orbita sobre otro. Todas las crónicas del autor ostentan *ese centro aparente* que es el otro (Muñoz, Cortijo, los puertorriqueños), pero su rasgo escriturístico necesita asumir y regresar al yo. Por eso, en parte, la evocación ferviente de su espejo en Ramón Juliá Marín.

El "poder" del autor reside en ese espacio donde se interpreta la imagen. El ojo conquistador y curioso del narrador va descubriendo enigmas, develándolos, mitificándolos. Mírese el ojo *hedonista* de Rodríguez Juliá en su lectura de la pintura de Rafael

---

[39] Walter Benjamin, "La obra de arte en la época de la reproductibilidad técnica", *Discursos interrumpidos I*, pp. 15-60.

Ferrer y el ojo *lúbrico* en su lectura del cuerpo de Iris Chacón; el ojo *mórbido* en la evocación de Muñoz y de Cortijo. En suma, el ojo *fascinado* con la utopía en sus novelas; el ojo *desilusionado* con la realidad en sus crónicas. Poder de la mirada acostumbrada a hurgar en los rincones del pensamiento ajeno; habilidad del narrador, del cronista, del ensayista, para contextualizar y liberar la imagen más allá del pobre contexto provisto por algunas fotos. El texto crea la foto. La escritura fija la imagen y da paso a una historia. Asistimos a la ficcionalización de la imagen. El autor, el retratado Rodríguez Juliá, inserta su retrato en el álbum y lo lee desde su otra nostalgia: la de haber perdido la visión inocente de las cosas. Su vida se construye desde la perspectiva proveniente de la clase media a que pertenece. Define desde el motivo reiterado de la transformación de la pareja la imagen de la hombría, de la arquitectura, los hábitos sexuales, los placeres, los nombres, lo que ha sido del puertorriqueño desde el 98. Mas relatar su transcurso temporal necesita otra estructura: la de la reflexión sobre su espacio y, dado que el espacio necesita lo visual, las fotos constituyen la columna vertebral de la reflexión. Primero, se trata de una lectura del pasado. Segundo, es un álbum y una historia alterna, construido por un puertorriqueño enfrentándose a aquel otro norteamericano que nos construyó en el texto *Our Islands and their People*. En tercer lugar, quiere ser una mirada productiva y creadora. Las fotos cobran valor simbólico y sociológico en la lectura que se hace de ellas, y lo que sería un retrato familiar adquiere, en este nuevo contexto, pertinencia histórica.

En *Puertorriqueños* la foto es un *pretexto, cita, fragmento* que se sustrae de una historia diferente que podríamos elucubrar. Los hombres y mujeres son materia a inscribirse, a leerse, a decirse sobre ellos sin su permiso. La escritura de Rodríguez Juliá lleva a sus últimas consecuencias el acto de aquel pobre fotógrafo de feria que colocaba la foto de su cliente anónimo en la casilla de la plaza para que todos lo miraran. La imagen perdida y anónima la captura el cronista *domesticándola para sus propósitos*, escribiendo la historia de su imagen. Aprovechándose de esa ausencia, *de esa falta de historia*, la imagen se convierte en corroboración de su texto, de su tesis. *La foto adquiere carácter de cita; son fragmentos del otro desprendidos de un todo. Pero son el todo del autor.*

Es este un texto interrumpido por las imágenes y de imágenes interrumpidas por un texto. La historia se cuela entre los resquicios de la interrupción que es cada retrato, explicando y convirtiendo en objeto de conocimiento la imagen, tornando el tramado interrumpido en escritura. Al organizar su mirada, y en virtud de su interpretación, Rodríguez Juliá se convierte en *el fotógrafo de una foto ya tomada*: doble nostalgia de la selección y de la construcción de la imagen. Su vulnerabilidad estriba en someterse a su vez, por virtud de su texto, a nuestra lectura. Nosotros leemos la interpretación, la pose y la ubicación que para nosotros él asume. Su gesto más obvio es colocarse en la mira de los lectores, quienes, mediante un pacto mimético, heredan la postura de leer las fotos. Se trata de una escritura que intenta construir su autorretrato (su autoridad). El resto es texto narrado. Más ficción que historia. Y aquí un paréntesis. En la variante de novela histórica creada por Rodríguez Juliá no está presente el aliento documentista contenido en las novelas de Alejo Carpentier, Marguerite Yourcenar, Thornton Wilder o Hermann Broch. No existe en este caribeño vocación por apegarse a la historia desde los documentos o de construirla a partir de legajos verosímiles susceptibles de insertarse en la historia real. Aquí no hay vocación mimética, y el viejo pacto entre la novela realista y el lector se desplaza hacia la elaboración ficticia, a través de los historiadores apócrifos y los cronistas picarescos que parodian la historia, en lugar de venerarla. *Puertorriqueños* es, sobre todo, más ficción que historia. Es también una iconografía general con visos de antropología cultural de nuestra nacionalidad y es el intento de configurar o reconstruir la memoria histórica a partir de la memoria visual. En suma, el texto confirma el destino público, casi catártico, de toda imagen, el aura de muerte que las rodea, el hecho de ser desvanecidas imágenes revividas tan sólo en virtud del decorado (el teatro de la memoria) provisto por la escritura de un melancólico cronista de nuestro tiempo.

La nostalgia que se cierne sobre la imagen, ¿es parte de la foto o la alojamos nosotros en la mirada? Esa nostalgia de la que es portadora cabal la foto nos remite a la muerte. La inserción misma de la foto en este álbum tiene visos fúnebres. Existe un carácter elegíaco en este libro. La desintegración, la ruina, el lamento, el monumento que se erige a partir del acto de la rememoración es una estructura reiterativa en la mirada de Rodríguez Juliá. En la foto reposa el vestigio de lo desaparecido, las parejas perdidas, los niños que dejaron de serlo, los soldados que murieron, las ceremonias de la fertilidad, los desfiles festivos tornados en comparsa y desilusión, la sonrisa de inocencia o ingenuidad, el gesto de confianza en un futuro que no es. La desilusión no resulta exclusivamente por razón del tiempo transcurrido, sino del tiempo que no se cumple, que no florece como debe. Lo ilustra en *Las tribulaciones...* el hecho de que la iconografía de Muñoz se inicie con una foto ajena de un dignatario extranjero, Tito. El propósito de esa lectura es reconocer la ausencia; específicamente, la ausencia de un Estado formado, públicamente visible durante el entierro de Muñoz. Porque "el jefe es una variante de la familia", Muñoz es el padre y no el jefe de Estado. En *El entierro de Cortijo*, la muchedumbre no acierta a expresar el sentimiento como debe en ocasión tan solemne: "Asusta ver en este pueblo el desmadre, la confusión en el comportamiento, esa inclinación a no asumir la conducta debida a la ocasión que nos ocupa".[40] Hay también algo perdido en esos gestos que no cuajan como desea el autor. Atañe a la tradición, la tradición luctuosa en este caso: "Vivimos la época de las intenciones fantasmales y los gestos insepultos, la tradición estalla en mil pedazos conflictivos, ¿cómo conciliar tanto extravío con tanta ternura?".[41] Y en *Puertorriqueños*, el "extravío" se manifiesta en el proceso de destrucción de la familia cuya historia intenta tejer Rodríguez Juliá *en un álbum que,*

---

[40] *El entierro de Cortijo*, p. 86.

[41] *Ibid.*, p.96.

paradójicamente, se le descose entre los dedos. "La familia contiene la semilla de la ruptura", dice.[42] ¿Cómo la leo? La sociedad puertorriqueña, que no se fragua materialmente como Estado, invoca para su subsistencia el melodramón patético de la familia, en cuyo seno se privilegian los valores ancestrales, autoritarios y tradicionales que ella conlleva. El autor reconoce la fragilidad de la institución, advierte su disolución,[43] pero propone su rescate, aun reconociendo que es una tarea imposible. La marca de este diálogo existente entre los tres libros se convoca al finalizar *Puertorriqueños*: el autor pone en boca de otro su viejo sueño y su nuevo mito; el *soñador que busca la utopía en la novela cede, observa el entorno demasiado real y asume la postura del consuelo* en una mirada que habla del pragmatismo parasitario de las nuevas generaciones. En otras ocasiones pone a operar el discurso del "derecho a la familia", o a la procreación puesto a operar, a nuestro modo de ver, descolocadamente en un contexto de pseudorresistencia. Ese intento frustrado de comunidad, cercano a la resignación, cierra el libro y cerca a su vez la ominosa amenaza de la transformación que entonces se detiene artificialmente con la postura compasiva y el alegato a favor de la familia. La modernidad lucha con el afecto, pero con la conciencia de que el pasado se ha convertido en nostalgia, en anhelo a no ser satisfecho. El texto así, contradictoriamente, testimonia la disolución de la familia, pero el álbum (su evocadora imagen de integración) le provee de una falsa imagen de unidad. Su signo más cierto, en ese sentido, es *la foto mutilada.*

Cuando se describe la ceremonia fúnebre se reflexiona en la muerte. La escritura es su monumento. Así como el templo griego se deja inscribir por la temporalidad en el célebre ensayo de Martin Heidegger,[44] exhibiéndose y exponiéndose a la muerte, así

---

[42] *Puertorriqueños*, p. 79.

[43] "...a ver si recuperamos la semilla de una convivencia irremediablemente perdida", *Puertorriqueños*, p. 171.

[44] "El origen de la obra de arte". En *Sendas perdidas* (Buenos Aires: Losada, 1969),

también la foto evidencia precisamente lo que ya no es, lo que el autor puertorriqueño llama "la ruina de la memoria". Lo que expone la foto no es el presente perdido, sino aquello en lo que puede convertirse en el transcurso del tiempo, su posibilidad de convertirse en ruina.

La mirada que lanza el cronista, el narrador, el ensayista, se vincula a la muerte. Es la mirada mórbida que descubre, elucida y muestra la faz del suceso fúnebre, la muerte: "A pesar de la inclinación a la mirada lateral, aquí me obligo a permanecer mirando el rostro de la muerte. Como no hay fuerte evocación personal o terrible desgarramiento emocional, mirar el rostro de un muerto famoso es ejercicio ideal para mi espíritu atribulado con la catástrofe de la muerte. Cortijo es, con excepción de Albizu Campos, el muerto que más he mirado. Doña Inés me prohibió mirar a Muñoz Marín".[45] Es ese cadáver exquisito el que habla de la vida. En el proceso de elucidación y significación de una figura o en el despliegue de un álbum se descubre el cadáver del político o del músico de la familia. El proceso de descubrimiento cifra en la muerte la percepción y cognición absolutas. El discurso sobre lo nacional se vincula, como en Albizu[46] y Marqués, con el *memento mori*, con la reflexión luctuosa ante un sarcófago:

> Lo que oculta y envuelve el telón de noche sobre la verdad, es paradójicamente la vida; y la muerte, por el contrario, abre para la luz del día el negro cofre de los cuerpos: oscura vida, muerte limpia, los más antiguos valores imaginarios del mundo occidental se cruzan allí en extraño contrasentido.[47]

---

pp. 13-67. Véanse las reflexiones de Ianni Vattimo sobre el mismo ensayo en *El fin de la modernidad. Nihilismo y hermenéutica en la cultura posmoderna* (México: Gedisa, 1986).

[45] *El entierro de Cortijo*, p. 26.

[46] Véase en este mismo volumen mi ensayo "La imaginería nacionalista: de la historia al relato", donde ofrezco una lectura de los discursos de Pedro Albizu Campos y varios narradores puertorriqueños.

[47] *El nacimiento de la clínica*. Michel Foucault (México: Siglo XXI, 1966), p. 236.

4. La réplica de la representación: iconografía de Rodríguez Juliá

> *Yo creo que la maravilla del poema es que llega a crear un cuerpo.*
>
> José Lezama Lima

Puertorriqueños exhibe la disolución de una de nuestras entidades sociales: la familia. Ciertas estructuras y motivos textuales lo subrayan: variaciones, palimpsestos, retazos, mutilaciones, esquemas, enumeraciones. Se representa aquí la ruptura de la continuidad de la familia. Paralelamente, se presenta la conciencia de las muertes sucesivas del hablante. Desplegar esas fotos conlleva toparse con la paulatina erosión del yo, con su ruina. Este álbum es un amago de autobiografía y posee visos fúnebres. En la tercera crónica mortuoria de nuestro autor el cadáver que se expone es el de la familia.

El centro del libro es la lectura de la imagen propia, de los propios ojos, los únicos que desean verse: los de la infancia y la temprana adolescencia. Su núcleo es una indagación en la imagen erosionada por el tiempo, la destrucción de la inocencia y la ingenuidad, la elegía que construye también sobre sí mismo. El autor se contempla como fotógrafo, cronista, arqueólogo, todas ellas actividades o prácticas orientadas a capturar el tiempo. Se identifica con las figuras clave patriarcales; a veces parecería emularlas. Lo advertimos en la buscada coincidencia entre la pose suya de pelotero a los nueve y la de Kafka como "hacendado criollo"; en el abuelo negro Martín Cepeda ("el abuelo negro de todos nosotros"), figura de la marginación; en el padre al que se acerca en la cronología fotográfica y en la narrada; en el primo mayor con su presea de "masculinidad" en el perfil, el porte y la sonrisa; en el antepasado literario Ramón Juliá Marín, también cronista; en el Albizu compañero de juegos situado como en las fotos infantiles del autor en un pasillo abierto a la luz y, finalmente, en Luis Muñoz Marín, cuya imagen sigue cautivando su mirada entre fascinada y compasiva.

Las fotos infantiles son leídas justamente porque el autor dejó de ser un niño. El adulto juzga su imagen remota desde el presente y aquel niño es irremediablemente un "él" embargado por la tristeza del que hoy lo lee. La lectura de Rodríguez Juliá no puede dejar de infligir una doble violencia: hay un arropamiento de la imagen por la lectura. La escenografía del estudio fotográfico es hoy teatro de la memoria para quien entonces lo juzgaría espacio mágico. Las expectativas pasadas se degradan y se convierten en ilusión, el niño será página a inscribirse. Pero hoy el niño de ayer escribe y juzga. El comentario es la nostalgia, la pérdida del aura, la idea de irrealidad. A la imagen se suma la anécdota autobiográfica que corrobora el sentido. A la imagen infantil se suma el *memento mori* donde se construyen los orígenes de su imaginación novelística, las abuelas al estilo garcimarquiano y los abuelos investidos de cierto grado de insatisfacción, de vida echada a perder, aceptada parcamente en una especie de agónico estoicismo. Asistimos, además, al desarrollo de su vocación voyeurística y solitaria. Su emblema: un remedo de circo,[48] donde se intersecan los dominios de la imaginación y de la muerte. Su análogo: el solitario de leontina en la estrella. La fantasía, espacio soslayado en las crónicas del autor, está atada al riesgo y a la muerte. Es ese solitario que domina desde la posibilidad del abismo su derecho a la vida o a la muerte el doble de un autor que, confeso, le rinde admiración y tributo.

Entre todas las fotos del autor parecería privilegiar éste su foto de los cinco años, foto fronteriza donde la ruptura, según él, "el quebrantamiento de la inocencia" parecería vislumbrarse. Los apuntes más sobresalientes de Rodríguez Juliá ante su propia imagen son los siguientes: l) aparenta estar transcurriendo, preserva el aura, 2) exhibe la indecisión del gesto entre la timidez y la curiosidad, 3) es verdad, reverso de la cursilería de otras fotos y 4) es un "mapa de tristeza". La visión del autor padece —o disfruta— de la misma posición de Campeche respecto a Ustáriz:

---

[48] Me refiero a las fiestas patronales.

"hay un arropamiento de la personalidad resultante de la gesticulación del pintor".[49] El narrador, nostálgico de una inocencia perdida, en su desasosiego, no puede más que leer la fragilidad del niño que fue. El autor nos fuerza a posar los ojos sobre ese niño, pero mi lectura es otra.

Esta es la foto donde más claramente se manifiesta su incipiente personalidad gracias a la proximidad de la cámara, la falta de escenografía, la ausencia de disfraz y las inclinaciones espontáneas y naturales del cuerpo. La foto se deshace de referencias culturales. Doy fe de mi imagen. El telón de fondo es un espacio en blanco por virtud del cual sobresalen los tonos oscuros del atuendo infantil. El contraste entre la claridad y la sombra nos conduce al Otro: la cámara fuera de foco, la inserción de una mano que fue asida en primer plano. El niño guarda el rastro, la huella del vínculo en su mano derecha, ahuecada para evocar la otra, que ya es blanco sobre blanco. El devenir, el juego del tiempo, se revela en esta casi superposición, casi lejanía, entre una mano que ase y otra que recién se desprende. El brazo despegado del propio cuerpo da fe de su dependencia, de la fragilidad del niño que por primera vez se enfrenta a la cámara. Aquí no hay ensayo, sino indagación. El niño no posa, su cuerpo porta la inclinación a que lo condujo el desasimiento. Hay cierto fervor en la mirada que se define mirada porque indaga. Es la perseverancia que se consolida en las piernas rectas, fijadas por unos zapatos que adivinamos. Los ojos se imantan al fotógrafo, al lector, a su posible yo, al entusiasmo a que lo conduce su sosegada curiosidad. Hay cierta inclinación del cuerpo hacia atrás y hacia el lateral derecho que testimonia su presteza, su grado de disposición, su vitalidad que aún no se atreve a ser. Pero esto lo contiene el cuerpo; no la mirada. La inclinación hacia adelante, abajo de la cabeza, más parecería ser indicio de una urgencia de protección o de una búsqueda del mejor ángulo para poder mirar.

No me parece que esta foto testimonie soledad. Carece de

---

[49] *Campeche o los diablejos de la melancolía*, pp. 15-17.

fondo, de emblemas, de ornamento; es cierto. Pero esa ausencia no incide en la personalidad del niño en mi lectura, como tampoco leo el "mapa de tristeza" tan onerosamente presente en la verbalización que de la imagen fragua el autor, para quien en el abandono del brazo de la mujer se cifra el origen de la perplejidad del niño. Para el autor, el niño ha sido desamparado, momento en que la foto es tomada, posibilitando los titubeos en la mirada entre tímida y curiosa del niño. La foto de los cinco años se sitúa entre la ingenuidad de la de dos y la actuación de la foto de nueve. Si una es cifra de la inconciencia gozosa, del *divertimento* intrascendente, la otra es el paradigma de la autosuficiencia teatral, de la mentira doblemente pervertida creada por un lente. La cuadratura del cuerpo, la ropa impecablemente limpia y la escurridiza mirada lateral son también muestras de la fragilidad que contiene ese momento de excepción.

Es indudable que Edgardo Rodríguez Juliá utiliza la foto para fraguar su imagen y sus historias posibles; buscándose y desencontrándose entre las imágenes que de sí mismo barajea en el tiempo. Entramos en el dominio de la autolegitimación de la figura autorística, elevada la vida personal a modelo, a emblema colectivo. Si la obra cronística previa de Rodríguez Juliá accede a leerse como una autobiografía fragmentada, en este libro —proyecto que aspira a ser más totalizador— la suma de los fragmentos no intenta ofrecer una imagen unificada y unívoca. Caemos en un equívoco más, porque el proceso de transformación que elabora el tiempo no ha sido sellado aún con la muerte. El cronista niega su imagen en la continuidad; su autoexamen se detiene en el umbral de la adolescencia. También las fotos del álbum. En los cincuenta, la generación de escritores que hoy conocemos como la generación de los setenta, comenzaba a descubrir otro mundo. Rodríguez Juliá acierta a identificar algunos de los procesos estabilizadores y desintegradores de ese momento histórico y biográfico: Muñoz, los sorteos de la Farm Security, la emigración a Nueva York, el desplazamiento a una urbanización como signo de movilidad social, el discurso nacionalista tomado como sustrato, la irrupción del reclamo feminista, los nuevos nombres anglificados de los puertorriqueños. Una vez más irrumpe la llamada fúnebre: el derrumbe de la memoria tradicional por virtud de la movilidad y el desarraigo. En esa historia más reciente que también cuenta Rodríguez, el recuento de esa historia ajena bloquea el paso a la historia personal. Hay un distanciamiento —acaso un extrañamiento agazapado— que parecería testificar un rechazo, como si su propia vida no pudiera insertarse en la debacle y el desorden que narra. Entonces, el libro altera su mira y ya empieza a ser la paradojal autobiografía del otro. Pero su ontología está carcomida por la incertidumbre, y, su ambigüedad, por el desasosiego.

Coda

Existe un vínculo sutil entre la foto de los cinco años del autor y la pintura de Campeche sobre el niño Avilés. El torso un tanto torcido que aproxima el hombro derecho, la inclinación hacia el frente de la cara, cierto parecido de las facciones; los ojos, elocuentes pozos de divagación. La lectura, investidura del autor, aproxima más al Avilés con el niño de cinco años. Rodríguez Juliá denuncia un rasgo común: si él era a los cinco años un "mapa de tristeza", pero de elocuente verdad, el Avilés es una "metáfora del sufrimiento".[50] En primera instancia, el análisis sobre el Avilés se desvía hacia la deformación física. Según el autor, Campeche impregna de tristeza el pincel e infunde en el niño su visión del pueblo. El Avilés es elevado a paradigma en la lectura de Rodríguez Juliá. En segundo lugar, persiste la misma mirada. La mirada dolorosa del niño Avilés rebasa la limitación de su cuerpo. Es una inocencia dolida por los límites físicos; su única libertad posible es expresar el dolor mediante la mirada que interroga. *Es esa mirada que es vehículo de insatisfacción, mas no de rebelión, la única utopía posible del pueblo puertorriqueño, en la visión de Rodríguez Juliá.*

---

[50] *Ibid.*, p. 118.

Otros elementos en esa lectura aúnan inconscientemente el retrato del autor a los cinco años y el del Avilés: la necesidad que denota la ausencia de miembros en uno es paralelo en el otro al "sentido de desamparo". De otra parte, el transcurso del tiempo en el retrato del niño se expresa como duración del sufrir, mientras que en el Avilés está sufriendo. Allá el brazo denota el momento previo a la separación. Uno es metáfora del sufrimiento y de la necesidad; el otro es un mapa de tristeza. Sin quererlo, el autor ha hermanado dos imágenes y ha creado un cuerpo.

5. Lo criollo: melancolía y nostalgia

...Ya no mirar a los ojos ni mirarse en los ojos, sino atravesarlos a nado, cerrar los ojos y convertir el propio cuerpo en un rayo de luz que se mueve a una velocidad cada vez mayor.

Gilles Deleuze

El autorretrato de Campeche y su versión melancólica. La pintura de Rodón sobre Muñoz. La lectura de la imagen del niño de cinco años por el de treinta y cinco. El niño Avilés. Sucesivos enfrentamientos consigo mismo. Si existe una constante en la mirada de Rodríguez Juliá es la lectura dirigida a identificar un síntoma, la mirada que indaga los signos de una enfermedad, diagnostica y nombra, identifica y reduce.

Hay un planteamiento sobre la identidad nacional cuyo principio hallamos en *Campeche*. Cristaliza en el niño Avilés, representación del sufrimiento, el cautiverio en carne propia. En la *summa* que es *La crónica de Nueva Venecia*, ¿quién será el Avilés? En *Campeche*, lo criollo es siempre signo de tristeza, invalidez o resentimiento. Así también se juzga nuestro "rococó aminiaturado",[51] la ambivalencia entre ser y no ser,[52] el destino histórico que "acata el militarismo".[53] Nuestra literatura se halla obsedida por el

---

[51] *Ibid.*, p. 81.

[52] *Ibid.*, p. 51.

[53] *Ibid.*, p. 35.

afán de adjetivar el ser nacional. Breve y, a la vez, vasto repertorio son *Los infortunios de Alonso Ramírez*, la "docilidad" en René
Marqués, y, en la obra de Rodríguez Juliá, el campo semántico
de las tribulaciones, las renuncias y las melancolías es prolífico.
La iteración es clave. Don Valentín en *Campeche...* es el signo de
lo criollo, la tristeza que denota una utopía. La otra tristeza proviene de la ausencia de legitimidad, de "la presencia del desasosiego" por "querer validarse socialmente". Lo planteado por el
autor, en lo que respecta al retrato individual del Sr. Valentín, se
eleva a categoría colectiva:

> En Valentín hay un desamparo, una desnudez que no está presen-
> te en los otros personajes. Ello es así porque don Valentín no está
> protegido por la coraza de la emblemática; aún no ha logrado
> adaptarse a la plena significación de la misma. Esa desnudez se
> manifiesta en una conmovedora tristeza, en una soledad eviden-
> te. Es la tristeza y soledad del criollo, el desamparo de un mundo
> incipiente, la indefinición del propio ser, el reconocimiento de ese
> ser como proyecto.[54]

Y además:

> En Campeche la tristeza del pincel emana del desasosiego del
> mulato que desea integrarse a la élite mulata, su realismo surge de
> su mirada de desclasado criollo que mira a otro con el cual com-
> pite.[55]

También es "homenaje a la tristeza" el óleo de Rodón en *Las
tribulaciones de Jonás*. La fotografía de este libro y la visión en el
lienzo de Rodón se complementan. Y, en parte, lo que el libro
recuenta es el episodio en que la persona real se enfrenta a su fi-
guración por otro. Si es importante el momento de la develación
del óleo es porque Muñoz —el protagonista o antagonista de la
historia hasta ese momento— se mira en los ojos de Rodón y descubre la visión de su transfiguración, de su quebrantamiento, de

---

[54] *Ibid.*, p. 54.
[55] *Ibid.*, p. 52.

su disolución, de su propia desilusión. Halla su figura borrándose, desintegrándose, saliendo de la órbita de los acontecimientos. De esta foto señala Rodríguez Juliá: "en la mirada hay una serenidad que surge de la confrontación de la verdadera tristeza con su propia alegoría".[56]

En *Campeche o los diablejos de la melancolía* se va insinuando nuestro perfil psicológico. Si la tesis de *Las tribulaciones de Jonás* es la ausencia de Estado, la de *Puertorriqueños* es la sustitución del Estado por la familia. El utopista fracasa y encuentra su consuelo. Rosendo Matienzo Cintrón, Barbosa, De Diego, Albizu Campos, proponen a la familia como irradiadora de unidad. Rodríguez Juliá propone la descripción de sus diversas caras y las expone en los libros sobre Muñoz, Cortijo y en *Puertorriqueños*. Instancias de esa familia son el electorado, el pueblo negro, la clase media y la clase pobre. El pueblo, pero la entidad "pueblo" es un término escurridizo, por no decir, indefinido en el discurso de Rodríguez Juliá. Respecto a la clase media, posee múltiples caras, pero en *Puertorriqueños* el ilusionismo de la forma "álbum" conmina a pensar en una coherencia dable. Prestidigitador. Si en Brau la escuela era espacio de armonía y la familia se postula como fuente de concordia entre las clases,[57] en *Puertorriqueños*, el álbum aúna imágenes, más que reales, invocatorias de esa unidad. *El álbum busca al lector que posea una mirada integradora.* En Brau, la concordia abole la insurrección; en Rodríguez Juliá, la historia es producto de las adecuaciones sociales a la beneficencia pública, el pacto maléfico entre la preservación de la ternura y la sobrevivencia que se torna oportunismo. Ya lo intuía Nemesio Canales en "Paso a la maña". "Carecemos de insurrecciones o gestos libertarios porque no hay Estado y la fórmula militarista fue desechada desde el dieciocho", señala el autor. El mejor signo de esta "adecuación" o de este pacto lo ofrece uno de los ca-

---

[56] *Las tribulaciones de Jonás*, p. 101.

[57] Véase, por ejemplo, el libro de Ángel G. Quintero Rivera, *Patricios y plebeyos: burgueses, hacendados, artesanos y obreros* (Río Piedras: Editorial Huracán, 1988), pp. 189-279.

pítulos de *Puertorriqueños*, donde resalta la suma de registros lingüísticos de los nombres provenientes de dos lenguas distintas, el español y el inglés, como suma de la contradicción.

En *Puertorriqueños* se expone la paradojal ruptura de una institución, de sus transformaciones en el tiempo. El escritor da fe de una ruptura, pero le impone a esa mirada que, sin saberlo, ha descubierto un cadáver, un ideario ético casi religioso. La voz autorística hace un reconocimiento del estado de la familia, pero el matiz nostálgico le impone a su escritura, a su mirada, un elemento reconstituyente, le asigna una ética. Su lamento proviene de la pérdida del objeto al que posteriormente inviste con un aura. Su escritura denota una pugna: imposibilidad de articular el cuestionamiento de un ser admirado (Muñoz), e imposibilidad de articular la existencia de varios yoes en sucesión. Hay un reconocimiento de una personalidad nacional transformada por el tiempo en *Puertorriqueños*, hay un reconocimiento de la semilla de ruptura que hay en la familia. Sin embargo, a esta entidad se le quiere dotar una cara unívoca que autentique su fuerza, su estabilidad, su "verdad". La escritura traiciona el proyecto porque no existe una imagen unívoca de ese rostro a lo largo del álbum.

En esta escritura no hay lugar para el reconocimiento del pánico: "Nombre que un conocimiento prodigiosamente extendido da a su propio límite, a lo desconocido que revela y encuentra en su avance a todo lo ignorado que hace aparecer el progreso de una ciencia".[58] Pese a la insistencia en la figura autorística, no hay en ella reconocimiento del límite, de lo que no puede ser verbalizable, de la otredad. Intenta anudar su tesis sobre el ser nacional recurriendo al imperativo ético. La otredad que anuncia en sus obras se deposita en dos figuras. Instancia de ese otro es, en *Campeche o los diablejos de la melancolía*, la lectura de María de los Dolores Martínez de Carvajal, hija de don Valentín, y en *Puertorriqueños*, el marginado de leontina en la estrella. Sobre María produce una contradictoria lectura que lee "una gracia abortada

---

[58] *La escritura de la historia*, de Michel de Certeau, p. 57.

por el recato".[59] En la escritura, el producto es la mirada investida de una sensualidad que se resuelve como tristeza en manos del pincel de Campeche. En la lectura hecha por Rodríguez Juliá, parecería que la hija es heredera del padre en su indefinición; es la sensualidad prendida de la indefinición del ser:

> El ademán está demasiado unido a la sensualidad agazapada, a ese erotismo velado. La melancolía se instala como expresión de la tristeza ante el tiempo. Y esa tristeza brota precisamente porque hay en el gesto un acabamiento continuo; un esfuerzo ansioso por asirse del tiempo.[60]

No se desata (libera) (define) la lectura que oscila entre el reconocimiento de la sensualidad vibrante y el gesto que no se define. Rodríguez Juliá la resuelve atándola a su destino (¿?), casándola con Francisco Mechtler. Doña María ha hechizado a su contemplador, quien al no poder reducirla a paradigma, crea su historia. *La fuga es la narración*: "Los débiles crujidos del primer tálamo por fin se han convertido en sonoro furor nocturno".[61] Se quiebra la mirada ante la contemplación de doña María de los Dolores Martínez y en la escritura se salva la diferencia al saltar del discurso descriptivo al fictivo; hay una *fisura del sentido* y del entramado textual que *hace crisis en la lectura de la mujer* y en la posición que ésta ocupa a lo largo de toda su obra. La mujer se le escapa, no es legible sino en una dimensión puramente erotizada y exótica; es un otro que es salvaje, como en la mirada palesiana: Iris Chacón, la reina Africana, incluso doña Inés, la viuda de Muñoz. El ojo halla su trampa y se cierra.

Otra instancia del otro, en *Puertorriqueños*, es el marginado vestido con leontina en la estrella. En una lectura se anuncia la inestabilidad de la lectura, en la otra, se cierra sobre su enigma, casi se reconoce y se niega a autoexplorarse. Un ejemplo es doña

---

[59] *Campeche o los diablejos de la melancolía*, p. 83.

[60] *Ibid.*, p. 85.

[61] *Ibid.*, p. 89.

María de los Dolores y el otro es el hombre vestido de leontina. *El silencio invade su escritura*. Si, en una, la palabra signa, nombra lo inidentificable porque no es accesible a su conocimiento, en la otra no hay palabra, calla. Ante la posibilidad de "lo maravilloso" se detiene. El solitario se inserta en un mundo que traspone la realidad cotidiana con el artilugio de la fantasía y establece una misteriosa alianza con el mundo utópico de la noche oscura:

> Aquellos seres eran casi fantasmas, apenas pertenecían a la realidad del aburrimiento cotidiano, asentían a este mundo sólo para vencer un poco la tristeza permanente de su limbo aterrador. Aquellos administradores de la diversión patronal eran embajadores de alguna ciudad suspendida en *las quimbambas*.[62]

La figura del solitario de leontina y la del niño que lo observa pueden leerse como dos extraviados en el universo narrativo del autor. Ocupan en su imaginación el espacio de la ensoñación absoluta:

> Entonces me levantaba para mirar por la persiana la caída de alguna varilla, el corre y corre para retenerla cual trofeo. Los gritos de pelea se sucedían cada media hora. Pero aquella histeria encontraba su mejor definición cuando espiaba, a través de las persianas que daban a la estrella, aquel solitario sentado a sus anchas en el más alto asiento de la rueda, su leontina puesta a la brisa nocturna, los zapatos two-tone plantados con una severidad plomiza, aquellos brazos extendidos sobre el espaldar bamboleante. Todas las noches permanecía en aquel asiento; adicto al frenesí circular de la estrella, jamás se mareaba, era el custodio de un placer solitario cuyas claves sólo él entendía. Aún perpleja ante la muerte, mi fantasía se esforzaba por comprender su parentesco con el tiempo anterior al vientre.[63]

Rezuma una imposición ética, el cierre que aspira al regreso, al origen, la solución tradicional de que la unidad nacional descansa

---

[62] *Puertorriqueños*, p. 118.

[63] *Ibid.*, p. 119.

sobre la familia, *remedo patriarcal y autoritario.* Rodríguez Juliá se niega a dejar irresuelto al otro, a reconocer su fragmentación (en la familia, el yo o los gestos que no entiende), pues le ha impuesto una tesis a su mirada. El enigma que es el otro es resuelto en esa *contemplación fija que abole el futuro.* Las interrogantes, ambivalencias e incertidumbres del narrador las devora la forma misma de la mirada. Regresar a la familia es ansiar el discurso del consenso. De ahí que la misma retórica enjuiciadora y evaluativa que signó su producción previa carcoman los enigmas sucesivos que se cuelan en su obra posterior. Rodríguez Juliá no titubeará en localizar los enigmas, las interrogantes, los núcleos de problematización; pero ya su mirada explicita su respuesta, va construyendo un cuadro de su mirada. Expuesto a la luz, miramos la obra, vemos en primer plano un retrato y bajo ese rostro va trasluciendo un segundo rostro. El anzuelo es el otro, pero nos abismamos en el yo. El intento es llegar al otro, o más bien, describirlo, pero la mirada domestica, reduce racionalmente el hallazgo y el discurso resulta ser intensamente prescriptivo. La escritura de Rodríguez Juliá renuncia al pánico; sometida su mirada, la fantasía se convierte en docilidad, y en el recurso a la tradición arriba al discurso legitimador.

El gesto no comprendido (la pintura de doña María), el acto que no acierta a descifrar (el pasaje alusivo a las fiestas patronales y el personaje del solitario de leontina), son los resquicios por donde huye el pánico. Como en "La lección de escritura" de Lévi-Strauss, la palabra no comprendida carece de escritura. Si en las novelas, el protagonizador del otro es un visionario o un loco, el otro de las crónicas es el pueblo. De ambos se distancia la figura autorística concibiéndolos como entes enigmáticos. La escritura pretende haber desentrañado su misterio, que, en el acaecer de los hechos, se cifra en el fracaso (Muñoz) o en el proceso hacia la disolución o el desorden (la familia, aborto de Estado, el caos de los entierros). Pese a las lecturas que de sí mismo hace, el descifrador no puede verse, es su punto ciego. Un ejemplo es la lectura de su propia foto, lectura que se detiene en la foto infantil.

La autocontemplación está vedada, sus ojos vendados; reconoce parcialmente su impotencia al desear abismarse en el mismo balanceo del solitario de leontina, el no enunciado, el exiliado (del Poder).

Pero, ¿qué es lo visible? ¿En virtud de qué luz se manifiesta? ¿O vertido por cuáles palabras? La cámara capta la figura, pero su línea de fuga es un largo pasillo abierto a la luz donde no vislumbramos nada o todo lo sabemos.

HEBRAS

APUNTES DE UN CRONISTA:
LA LLEGADA[1]

Hace ya tiempo que José Luis González ataca, con la sagaz arrogancia que lo caracteriza, el fustigado género novelístico. La linearidad cronológica, la nitidez con que cuenta una historia, la riqueza interior de los personajes, han dejado de ser elementos imprescindibles, evidencia del arte del "buen narrar". Todo lo contrario. Hoy día se intenta lidiar justamente con lo perecedero, con la sutil magia que se desprende de los detalles cotidianos, con la fugaz pero persistente imagen que sólo es capaz de transmitir lo inesperado. Por eso, no es inaudito que al ataque teórico y sosegado que José Luis González lanzara contra las normas del género (recordemos su *Conversación con Arcadio Díaz Quiñones*, Río Piedras: Ediciones Huracán, p. 58), le siga su complemento: la novela *La llegada*.

A diferencia de otros escritores, el punto de partida de González no es el detalle grotesco o la fugaz sensación que pueda producir el consumo de un postre o el sonido de unas cucharas. Esta narración manifiesta una voluntad por asirse a hechos tangibles y concretos, intenta recrear una historia o, más bien, las diferentes y, a veces, contradictorias versiones (ficciones) que emanan del acontecer histórico como un hecho para interpretarse. Regreso, pues, al principio. La disconformidad del escritor ante un deslinde entre géneros fluye a un segundo nivel que atañe al contenido de su propia producción. La novela halla su riqueza y su debilidad en esa perpetua oscilación que rige sus páginas: el vaivén

---

[1] Publicado en *Reintegro de las artes y la cultura*. Puerto Rico. 1,3 (enero de 1981): 28-29.

entre el *discurso empírico de la historia* (y su pariente, la crónica) y el *discurso ficticio* o imaginario. Por un lado, el material fotográfico, la "neutral" relación de los hechos, el fragmento de Ernesto Cardenal que sirve de epígrafe a la obra, corroboran una vocación por la "verdad". El narrador desea recrear una etapa de nuestra historia nacional, agarrar sus raíces, sus razones radicales. Pero también esa recreación es transformación e invento delicado, injerto de raíces.

Tanto el poema citado de Ernesto Cardenal, como *La llegada* puntualizan el empeño de ambos escritores por escribir con la verdad entre los dedos (aunque a veces prefieran lijarla), a fin de evitar falsificaciones. La enemistad existente entre el cronista y el conde peninsular en el poema de Cardenal se expresa también en la crítica que hace González a una historia concebida como instrumento de domesticación. Por un lado, el esfuerzo de las instituciones oficiales reconocidas por enmendar y *velar* la historia con un ojo demoledor y, por otro, el objetivo del narrador al desnudar, es decir, al contar los incidentes ocurridos en el imaginario pueblo de Llano Verde dos semanas después de la invasión norteamericana. Ante la tergiversación de la historia y su interpretación pseudo-objetiva y unívoca de los hechos llevada a cabo por la historiografía oficial, el narrador omnisciente de *La llegada* intenta exponer —mediando el discurso ficticio— las perspectivas desde las que puede verse un mismo suceso. *La llegada* arranca de ese proyecto desmitificante: descubrir las versiones con que se ha plagado la historia puertorriqueña, aunque utilice para ello el método más inesperado: esa ambigua ficción, esa contaminada crónica que nos entrega. Así parece insinuarlo José Luis González en el subtítulo de la obra en el cual, a modo de aclaración o previa defensa, intenta clasificar su híbrida y poco ortodoxa amalgama, amago de ficción.

La obra se divide en trece capítulos, organizados en torno a diferentes personajes. En cada una de estas, digamos secuencias casi cinematográficas, se consigna la reacción ante los hechos desde diversas perspectivas de clase o de posición política. Escu-

chamos un coro mezclado de voces, formado por liberales, sepa-
ratistas, religiosos, prostitutas, negros, incondicionales y socialistas. Tanto este desfile de voces como el despliegue de varias técnicas narrativas sirven para recalcar la diversidad de posiciones
de quienes habitan en el pueblo.

El narrador, carente de emotividad visible, no nos presenta
una crónica más de la colonización española, sino la crónica
ficcionalizada de la "conquista" norteamericana de Puerto Rico,
que nada tiene de valerosa. Este no es un relato heroico donde se
alaban individualidades o se practican valorizaciones subjetivas.
La idealización topográfica, abundante en el *Diario* de Cristóbal
Colón, se rebate en esta tierra donde se sufre el calor agobiante
de un trópico sin exhuberancias fruteras y desprovisto ya de bri-
llos minerales. Tampoco se glorifican las hazañas bélicas de pe-
ninsulares o nativos. La exaltación imparcial de bandos opuestos
que hallamos en las *Cartas de relación* de Hernán Cortés, en *La
araucana*, o en la hermosa, pero timorata, elegía del inca Garcilaso
(me refiero a los *Comentarios reales*), está muy lejos de lo que describe esta crónica "con ficción" cuyo sujeto (aunque no víctima,
como apunta el neutral sustantivo del título) es un pueblo casi
anestesiado, cortés más que valiente.

Lo que sí enlaza a J.L. González con la crónica, entendida ésta
en su justo sentido, es el modo en que se funden los elementos
imaginarios y la reconstrucción histórica. Por primera vez en
nuestra narrativa se escoge la invasión norteamericana como protagonista del relato. Es en torno a este suceso donde se genera un
diálogo entre los personajes de la obra, y es a través de los comentarios y los pensamientos de la población como se reconstruye
una situación específica. Son los personajes de *La llegada* los que
directa o indirectamente hacen el análisis histórico. Aquí estriba
una de las fallas de la obra. El afán de esclarecimiento histórico
prevalece sobre la acción hasta el punto de que los personajes se
convierten en monigotes, visiblemente manipulados por un narrador que no logra interrelacionar los respectivos destinos de sus
monolíticos y apenas esbozados personajes. Su función en la

narración obedece a criterios de caracterización fundados exclusivamente en la posición política de los personajes, produciendo una amplia gama de éstos, mas padeciendo todos un maniqueísmo elemental. El hecho de que cada capítulo se dedique a un personaje diferente y el cambio constante de técnica producen una narración fragmentada, lenta, donde el mecanismo utilizado para crear suspenso (la pregunta implícita ¿Qué ocurrirá cuando lleguen las tropas?) resulta ser narrativamente ineficaz. La lentitud de la acción es aún más notable si consideramos la pasiva expectación de las personas que viven la historia y el hecho de que el narrador reduce al mínimo la acción externa de los personajes. Aunque esto quizás se deba a que el protagonista de la obra sea la futura llegada de los norteamericanos, ello no impide que esperemos mayor dinamismo en la acción, que los personajes sean interiormente ricos y la interrelación entre ellos (que se intenta fallidamente en el capítulo doce), verosímil. El intento de reconstrucción histórica a través de la novela descansa sobre una osamenta demasiado visible, demasiado desnuda, la construcción de la representatividad de los personajes, para que el texto pueda devenir, leerse o disfrutarse como ficción.

Los anónimos personajes, el derrotismo de los coroneles, el ambiente, son similares a la atmósfera creada por algunos de los poemas de *Canciones de la vida media*, de Luis Palés Matos. Porque, en mi opinión, los verdaderos habitantes de este pueblo son "los monstruos del hastío" sobre los que avanzan con cauteloso pero firme pie esas tropas norteamericanas, ese "tahur de oficio" que, sin proponérselo, revuelve "gentes honorables y mansas". En *La llegada* se recuenta el período que sucede a la ya desprestigiada conquista de ultramar por los norteamericanos. Se analiza y se describe el momento en que en Puerto Rico ocurre una fisura fundamental: el cambio de soberanía, generadora más de resignación y espera que de rabia y movimiento. Por eso los personajes no actúan, piensan. Se caracterizan por una actitud introspectiva, rumiadora, que no desemboca en acciones estremecedoras. La modificación del destino político insular, la sucesión de amos, se subraya a través de las prolijas polaridades operantes en la obra, tanto en el orden de los personajes como en el de los acontecimientos. Por ejemplo, en el pueblo coinciden las tropas españolas y las norteamericanas, unas con el propósito de habitarlo, las otras para salir de allí; en el pueblo de Llano Verde dos generaciones de negros reciben entusiasmados a los invasores. La actitud delatora y servicial ante ambos regímenes recalca la tesis de J.L. González en su libro *El país de cuatro pisos*, donde postula la marginación a que ha sido sometida la cultura afroantillana, y particularmente la población negra, por la sociedad puertorriqueña, marginación que los hace optar con esperanza por todo lo que prometa una modificación a sus ínfimas condiciones de vida. En términos generales, el vínculo mayor entre ambos libros radica en que demuestran, desde diversos ángulos, que la homogeneidad racial, social y cultural de Puerto Rico era y es un mito.

Otro de los temas que se desprende de la lectura de *La llegada* es el entreguismo de las clases propietarias del país. Sin embargo, la simbología utilizada por José Luis González es de lamentar. En el momento en que el coronel Mackintosh entra al pueblo en el penúltimo capítulo, especie de apoteosis donde confluyen todos los personajes de la obra, se descubren nítidamente los elementos humanos utilizados por el narrador para simbolizar una actitud ante el traspaso de poderes: la delación de los negros y la prostitución de las mujeres. Si bien en el capítulo once se elucidan las razones históricas que motivan el asimilismo negro, no ocurre lo mismo con otro símbolo repetidamente utilizado y el cual no se justifica narrativa ni históricamente en la novela. El traspaso del poder político, según la voz narrativa, lo dramatizan las mujeres. Tanto las prostitutas como las damas acaudaladas del país planifican recibir a las tropas desplegando sorpresiva y complacidamente ante ellas la bandera norteamericana. El objetivo de las prostitutas es extraer la bandera del pecho en el preciso momento en que se tropiecen con las tropas. Sin embargo, su espectáculo se frustra justamente antes, cuando la esposa del Dr. Martínez Coss y su hija, ataviadas con la sobria elegancia que las signa, despliegan y cuelgan la bandera extranjera desde el blanco balcón. Las palabras de Casiana confirman lo que ya se ha insinuado en la obra hasta ese momento: "Vámonos, niña, que de ahora en adelante habrá que ver quiénes semos las putas de este pueblo". La prostitución del pueblo no tenía que ejemplificarse a través de la prostitución del sexo femenino. Dadas las actitudes patriarcales de la sociedad puertorriqueña, y de la latinoamericana en general, se insiste en connotar negativamente todo lo referente a lo femenino. A través de esta obra, por ejemplo, las mujeres desempeñan ya sea un papel secundario de sumisas esposas o de marginadas o maledicentes prostitutas. Es inverosímil que en Llano Verde no habiten mujeres firmes con voz y estatura propias. J.L. González ha querido simbolizar el entreguismo político de la clase propietaria puertorriqueña identificándolo simbólicamente con la prostitución sexual de una meretriz. Pero el símbolo demuestra el visible machismo del escritor. El verdadero entreguismo radica en una clase social, constituida por hombres y mujeres conjuntamente: la actitud ignominiosa no es atributo exclusivo de aquéllas. Ni siquiera metafóricamente los símbolos literarios deben auspiciar y ratificar las discriminaciones que continuamente se ejercen contra la mujer. El conocimiento de nuestra historia, la recreación literaria de ésta, el cultivo de la poesía, de la novela, del cuento, del ensayo, deberían coadyuvar a la destrucción de falsas ideologías y posiciones, sean éstas políticas, étnicas o sexistas.

La llegada es la versión ficcionalizada de un período de nuestra historia y debería leerse conjuntamente con *El país de cuatro pisos*, que constituye su cara teórica. González, como escritor, ha deseado ubicar su obra en una zona ambigua al orientar su discurso hacia la historia y la ficción simultáneamente, por lo cual sería desacertado clasificar o juzgar su narración como simple novela. Sin embargo, es de rigor evaluarla como narración que es y, como tal, adolece de múltiples fallas respecto a la caracterización, además de sufrir frecuentes y excesivas disquisiciones históricas con las que se *describe*, no se *narra*, en el sentido luckacsiano del término. Por otro lado, se debió explorar más sostenidamente la voz irónica presente en las acotaciones entre paréntesis que advertimos intermitentemente en algunos capítulos. El empleo poco sistemático de la ironía a lo largo de la obra destaca aún más el desigual desarrollo de ésta. Detalles como los cólicos del coronel Mackintosh o el monólogo del cura párroco pudieron haberse elaborado de tal forma que desencadenasen, si no la carcajada estridente, al menos la sonrisa intermedia que causa la solemnidad de ocasión o el oportunismo servicial.

El valor de *La llegada* estriba en que nos hace cuestionar, al igual que al esclavo negro Quintín, en qué consiste ser puertorriqueño o puertorriqueña en el 1898 y qué implica el cambio de soberanía para nosotros. El negro, en aquel momento histórico, ocupaba el mismo lugar que el puertorriqueño consciente hoy día, y al igual que el puertorriqueño de hoy se pregunta qué es la libertad en nuestro contexto neocolonial. Así lo ejemplifica, creo yo, uno de los pasajes más reveladores de la obra, el cual deseo citar: "Por otra parte, la 'libertad' no vino a alterar la forma de su vida en lo esencial; y en eso precisamente pensaba ahora, mientras sentía con placer cómo los rayos cada vez más cálidos de sol evaporaban el agua con que se había mojado la cara y los pies. Era, se había dicho muchas veces, y se repetía ahora, como si 'todo' hubiese cambiado para que *todo* permaneciera igual. Porque, ¿qué seguía siendo él, a fin de cuentas, a los ojos de quienes en realidad eran los dueños de la vida en Llano Verde, sino el mero Quintín de siempre? ¿Qué verdadera diferencia había entre su vida actual y la del tiempo en que era esclavo?"

De nosotros, como lectores, depende la respuesta. La obra no aspira a falsas síntesis, a utópicas idealizaciones. Menos todavía exige una respuesta rápida, políticamente dogmática. Conmina, más bien, a que nos despojemos de todo sentimentalismo y nos enfrentemos con feroz amor a esta neutral crónica de la impotencia que nos describe José Luis González. ¿Tras cuál máscara, la del oportunismo, la de la resignación, la del hastío, nos ocultamos? *La llegada* presenta dos opciones, aunque inútiles ambas: el silencio expectante de los jíbaros y el calculado y retórico discurso del político. Esa narración impersonal reclama que nos situemos en el mismo plano en que se ubica la jibarada espectadora: mirando, comparando, sopesando, diversos puntos de vista. A nosotros nos toca juzgar ese multifacético paisaje, cuestionar, una vez más, y desde otros ángulos, qué es la puertorriqueñidad.

Historias de pasión[1]

Las primeras planas de los diarios de hace apenas tres semanas relataban —con sesgo deformado y atroz— del travesti que hallaron asesinado con una caja de fósforos y un billete en uno de los bolsillos de su falda, un lazo en la cabeza y un creyón de labios bajo su corpulento cuerpo. El drama tremebundo y las historias de crímenes macabros y bien planificados forman el marco de la mayoría de estos nuevos relatos de Ana Lydia Vega que muy bien podrían contarse rememorando los sones del "Pedro Navaja", de Rubén Blades.

La pasión detectivesca de los protagonistas de esta colección de cuentos (*Pasión de historia*) gira en torno a asesinatos no esclarecidos o a presuntos asesinatos. Los muertos (entre otros, Malén, la amante de Danilo o los históricos Bruckman y Bauren) callan. Mas en el silencio que circunda la figura de su muerte se teje una multiplicidad de versiones. En dos de sus cuentos, "Pasión de historia" y "Caso omiso", los personajes que relatan la posibilidad de que una historia truculenta los roce en su papel de simples testigos, se tornan, mediante un giro inesperado de la anécdota, en las víctimas reales o posibles de hechos sangrientos, tangibles y temibles. Sugiere así Ana Lydia Vega cómo la imaginación de algunos sectores del pueblo puertorriqueño ha duplicado mentalmente tales hechos atroces. Leer entonces *El Vocero*, ver películas de crimen y masacre o versiones trasnochadas de los cuentos góticos de Edgar Allan Poe constituye un ejercicio de

---

[1] *El Mundo, Puerto Rico Ilustrado*, 28 de febrero de 1988.

imaginación que podría teñir de rojo la neutral vida gris de muchos puertorriqueños.

En "Pasión de historia", una novelista en ciernes es acosada por una historia tremebunda: el asesinato de Malén por su ex amante, quien la descubre con otro hombre y, herido en su "hombría", la asesina. La escritora, Carola, es a su vez objeto de los asedios de un ligón riopedrense y, para escapar, acepta la invitación de su amiga Vilma para pasar las vacaciones en los Pirineos franceses. La amiga también es esclava de su imaginación: se dedica a elaborar el desenlace macabro de su fracaso matrimonial tomando a Carola de confidente. Tanto Vilma, en su papel de esposa despechada, como Carola en el rol de escritora, padecen —porque se lo impone la circunstancia en que viven— los giros que en su imaginación sufren las historias de pasión. En ellas acecha su pasión de historia y se lanzan a la búsqueda activa del criminal sin percibir que es a ellas a quienes acecha.

La *vuelta de tuerca* de "Pasión de historia" y de "Caso omiso" reside en el hecho de que la prolífica imaginación de las protagonistas es incapaz de prever su propia muerte. El crimen en "Caso omiso" no está donde se piensa y es el azar —no la imaginación teledirigida de Dalia— el que se ocupa de dar con su verdad. El personaje imagina una historia de crimen pasional, pero la imagina con el otro, no consigo. La actividad imaginativa de los personajes no les sirve para iluminar su propia situación, sino para imaginar melodramáticamente la otra, cometiendo el mayor error en que podría incurrir un detective: no poder evitar su propia muerte. Su imaginación no los salva, los enajena.

En "Tres aeróbicos para el amor" se conjugan lo erótico y lo aeróbico. Pero más que lo aeróbico, es su coreografía, los preparativos para hallar al otro, la hábil orquestación de la danza de la seducción, lo que substancia esta prosa. En "Una" trata de la *calistenia* cotidiana que provocará la mirada de El; en "Dos", el *pas de deux* erótico y en pirueta de los recuerdos de ambos, y en "Tres", la posibilidad de un humorístico matrimonio de tres. La figura del matrimonio de tres o el *ménage à trois* también se repite en "Pasión de historia" donde, además de los triángulos creados entre los diversos personajes, destaca el fatal triángulo en el cual Carola, la narradora, erigida en eje central del relato, es víctima de la ficción y de la posible realidad, es víctima entre la pasión de historia y la historia de pasión. En "Serie negra" asistimos a la versión humorística y necrófila de los ludismos con la muerte-amor, ya sea en la imposibilidad de ser viuda porque el muerto, como en *Doña Flor y sus dos maridos*, acecha, o en la visión del suicidio como espectáculo para una turba asesina.

En "Sobre héroes y tumbas (folletín de caballería boricua)" se invierte el título de la conocida obra de Ernesto Sábato para incidir en un tema que le sería afín: el espiritismo. Mas aquí se convocan otros como el nacionalismo, el ansia de relatar un fragmento de nuestra historia patria, la delación hecha por el traidor Francisco Quiñones, el Viejo. Tras una serie de cómicos y azarosos encontronazos, la pareja protagónica logra hallar la geografía buscada donde emplazan las tumbas de los héroes del Grito de Lares, Bruckman y Bauren, rescatándolos de la anonimia histórica. El cuento, además, aborda otra vertiente de la pasión de historia: la del historiador obsesionado con su tema. Por vía del comentario humorístico de "la historia cipaya de los administradores coloniales", el relato evoca la colección de *Encancaranublado*, especialmente "El tramo de la muda".

La exageración, el ritmo de la prosa, los cuentos de mujeres y sus diversas opresiones, la frase erótica y humorística, son algunas de las constantes que vinculan esta colección con *Vírgenes y Mártires* y *Encancaranublado*, las dos publicaciones anteriores de Ana Lydia Vega. Con "Pasión de historia", cuento por el cual Vega obtiene el Premio Juan Rulfo Internacional de 1984, se intenta aludir a nuestros apasionados mayores: los escritores y los historiadores. Y más aún al puertorriqueño de hoy, acosado por la prensa sensacionalista y la cotidianidad gris de la repetición. Enajenado de su entorno, no puede más que urdir sanguinaria-

mente la muerte ajena y alienarse de la propia, casi inminente.
Con ello Ana Lydia Vega explora otro de nuestros síndromes nacionales y vierte, en versión puertorriqueña, esta crónica de la otra
muerte, no anunciada.

Ana Lydia Vega.
Pasión de historia.
Buenos Aires: Ediciones La Flor, 1987.

La escritura: ¿masculina o femenina?[1]

Cuando en alguna de mis clases retaba a mis estudiantes a cuestionar qué percibían ellos por lo "femenino", el salón se convertía en un emocionante campo de batalla. Algunos recurrían al estereotipo consabido, y dejaban el mundo como era. Otros se erigían en defensores de los derechos de la mujer porque "el estereotipo acarreaba una injusticia a nivel práctico". Entre ambos polos se esfumaba el hechizo, y al cabo de cincuenta minutos, terminaba la clase. Afuera, el mundo continuaba.

Yo observaba cómo las mujeres, en su mayoría, callaban. El espacio demasiado visible del silencio era su estigma. Aquellas que opinaban eran asediadas de invitaciones (fácil presa liberacionista, ellos usaban su retórica para persuadirlas) o, por el contrario, eran rechazadas con un "es muy inteligente y ambigua". Este asedio formaba parte de la estrategia masculina y, sin quererlo, yo misma había creado un espacio que sometería a mis congéneres a simplemente emitir una respuesta, afirmativa o negativa, no importa. Lo que sí importaba era que ellas formularan las preguntas, que ellos nuevamente se movieran a la acción y que ellas fuesen la presa vulnerable de ese espacio apropiado.

"¡Cambiadme de sexo y desde los pies a la cabeza llenadme, haced que me desborde de la más implacable crueldad. Espesad mi sangre; cerrad en mí todo acceso, todo paso a la piedad, para que ningún escrúpulo turbe mi propósito feroz ni se interponga entre el deseo y el golpe!" Las palabras de Lady Macbeth evocan ese fantasma de la oposición que ha marcado a la humanidad desde sus orígenes: la diferencia sexual, y con ello el poder que se

---

[1] *El Mundo*, 16 de junio de 1985, p. 55.

atribuye (y posee) el sexo masculino. Su poder se registra en todas las áreas reconocidas del saber: la ciencia, el derecho, la psicología, la economía, la literatura, la política. Ser hombre, según Lady Macbeth, es poseer poder y, cuando éste halla obstáculos, ejercer la crueldad. Ante la imposibilidad de ejercer el poder desde el espacio asignado a su sexo, Lady Macbeth opta por la inversión y reclama para sí los instrumentos "naturales" que acompañan el cambio. Recurre con ello a una identificación común: hombre=poder; mujer=piedad.

El movimiento feminista se inició con la confirmación de estas oposiciones y promovió la igualdad a expensas de obviar las diferencias. En la escritura de algunas mujeres ocurre algo similar: ocultar el nombre propio y escoger un seudónimo masculino sirven para esquivar el prejuicio de la crítica contra su obra. Luchaban por obtener, no el poder, sino un espacio propio que posibilitara la adquisición de ese poder. Luego se optó por subrayar las diferencias entre ambos sexos y surge la tesis de la "imaginación y sensibilidad femeninas", distinguibles de la razón y el análisis masculinos. Con ello se redunda en la vieja y discriminatoria oposición. La escritura y la crítica literarias habían sido territorio masculino y se juzgaba una obra a partir de los cánones ya reconocidos de la sociedad patriarcal.

Pero nadie niega que la mujer desee ser y sea feroz, como anhela Lady Macbeth. El problema consiste en que se considera "anormal". El silencio y la pasividad (dice la ideología dominante) eran ya atributos positivos consubstanciales a lo "femenino". De ahí que esa misma ideología masculina llame escritura femenina a la escrita por mujeres y feminista a aquella que, al adoptar una posición feroz, se opone a la ya histórica discriminación que sufre la mujer. Su lucha por el poder, entonces, se produce desde el espacio de la marginación por razón de sexo. Virginia Woolf, al hablar del "cuarto propio", luchó por un espacio, mas no salió de los límites que ella misma se impuso: su verdadero cuarto.

Hoy no me arriesgo a afirmar si existe o no una escritura

reconocible de mujer o si se trata de diferencias artificiales que sólo sirven para perpetuar oposiciones. Me pregunto si es lícito cuestionar el sexo de quien produce un texto literario y a qué conduce cuestionarlo. Pero lo que parece rescatar la crítica literaria feminista no es meramente el espacio de la escritura, sino los cánones (impuestos por las expectativas de la escritura masculina) para juzgarla. Ante el apelativo de escritura femenina, ¿por qué no cuestionar la existencia de su opuesto, el de escritura masculina? La primera obligatoriamente suscita la presencia demasiado concreta de la última. La escritura masculina existe, y se ha suprimido el adjetivo porque es la única que ha ocupado el territorio de la literatura. Por eso, al surgir una escritora, el territorio se convierte en campo de batalla, y la declaración de guerra la hace, creo yo, un hombre. No se adjetivó porque en el principio era el verbo y el verbo era Dios (hombre). No es de extrañar entonces que la escritora opte por uno de tres caminos a lo largo de su historia: l) asumir la posición de Lady Macbeth, que dilapida sus fuerzas en el combate del no ser, 2) simular la debilidad y usarla como táctica y 3) rescatar un espacio desde su particularidad, para su escritura y para su crítica.

Operativo en el marco de la metáfora y de la crítica de la literatura femeninas es la frase que da título a esta antología de literatura y crítica feministas: *La sartén por el mango*, la cual se divide en tres partes, a saber: estrategias, perspectivas y calamares en su tinta. Lo que parecería aludir al espacio "natural" de la mujer (la cocina) es el rescate del espacio culinario para el saber, al modo de Sor Juana Inés de la Cruz. Si bien la crítica feminista en Estados Unidos se ha convertido en una industria editorial y en Francia es recalcitrante y analítica, en la crítica latinoamericana *La sartén por el mango* constituye una de las pioneras y, a su vez, una de las aportaciones de mayor envergadura.

Destacan en el libro las teorías de Sara Castro-Klarén, Josefina Ludmer y Marta Traba como propuestas a una crítica de la producción femenina dentro de un contexto latinoamericano. Castro-Klarén enjuicia el falogocentrismo (falo=logos, según el análisis lacaniano) occidental, varios libros importantes de la crítica feminista anglosajona y propone que reflexionemos sobre la escritura y el poder a partir del pensamiento del filósofo francés Michel Foucault, quien reconoce la presencia de la "insurrección de un conocimiento subyugado" en grupos de mestizos, indios, mujeres, colonizados. Josefina Ludmer, en "Tretas del débil", analiza la respuesta de la poeta mexicana del barroco, Sor Juana Inés de la Cruz, al Obispo de Puebla como una táctica: presumir no saber decir, pero diciendo, porque en aquella época "el decir público estaba ocupado por la autoridad". La de Sor Juana es una forma de resistencia desde el no prestigiado género epistolar. Si bien habla desde el espacio permisible (la carta), respeta (porque se le niega) el decir público. Marta Traba caracteriza el discurso femenino negativamente (en mi opinión) al señalar la incapacidad de la mujer para la abstracción, el hincapié en los hechos, la despreocupación por las metáforas, recurrencia a estructuras propias de la oralidad. El ensayo de Traba es principalmente descriptivo y tengo la impresión de que debido a su muerte prematura no tuvo oportunidad de ampliarlo, por lo que polemizar con éste, dada su ausencia, me parece inconducente e injusto. La segunda parte está dedicada a crítica literaria sobre varias escritoras como Delmira Agustini, la poeta que fingía de niña para complacer a sus padres, Albalucía Angel, Sylvia Molloy, Rosario Ferré y Julieta Campos. Concluye con dos entretenidos ensayos autobiográficos de Elena Poniatowska y Rosario Ferré.

La antología preludia un buen comienzo para la crítica literaria latinoamericana escrita por mujeres. Nos plantea, además, varias interrogantes. ¿Es operativa hoy día "la treta" que se articula en el texto de Sor Juana? ¿Es equiparable la marginalidad de la mujer latinoamericana a la de otros grupos desventajados como los mestizos y el pobre? ¿Existe una literatura femenina o lo que existe es un ámbito de producción que la ha hecho surgir de determinada forma? ¿Dónde la producción de las poetas latinoamericanas? Queda abierta la antología al cuestionamiento. La vitalidad de este encuentro del que ha brotado esta colección me parece más fructífero que el de muchos otros congresos, pues el amor, la rabia, la controversia, surten pócimas embriagadoras incomparables al aplauso cortés y desdichado que corona una desabrida conferencia. En ese sentido, cuestionar resulta mucho más duradero que responder, porque crea una fractura que nos hace conscientes de otro espacio.

DE LA CIUDAD A SUS ARDIENTES LABERINTOS[1]

Una de las inquietudes más trascendentales que se ciernen casi ominosamente sobre el poeta moderno es la equívoca, por sinuosa y confusa, búsqueda de sí mismo entre la vorágine alucinante de los espejismos citadinos. Deambular entre las ciudades-signo de la civilización (París, Nueva York o Madrid) y sus antípodas (las selvas peruana o boliviana) ha sido el motivo poético seleccionado por Etnairis Rivera para marcar los hitos de la reflexión que en torno a la temática amorosa revela su obra. Incidir en la ciudad o en sus antítesis, en los signos de la modernidad o en los vestigios de las civilizaciones primigenias, es el trampolín desde el cual se impulsa la poeta para escudriñar los signos vitales de su organismo poético: pulso, presión y respiración del corazón, el sentido, la libertad y el amor cifrados todos en el laberíntico movimiento que resume su paso por la ciudad. Esta búsqueda de sí misma en la ciudad, metafóricamente transformada en laberinto, es clave de la alegoría operante en *Ariadna o el agua*, último libro de la poeta incluido íntegramente en su recién publicada antología, *Entre ciudades y casi paraísos*. En esta incluye, además, poemas representativos de sus libros anteriores: *Wy dondequiera* (1974), *María Mar Moriviví* (1976), *Pachamamapa Takin* (1976) y *El día del polen* (1983).

El dinamismo, el desgarramiento, la velocidad y la confusión que convoca toda imagen de ciudad en la poesía moderna, desde Baudelaire y Apollinaire, hasta poetas más contemporáneos e irónicos como Parra, Vallejo o Cardenal, se confirman en varios poetas puertorriqueños de la generación de los setenta, a la cual

---

[1] *El Mundo, Puerto Rico Ilustrado*, 23 de julio de 1989.

pertenece Etnairis Rivera. Este ha sido tema obligado y casi obsesivo en Luz Ivonne Ochart, a quien la experiencia de Nueva York (al igual que para el García Lorca de décadas antes) la marca casi enfermizamente, como veremos en *Poemas de Nueva York* y en Lilliana Ramos en cuyo inédito *Avión de papel sobre la Isla de Pascua* se resume el desagrado y el rechazo que de unos predios, una masa humana y unas actitudes inhumanas rezuma la voz poética. El tema, que a pesar de ser repetido no deja de ser prolífico, incide en Etnairis Rivera de otra forma. De su antología se desprende una lectura: por un lado, la vertiente autobiográfica con que se tiñe toda su poesía y, por el otro, la insistente búsqueda del ser a lo largo de la ciudad. Si en *Wy dondequiera* se vuelca la reflexión sobre la referencialidad urbana del Nueva York de finales de los sesenta y en *María Mar Moriviví y Pachamamapa Takin* se conjuga la unión cósmica de la voz poética con la naturaleza y con los mitos cosmogónicos de raíz andina o caribeña, en *Ariadna o el agua* la referencialidad anterior, el aturdimiento impuesto por la metrópoli se construye y quiere leerse dentro de las coordenadas del mito clásico del personaje femenino de Ariadna, quien es privilegiada ante un Teseo casi inexistente dada su búsqueda existencial, amorosa, literaria, en una isla ambigua que a la vez redime y encarcela. Ese "lugar" mítico es nuevamente trascendido por un "yo" que se ordena racionalizándose sobre el cosmos, queriendo acceder a la verdad a través del amor y de la libertad en el amor. A la ciudad se le otorga un cuerpo, se la animiza, se le atribuyen gestos, pero la ciudad es nadie ante la poeta que la descubre y la moldea al antojo de las transformaciones que le impone:

> El otro lugar, el que construyo de arcilla y pensamiento
> el que deshila las pasadas vestiduras
> el otro lugar es el que nombra: arca, helecho, mal de amor.

En el recorrido por la ciudad, la poeta reconoce que es incapaz de conocer sus calles perfectamente, pero extrae de ellas el sortilegio suficiente para danzar en una ciudad que multiplica sus funciones de cuna, laberinto y cárcel. Su corazón se torna nómada y su vida se ovilla cual el hilo que la conduce a la liberación transitando "sola, cambiante", al paso de los días. Se trata de la posesión de sí misma, serena y consciente, entre los elementos naturales que rescata de una geografía que la obsesiona: el mar, el alba, la isla, la lluvia. En *La puerta milenaria*, la poeta se ha deshecho del discurso profético y político que signaba su primer libro y se asume en el tránsito hacia una poesía trascendente, plena de imágenes que fluctúan entre un hedonismo fronterizo de signo existencial y otras plenas de sensorialidad. La disolución del yo individual, el desnombramiento presente en *Pachamamapa Takin* y aquella voz épica femenina cercana a la nerudiana de *Alturas de Macchu Picchu* cesan. El hablante poético rescata su intimismo lírico nuevamente, redescubre el "yo" y su protagónica individualidad, para manifestarse en la continuidad de un tiempo amoroso recobrado y depurado, como en su poema XIII:

> Busqué el augurio de los astros,
> el cielo descampado para el amor,
> los senderos de los altos picos al sur.
> Y aún me sobrecoge el cambio
> cuando el cuerpo queda inerme.
> Y si no prolongara de hijos mi
> pensamiento
> entendería menos mi arrojado espíritu,
> la mirada: tú,
> esas flores.

Para finalizar, acaso sea forzoso preguntarse los motivos que mueven a un poeta a construir una antología de su obra. Destacar unas preocupaciones persistentes en tanto que se hacen volver los ojos del lector hacia la diferencia y la insistencia en un estilo o hacer hincapié en unos recursos retóricos existentes desde un principio y develados tan sólo cuando se expone el proceso y crecimiento de su utilización, son razones suficientes para emprender un proyecto antológico. Incluir a modo de culminación el último libro como artilugio para poder publicarlo es otra razón valiosísima, dada la escasez de recursos de que padece este país para la publicación de poesía. Sin embargo, lo acostumbrado —no sin alguna o mucha razón— en el mundo de las letras es fraguar la antología cuando la obra poética ya está terminada, cuando se perfilan con una claridad diáfana la sustancia o el motor que impele esa poesía, lo cual significa una de tres cosas: conocerse bien, intuir que no habrá transformación posterior en esa obra (signo de muerte poética en algunos casos) o haber puesto punto final a una obra.

Hacer una antología a la prometedora edad de cuarenta años es más signo funesto que vital, porque la antología personal e individual nos remite por obligación a la lectura de una totalidad poética y de una búsqueda resuelta, que se aproxima más a la lectura unívoca que desea la poeta que se haga de su obra y no a la lectura plurívoca que dentro de su anarquismo o relativa libertad multiplica las interpretaciones. Esperamos, para nuestra satisfacción, que en el caso de Etnairis Rivera las razones para publicar esta antología sean las primeras.

Los disfraces de la muerte[1]

En uno de los poemas de Ivonne Ochart, la voz poética se siente acechada por una simbólica cigüeña persa que la mira, inundándola con el presagio de su muerte en la ciudad de Nueva York. García Lorca, "poeta sin brazos, perdido entre la multitud que vomita", se defiende con la mirada, como el que atestigua; y observa, entre otras cosas, las "gentes que pueden orinar alrededor de un gemido". En el poema "Danza de la muerte", de *Poeta en Nueva York*, García Lorca menciona que allí el "ímpetu primitivo baila con el ímpetu mecánico, ignorantes en su frenesí de la luz original". El lamento proferido por García Lorca ante la pérdida de humanidad que acarrea la vida en la gran urbe tiene visos casi religiosos al insistir en la ausencia de luz original y en el frenesí mecanicista del que incurre en las labores infinitas y titánicas del habitance citadino. Porque de la ciudad lo que importa es el lugar que viene a ocupar el ser humano en ella.

El poemario de Ochart, *Poemas de Nueva York*, incluido en *Obra Poética* (que incorpora el primer libro, ya agotado, *Rantamplán*, de 1975, y el inédito *El salto domado*) es una conversación sostenida con el poemario lorquiano. A cincuenta años del poema-manifiesto de Lorca sobre la ciudad de Nueva York (*Poeta en Nueva York* fue escrito entre 1929 y 1931), Ochart, que escribe el suyo entre 1979 y 1981 y bajo parecidas circunstancias, retoma e interpreta algunos de los objetos y situaciones que obsesionaron al poeta andaluz: la muerte, la deshumanización, la violencia. El "paisaje de la multitud" en Lorca, "la ciudad sin sueño", son recuperables también en los poemas de Ochart, tales como "El

---

[1] *El Mundo, Puerto Rico Ilustrado*, 1ro de octubre de 1989.

muerto del Hudson", "New York, New York" e "Insomnio y paraíso". El Hudson, los barcos, los objetos cortantes, el asesinato, son lugares comunes en ambos discursos poéticos.

Existen diferencias, sin embargo. A Ochart parece asistirla la fascinación contradictoria que mostrara Charles Baudelaire ante los signos de la ciudad moderna. El París de 1860 se agitaba en un movimiento perpetuo de modas, "flaneurs", mujeres de "mala vida", hombres de vida turbulenta. El autor de *Las flores del mal* rescata de aquel París un paisaje que se ha transformado en decorado, unos procesos vitales que son movimiento infinito y sin orden, una mujer que es maquillaje y cuyo hieratismo la reduce a la máscara o al ídolo. En los poemas de Ochart sobre Nueva York, convergen la visión exaltada de la modernidad, como la definió Baudelaire, y el lamento lorquiano sobre la situación del ser humano en la ciudad. El resultado es una visión nostálgica sobre la pérdida de valores en la ciudad moderna, y la reclamación central del libro, así como el de los otros poemarios, es la exhortación a la solidaridad y al amor.

Al comentar sobre el artista moderno, Baudelaire describía su obra como "bizarra, violenta, excesiva, pero siempre poética, sabiendo concentrar en sus dibujos el sabor amargo o embriagador del vino de la vida". El hedonismo que filtra la voz poética, en el libro de Ochart sobre Nueva York otorga cierta sacralidad a detalles y objetos que parecerían ser los paradigmas de la ciudad moderna. Tales son los reflejos metálicos, las superficies lustrosas, los colores intensos y chillones que remiten a la frivolidad y a la estridencia, los perfumes, las telas crujientes que actúan como reflectores de luz, el celuloide, el cristal. Estamos en la ciudad-totem de la modernidad, y la voz poética, entre fascinada y crítica, la describe en todo su esplendor. Fascinación irónica, sin embargo, que fusiona el esplendor con la muerte: "Dije oh! y todo esto es mío/ New York! perfecta inundación de la luz! pero la muerte se desliza por el bies de una lujosa tela de satín de seda".

Las alusiones al reflejo, al metal, a los espejos, a los colores estridentes, constituyen, en el orden visual y táctil, aquello que en el sistema de la palabra poética es el fenómeno de la redundancia, la repetición, el eco, las aliteraciones, la enumeración, la aglutinación, el empotramiento de un mismo vocablo en una frase infinita, estos son algunos de los mecanismos poéticos de los que se sirve esta poesía para describir la situación del sujeto que intenta "salvarse" una y otra vez ante la acechanza de la muerte física y espiritual. Pero se trata también de una fuga defensiva por razón de la seducción que sobre la poeta ejerce la ciudad. Palabras que se repiten, palabras que espejean, eco de la palabra y eco del eco de la palabra, son otra forma hábil de remitir a la soledad, a la incomunicación, al diálogo con el espejo. Se trata de una soledad vociferada, hermana gemela de la "soledad callada" del poeta renacentista, pero soledad que exclama descubriendo, ahíta de terror, al hombre de la multitud, a quien persigue sin conocer aún, presintiendo que es éste también una de sus propias caras. Es esta la otra muerte. La voz poética se siente vigilada y huye, pero presiente, porque también la convoca, la imagen de la muerte en todos los lugares.

Señalaba Walter Benjamin que pensar en la seguridad en la ciudad moderna impide soñar en la ciudad. Para la poeta, no tan sólo es imposible soñar en ella, sino que son imposibles la promesa y el paraíso. El río Hudson es otra laguna Estigia, el *locus* fluvial contiene todos los desperdicios, es la metáfora funeraria mayor, entre todas las que pueblan el libro. El Hudson es el reducto vital y gramatical en donde la violencia es expresada más lúcidamente, el lugar en que concurren todos los deícticos, el dios que reclama cuerpos sacrificados, es la representación dinámica de la muerte. Y es porque se carece de seguridad, y todo sueño y utopía se ha anulado por lo que la muerte aquí se concibe violentamente, como asesinato. La poeta deambula tratando de leer y descifrar (descubrir y adivinar) el asesinato futuro:

la ciudad
como lomo de serpiente mueve su cuerpo
y vuelvo mis ojos a las estrellas para buscar límites o camino.

Y es éste —el asesinato— el otro polo del libro, cuyo antecedente podemos hallar en un poema de 1973 incluido en *El salto domado*:

> Y en una esquina violenta la muerte se acuerda de mí
> y como un animal me acaricia.

Poemas de Nueva York puede y debe leerse con *Rantamplán y Este es nuestro paraíso*. El último es un poemario que toma a San Juan como punto de partida para reconstruir el "yo" que mira y para desmitificar y corporizar la ciudad. Comparadas desde ambos poemarios las ciudades de San Juan y Nueva York, una se constituye como íntima y casi sacra, lectura privada de la voz poética: "Veo que eres / y comienza todo / te reconozco / me reconozco". Nueva York, de la otra parte, es pública y profana. En *Este es nuestro paraíso* la palabra posee función nombradora, descriptora, y el hablante poético se sitúa mirando y desglosando el producto de su mirada. Acá en San Juan la mirada (la palabra) descubre y crea. Allá en Nueva York denuncia y execra. La una coadyuva a la construcción propia, la otra atenta contra ello. La presencia delirante del asesinato en *Poemas de Nueva York* provee el marco necesario para destacar la aventura de la persona en aquél. La travesía emprendida por la voz poética ubicada sobre la multitud tiene un derrotero: la búsqueda de la paz no obstante la violencia, ante lo cual esa misma voz, entre fascinada y crítica, sucumbe.

Del *STRIPTEASE* a la escritura femenina[1]

El arte del *striptease* consiste en despojarse paulatinamente de todas las prendas de vestir, creando la sensación de que las más íntimas no caerán. Entre la promesa de la desnudez total y el desenlace develador crecen las invenciones del deseo. Pienso que la diferencia existente entre el erotismo y la pornografía estriba en la lucidez con que se maneja el proceso que media entre la promesa del cuerpo y la respuesta que sepulta al deseante. El discurso erótico no es funesto, el pornográfico sí lo es. En el erotismo, una inteligencia discreta —por lo sugerente— permite mantener intacto el espacio de los propósitos y de los silencios. Por el contrario, una desnudez demasiado elocuente suele atrofiar el proceso de la imaginación y socava las estructuras deseantes. Lo que pudo ser futuro rico en interpretaciones cede el paso a una realidad grosera y sin matices, a un cuerpo sin claroscuros.

Es manifiesto cuán excesivamente iluminadas están las historias personales de las diez escritoras latinoamericanas que Magdalena García Pinto seleccionó y entrevistó para el volumen *Historias íntimas*. Distinguible del discurso feminista latinoamericano, que inserta la lucha de la mujer en un contexto político y económico significativo, la práctica feminista norteamericana insiste en desvincular a la mujer de su contexto y enmarcarla en la marginalidad, lo que conlleva una escritura ensimismada y narcisista. Es lamentable que en aras de la difusión se permuten y tergiversen las motivaciones de la escritora latinoamericana y se haya sucumbido a la versión populachera y mercadeable de los estudios sobre la mujer. Magdalena García Pinto ha partido de

---

[1] El Mundo, Puerto Rico Ilustrado, 28 de agosto de 1988.

puntos de referencia ajenos a nuestra producción para organizar un interrogatorio que, de manera mecánica, incide en un catálogo de preguntas relativas a la infancia, la clase social, la educación, y sólo de manera lateral, casi diría casual, aborda el problema fundamental: el de la escritura.

Pese a las visibles limitaciones de la entrevistadora, la conversación con las escritoras es fructífera en la medida que confirma la otredad significativa del discurso feminista latinoamericano. Este se caracteriza por una preocupación marcadamente política, por un tono predominantemente satírico y desacralizante (son ya pocas las escritoras que insisten en asumir la ira decimonónica en su versión femenina o recurren a la locura como tema), y por la producción de nuevos subgéneros como el testimonio, la autobiografía, el rastreo de genealogías, fragmentos, exploraciones del nombre. Ejemplo de esta proliferación de formas la hallamos principalmente en la literatura de Elena Poniatowska, Albalucía Angel, Luisa Valenzuela y Margo Glantz. Es reveladora la autodescripción de Isabel Allende como una juglaresa que va contando la historia de América Latina; así como la de Luisa Valenzuela en su papel de nombradora e inventora de nuevos mitos; lo mismo que el afán de crear una contracultura desde la experiencia femenina, como lo afirma Marta Traba, lo cual aproxima su discurso más a la tradición francesa que a la norteamericana, a través de la teórica y escritora Hélène Cixous. Por otra parte, destaca la formación europeísta de casi todas estas escritoras (quizás la excepción sea Rosario Ferré), lo cual las vincula a una clase y cultura privilegiadas. La escritura como irreverencia y profanación halla sus mejores exponentes en Margo Glantz y Albalucía Angel, cada una ostentando un sentido del humor tan apasionante como lúcido; mientras que el discurso de Poniatowska abunda principalmente en lo anecdótico. Sin duda, la excelente poeta uruguaya Ida Vitale logra brindar la conversación más estimulante y reflexiva. Al respecto, es sorprendente que tan sólo una poeta, pese a la abundante producción poética femenina en Latinoamérica, haya sido entrevistada, y que entre las narradoras haya ausencias tan visibles como la de la uruguaya Cristina Peri Rossi, la colombiana Fanny Buitrago, la mexicana Julieta Campos, la argentina Elvira Orphée y las puertorriqueñas Magali García Ramis y Ana Lydia Vega, entre muchas otras.

La imposición a priori de las teorías del feminismo norteamericano sobre el feminismo latinoamericano lastra gran parte de estas entrevistas y las convierte en el relato posible que cada escritora haría en el cómodo diván de un psicoanalista. Lo que pudo ser una demorada reflexión sobre la experiencia de la escritura se convierte en una burda confesión sobre problemas sexuales, matrimoniales y familiares. Se trata de un *striptease* verbal que degrada en "pornografía" una desnudez sin ambages demasiado elocuente y vociferada, una atrofia del decir que se desmorona en grito. Una vez cae la última e íntima prenda, nada dice el cuerpo. Al contrario del volumen paralelo publicado también por Ediciones Norte y en el que figuran algunos de los escritores latinoamericanos más importantes, *Espejo de escritores*, el hecho de gracia aquí es ser mujer y la historia que interesa sobre ellas (lamentablemente) es la otra, su frívola faz.

¿Cuál es el origen de una vocación literaria? ¿Es posible rescatar el momento en que se fusionan la necesidad de expresión con el testimonio de insertarse en el mundo? Más aún, ¿es lícito plantearse la interrogante en torno a la creación desde la marginación que impone el ser mujer? ¿Es que dicha marginación nos destina irremediablemente a ocupar un plano defensivo, a que el hecho mismo de la reflexión nos lance al extremo egocéntrico de alabar (o vilipendiar) toda la progenie familiar y reducir la intimidad femenina al chisme? En la mayoría de las entrevistas la conversación intrascendente ocupa el lugar del diálogo y la intimidad se reduce al ámbito de la frivolidad. La escritora ha sido convertida en *token* y lo superficial se ha elevado al plano de la ontología. No basta con dirimir el intríngulis de la literatura femenina. Según este libro es imprescindible abordar el marco exorbitado de la historia personal. A este respecto, es lamentable que Rosario Ferré se haya expresado de modo tan indiscreto

respecto a temas impertinentes a la historia literaria puertorriqueña y que a lo largo de su conversación predomine un tono despreciativo y adopte una pose de extranjería que no le corresponde.
Sus comentarios sobre varios compañeros de generación de la revista *Zona de carga y descarga* son francamente paternalistas, cuando no ofensivos. Pero la entrevista resulta infausta en la medida
en que testimonia una expresión oral deficiente que al menos reconoce Ferré, pero (y aquí estriba lo lamentable) cuyo testimonio
usa para atribuirlo al hecho de ser puertorriqueña. Así nos dice
la escritora respecto al habla puertorriqueña: "Lo triste es que se
les ha olvidado el español y nunca aprendieron a hablar inglés.
Se están quedando mudos. Hay definitivamente un problema de
expresión que yo lo comparto. Es posible que sea esta razón por
la cual (sic) no me gusta hablar en público".

Posiblemente éste sea uno de los últimos libros de la decadencia de la literatura pseudofeminista. De las trampas sucesivas a
que se reduce el marco opresivo de la entrevista, sólo tres escritoras, en mi opinión, logran escamotear esa estructura y esclarecer
el territorio de su propia voz: la poeta Ida Vitale, la novelista y
crítica Sylvia Molloy y la novelista y crítica de arte, Marta Traba.
Sólo estas tres se "salvan" del paternalismo femenino y del fana-
tismo reduccionista de la entrevistadora. Por ellas, y también por
la inteligente irreverencia de una Albalucía Angel, acaso valga la
pena leer este libro.

CONFESIONES DE UNA MÁSCARA[1]

El cuerpo es cuento. Entre ambos órdenes, habitando el intersticio que acomoda el abismo de la piel encarándose con el abismo de la ilusión, se desata, se desparrama, se desintegra el verbo, que es la mirada de la piel. La estremecedora y perturbadora mirada de la piel, que es la palabra. Es la hora del ángel ("La hora del ángel").[2] "Me voy retirando. Las pestañas se separan de mí. La boca. Los ojos. La nariz. Están ahí. Sobre la alfombra. Sobre la mesa. Colgando de la lámpara. Allí mi brazo. Aquí una pierna. La espalda en el fregadero. Desparramado. Desintegrado en átomos de carne."[3]

El decir del "cuentero", como se autodenomina Ramos Otero, se agota en esa búsqueda del límite, que son ambos abismos, el de la piel, el de la ficción. El límite es un destino que lo aboca al cerco, a la línea fronteriza. Los límites son, por un lado, un *cuerpo* cuya tangibilidad estriba en ser *contado*; por el otro, un cuento cuya estabilidad radica en ser tocado. La paronomasia cifra este recorrido por una *sintaxis que gira sobre su propio nombre*. Cuento=Cuerpo. Cuentero=Polifemo. Lo dice uno de sus narradores-personajes: "Somos el hombre del otro, inevitablemente. El bello y la bestia a la vez. La más terrible realidad del espacio desdoblado".[4] El asesino es asesinado y el perseguido es su perseguidor.

---

[1] Texto de la presentación del libro *Cuentos de buena tinta* el 22 de octubre de 1992 en el Viejo San Juan.

[2] De ahora en adelante todas las citas provendrán de *Cuentos de buena tinta*. San Juan: Instituto de Cultura Puertorriqueña, 1992., p. 131.

[3] *Ibid.*, p. 136.

[4] "El cuento de la mujer del mar", p. 210.

La paronomasia actúa como umbral que nos remite, una vez más, a un proceso indagador de la identidad o de la proliferación de identidades: "No. Uno no existe. Existo cuando el otro es de uno. Se existe cuando uno es del otro y se cierran los ciclos".[5] Se corrobora en "Vida ejemplar del esclavo y el señor": "soy el esclavo del señor, soy el señor del esclavo". Además, allí se invierten las funciones asignadas a las identidades, forzándolas a estallar, a romper el cerco. Esa locura de la identidad o esa *movilidad perpetua de las identidades* la traduce también la sintaxis en la oración *infinita* que es el cuento "Tren que no pasa por la vía", o la oración demasiado *finita* de "Vida ejemplar del esclavo y el señor", sucesión de oraciones brevísimas, o el deleite de la digresión infinita, las cláusulas interminables, las subhistorias que desplazan historias generadas por un verbo enloquecido por la carne, el meollo de la piel. En la mayoría de los relatos de *Página en blanco y staccato* se cuenta interminablemente mientras se devana una historia que emana subrepticiamente de otra. La desmesura de la narración rechaza el pragmatismo de la sucesión y se superponen las historias, todo para consolidarse en otro signo de identidad. Es decir que la historia de la muerte de José Osvaldo Olmo remite a la de su medio hermana Liboria; Sam Fat busca a su narrador; Monserrate Álvarez es su cuentista y también Norma, la historiadora, y también Ramos Otero —el narrador.

Cuento=Cuerpo. Se produce un texto que desplaza y descorporiza. Son las instancias metalingüísticas. El cuerpo da paso a la luz. Testimonio elocuente de ello lo son "Hollywood Memorabilia" y "La piel de Paul". El cuerpo da paso al verbo en cinco cuentos antológicos: "La piel de Paul", "El cuento de la Mujer del Mar", "La hora del ángel", "Vivir del cuento", "Vida ejemplar del esclavo y el señor". Como en los dibujos de M.C. Escher, *en los*

5 *Ibid.*, p. 210. Piénsese en el Monserrate Álvarez que es personaje de cuento, trabajador inmigrante, puertorriqueño y leproso. O en el narrador-personaje de "Sacrificio en Venecia": "Yo fui una cortesana egipcia. Yo fui un político romano. Yo fui un pintor de cúpulas. Ahora, soy un viejo maestro retirado que prepara su equipaje y marcha a Venecia".

espacios fronterizos el espectador alucina, porque no se sabe qué mirar, si el pájaro claro que deviene oscuro o la escalera ascendente que sirve para descender. El meta-relator de Ramos Otero transporta al lector por un momento a lo que Macedonio Fernández llamaba una "desgravitación parcial". No hay punto (límite) que atestigüe el salto entre un nivel del cuento (el de la historia) y el otro nivel metalingüístico. Ello reproduce la figura de un circuito autoreferencial que da paso a *una imagen especular, el amor a lo idéntico.* La bella=bestia. La víctima y el asesino se reconocen en el espacio provisto por la coyuntura y, a su vez, en la *diferencia fundida de niveles:* el del relato y el del metarelato. La "desgravitación" macedoniana consiste en anular ese espacio de transición, al igual que en Escher, donde una serie de imágenes idénticas produce en nosotros la ilusión de la diferencia dada su movilidad, el ritmo de las figuras que bruscamente se insertan en otro nivel, ya sea por el intercambio de planos claros u oscuros, ya sea rastreando el lápiz del dibujante una trayectoria: el transcurso del paso de un reptil en la portada de un libro a la superficie de un escritorio.

En la repetición perpetua de las imágenes se encierra el infinito, pero el hecho de otorgarles un ritmo cíclico torna aparencial la finitud. Mas la naturalidad con que se acoge ese espacio fronterizo tornado en paradoja, esa cinta de Moebius que opera sobre una superficie y aspira o sugiere dos, es lo fascinante de la obra escheriana. Y también de los cuentos de Ramos Otero. Ya el *espacio fronterizo* era un elemento importante en su primera colección. Pienso en "La casa clausurada" o en "Ceremonia de bienes raíces", donde éste constituye el detonador de su significante. Hay una puerta en "La casa clausurada" de la que se dice que, si se abre, "el mundo de la casa" termina para siempre.[6] O sea, existe el temor de que abrirla sea clausurarla o darle fin. Hay una doble pared en "Ceremonia de bienes raíces", *inmoral* porque posee "dos propósitos inalterablemente".[7]

---

[6] *Cuentos de buena tinta,* p. 74.

[7] *Ibid.,* p. 122.

Insisto en ese espacio fronterizo privilegiado en esos cuentos y fusionado ya, cosido, en los relatos posteriores como vimos al principio de esta presentación, porque comparten y tornan perdurable el estupor sobre la identidad, que no es una sino que es paradójica y es múltiple. En la obra de Ramos Otero, el *estigma* de la homosexualidad, como el de la etnia, como el de la nacionalidad, como el del oficio de escritor, se consolidan. Homosexual, puertorriqueño, escritor, acaso metafórico *leproso*, como compendio y suma de todas las marginalidades. Sin preponderancias. Tres marcas sobre el cuerpo, que constituyen tres líneas de fuga hacia un saber mayor que orienta su obra y le sirve de brújula a la frontera trascendente: amor=muerte. Sobre el cuerpo donde se sacrifica el amor le sobrevive el texto que sustituye a la vida, transcurre sobre él la muerte. Contarte es asesinarte; el narrador es siempre un asesino. De Quincey indaga en las concomitancias temáticas iluminando para nosotros, lectores de hoy, la poética de Ramos Otero en sus relatos. Dice el narrador inglés: "La finalidad última del asesinato considerado como una de las bellas artes es, precisamente, la misma que Aristóteles asigna a la tragedia, o sea 'purificar el corazón mediante la compasión y el terror'. Ahora bien, podrá haber terror, mas, ¿qué compasión sentiremos por un tigre exterminado por otro tigre?"[8]

El artilugio que produce una semblanza y fusiona "el tigre de símbolos y sombras" y el "tigre fatal", en el célebre poema de Jorge Luis Borges, es el mismo, el semejante que apesadilla la aventura de auctore, el causador del tigre de la ilusión o el proyeccionista que es Ramos Otero. Asistimos aquí al mito del creador devorado por su propia obra, que en su escritura se "despelleja para encontrar la voz",[9] y es sepultado por el amor a las palabras.[10] Ese cuerpo, cadáver ya, es puerta giratoria al cuento.

---

[8] *Del asesinato considerado como una de las bellas artes.* Madrid: Alianza Editorial.

[9] "Ficción e historia: texto y pretexto de la autobiografía", conferencia inédita de 1988.

[10] "El cuento de la mujer del mar", *Cuentos de buena tinta*, p. 104

Es "La piel de Paul" uno de los cuentos más hermosos de la colección, es además el relato donde se metaforiza el S.I.D.A.: "Amar a Paul y contar su cuento son lo mismo, es decir, que si no hubiera amado a Paul no hubiera tenido nada que contar. Allí lo supe, que mi muerte no me sería tan triste como la suya, que yo me quedaba detrás para morirme más (mucho más lentamente) con su muerte".[11] Este cuento concluye aludiendo a un cuchillo que desgarra la piel. Todos sabemos qué es el cuchillo. Pero, ¿qué es la piel? Es una superficie y un abismo. ¿Es un lugar privilegiado o una envoltura? ¿Dónde se *aloca* la piel? ¿Dónde se ubica su identidad? ¿En el memento lírico de la historia de amor de Paul o en la letra de bolero urdida por el travesti lumpen de "Loca la de la locura"? Hay un reconocimiento, un momento de anagnórisis medular en estos cuentos que de alguna forma dialoga con las múltiples identidades que instrumentalizan los personajes. Es la medida del otro que es un nosotros. Es el intercambio de identidades, el intercambio de fluidos que metaforiza su obra y el título de esta colección. Si cuento es cuerpo, si las marcas son múltiples, así también los cuentos de buena tinta son los que articulan dicha multiplicidad, dicho intercambio de fluidos, y la *sangre*, el *semen* y la *tinta* son los vehículos de la vida y de la muerte, del cuerpo y la ficción; son *los signos líquidos de la generación y la destrucción*. El personaje de Monserrate Álvarez descubre finalmente que su lepra "era una condición del pigmento de la piel", accidente de la piel que justificó inmoralmente su marginación y cifró su biografía. Lepra metafórica balanceándose en los umbrales de la todo posibilidad, de la búsqueda de unidad, de la búsqueda del absoluto a lo largo de la piel, que es su pretexto. El producto es este texto que es un romance de su autor, alias Clara Gardenia, alias Monserrate Álvarez, con la muerte. El cuerpo es cuento o texto en cuyo espejo de tinta contempla su propia muerte esta máscara, la de su autor, ya confesada.

---

[11] "La piel de Paul", *Ibid.*, p. 106.

Las ceremonias abolibles[1]

Las leyes, como las costumbres, como los hábitos, son susceptibles de ser abolidos cuando un sistema se desmorona, empieza
a corromperse o, simplemente, se torna absurdo. El grado de
arraigo de un orden es resultado de un pacto forjado con el pasado, con la funcionalidad ciega, con la sensatez automatizada,
con la languidez intelectual que producen el bienestar y la con-
veniencia. En el universo narrativo de Cristina Peri-Rossi, los
niños se encargan de disentir del mundo demasiado sensato y
anquilosado de ciertos adultos. A esas criaturas frágiles e inteli-
gentemente descaradas que ven y analizan por vez primera lo que
las rodea, les toca desmontar de manera atroz y profana las instituciones que el Estado ha utilizado para perpetuarse; a saber, la
familia, la religión, la ley, la propiedad, el lenguaje. Su libro de
cuentos, *La rebelión de los niños*, publicado originalmente en 1980
y reeditado recientemente, es una feroz crítica —similar a la que
en sus respectivos países y épocas hicieron Lewis Carroll en *Alicia en el país de las maravillas* (1871) y el alemán Gunter Grass en
El tambor de hojalata (1959)— del Estado represivo y militarista que
se va cirniendo sobre el Uruguay desde el año de 1968 durante la
presidencia de Jorge Pacheco Areco, y del Estado manifiestamen-
te dictatorial que se impone a partir de 1973 bajo la dictadura
cívico-militar del Presidente Bordaberry, que lanza al exilio a intelectuales de la talla de Jorge Rufinelli, Juan Carlos Onetti, Hugo
Achúgar, Mario Benedetti, Ángel Rama, Eduardo Galeano y, a la
autora del libro reseñado, Cristina Peri-Rossi, quien nace en el
1941.

---

[1] *El Mundo, Puerto Rico Ilustrado*, 3 de abril de 1988.

La subversión se asume de formas diversas en estos tres libros que, tras su alegoría, promueven el cuestionamiento del orden establecido. Si en la primera narración de Lewis Carroll se adopta la cara pasiva de la protesta refugiándose en un mundo alterno (ensueño del paraíso ausente, nostalgia de la niñez y crítica de la sociedad victoriana), el protagonista de la novela de Gunter Grass, más beligerante en su oposición al estado militar nazi, decide detener su proceso de crecimiento y analizar el mundo desde su estatura de infante, aun cuando indaga y protesta como adulto. Ya en Cristina Peri-Rossi, a quien el crítico Ángel Rama coloca entre los "novísimos" escritores latinoamericanos junto a otros más conocidos entre nosotros como Manuel Puig, Eduardo Galeano, Reinaldo Arenas y Sergio Ramírez, la subversión se resuelve de otra forma. Los personajes de Peri-Rossi son contestatarios del poder. No existen en su mundo los refugios consabidos de la infancia o del paraíso perdido, pues bajo el estado militar no hay tiempo ni espacio posibles para la ensoñación o el escapismo. Aquí el cuestionamiento se conduce a sus últimas consecuencias: se denuncia la dictadura uruguaya y se atacan las zonas respetables del lenguaje, la familia y el Estado.

A sus cuentos, a veces evocadores de aquel mundo grecolatino prolífico en mitologías, han sido trasladados algunos de aquellos personajes fabulosos para investir Ariadnas, Teseos y Eurídices más próximos a los modernos. En otros relatos, se afina una sensibilidad que se recrea en la sensualidad y el exotismo de un Darío urdido por Peri-Rossi e insertado en un esquema de aparente realismo en donde se asiste a panoramas nuevos sobre la figura del artista, acosado ahora por los órdenes inhumanos de la máquina. En otros casos, se trata de metáforas o versiones poéticas de la oposición como en el hermoso libro, *La tarde del dinosaurio* (1976). En *La rebelión de los niños* prevalece un aire kafkiano a favor de la libertad y en contra de la automatización que permea las actitudes de los humanos cuando lo permitido es tan sólo la conducta que sanciona el statu quo y lo prohibido es toda actividad provocadora de reflexión y felicidad. El estado de cosas en esa ciudad del horror lo sintetiza el siguiente pasaje: "Quizá hayan perdido la memoria, todo lo que sabían, y él sólo sepa que es un hombre y ella sólo sepa que es una mujer, y todo otro conocimiento haya volado de sus mentes, durante el tiempo del castigo, todo conocimiento se haya ido por las venas con la sangre derramada, durante el cautiverio, el tiempo de estar presos, separados, ajenos, distantes".

La rebelión de los niños contiene ocho relatos que insertan a la autora en la "generación de los años de la ira", es decir, la del 58. Son cuentos de temática urbana, penetrados por una atmósfera alucinantemente real, plagados por estas criaturas un tanto inverosímiles, los niños, que se deciden a ridiculizar todas las ceremonias inútiles. Llamar a la casa "gatería" no es extraño si los padres son "gatos", o construir una máquina contra la represión no es irrazonable si es para la defensa. De la otra parte, admirar y querer a un padre es un acto gozoso a menos que el niño se entere, de la forma cifrada y por eso atroz con que se topan los niños con ciertas verdades de ciertos adultos, que su padre es un violador de niñas ("El laberinto"). Otros cuentos exploran la temática del conflicto edípico como en "Feliz cumpleaños" o critican los primeros instrumentos de opresión: la cuchara impertinente manejada por un adulto empeñado en nutrirlos ("Ulva Lactuca"). El advenimiento de un erotismo no convencional como es enamorarse de un aterciopelado y tensado tigre que poseyó a la protagonista impúber a través de una mirada remota y solitaria es el tema de "Estate violenta", y el diálogo sedicioso entre dos adolescentes que el sistema intentó "regenerar" y que ahora ofrecen a las instituciones la muestra palpable y concreta de dicha "regeneración" tornada en obra es el tema del cuento que concluye la colección: "La rebelión de los niños".

La perspectiva desde donde se mira es la del niño apostado en la esquina de una exposición o a horquillas en un árbol o en una silla para alimentar infantes. Los niños miran, enjuician, hablan, critican y se sublevan. Así, pues, se relata paralelamente el inicio de la lectura del mundo en un niño asombrado con el inicio del proceso de los estados de excepción o estados dictatoriales en los cuales la sorpresa de la tortura se convierte en la tortura habitual. Algunos actos de los adultos son parcialmente comprensibles, mas en otros casos el lenguaje entorpece la capacidad para comunicarse y se convierte en un mecanismo sustitutivo de la emoción. En lugar de servirles para la expresión, los vocablos se convierten en útiles instrumentos de represión. "El niño pequeño —recuerdo a mi hermano— comienza inventando símbolos, hasta que los opresores lo obligan a aceptar un lenguaje ya confeccionado, que viene en todas las guías y diccionarios como la ropa de los almacenes".

"La rebelión de los niños", relato que da título al libro, recoge conjuntamente con "Pico blanco y alas azules" y "Vía Láctea", los grandes temas de esta colección, secuelas todas o variantes del horror que acaece en el estado dictatorial: la invasión subrepticia del pensamiento y la imaginación, las formas secretas de la subversión, el lenguaje y las instituciones de acomodación social, la violación de los derechos humanos inalienables como el derecho a la intimidad y a la libre expresión, la paulatina destrucción del asombro y de la memoria, constitutivos ambos temas en ejes fundamentales de sentido en el universo narrativo de Peri-Rossi. El cuento con que cierra la colección es la premonición de una pesadilla alucinante. Así lo confirma el aviso de la autora: "Los hechos políticos, en mi país y en los países vecinos han convertido lo que pudo ser exaltada imaginación, fábula delirante, en triste realidad. No es mi culpa". Se arroja sobre los que allí habitan la posibilidad de la ceguera, la indiferencia, la crueldad, la tortura, la injusticia. Las lecturas hechas por los censores del orden tornan inusitadamente sospechosos los objetos más inocentes. Un lápiz podría ser un arma, así como una página en blanco un lúcido manifiesto contra el horror. Hasta respirar, hablar y recordar se convierten en acciones clandestinas y se someten a una lectura inquisitorial.

Tanto en este libro como en *La tarde del dinosaurio, Los museos abandonados, El museo de los esfuerzos inútiles,* se da fe de una narradora excelente que, como advierte Julio Cortázar, puebla el mundo de "puertas para aquellos que prefieren el horror y la muerte a la renuncia de no abrirlas". Con un acto de suprema rebelión concluye *La rebelión de los niños*, revelando con ello que el arte, lejos de ser un objeto de lujo, tiene una función que cumplir sobre la tierra.

LA PIEL DE LA MEMORIA[1]

Mediante una inteligente metáfora corporal, Walter Benjamin equiparaba el torso humano con el pasado. El torso es esa parte del cuerpo que permanece en el tiempo, segmento necesario para fundar la sobrevivencia. Señalaba el pensador alemán que "lo que uno ha vivido es, en el mejor de los casos, comparable a una bella estatua que hubiera perdido todos sus miembros al ser transportada, y ya sólo ofreciera el valioso bloque en el que uno mismo habrá de cincelar la imagen de su propio futuro". Se trata, pues, de una pérdida productiva, evocadora de la lectura heideggeriana sobre la obra de arte.

La lucidez de la metáfora benjaminiana no deja de serme útil para describir la forma en que la temática del recuerdo va tomando forma en la obra poética de Félix Córdova Iturregui quien, descartando la visión nostálgica, idealizada y romántica de lo pasado, convierte lo que éste tiene de útil en piedra fundacional del porvenir. Si el eje temático de su discurso poético es el tiempo, el pasado es la bisagra mágica y multivalente que acredita la construcción inteligente del futuro.

Para llenar de días el día es una caja que se abre, desplegándose ante el lector pájaros diversos de luz y de sombra que emprenden vuelo. La caja es la del tiempo; los pájaros, los días. El propósito de la aventura que se despliega en el libro es esperanzador y rebelde. La voz poética entabla un diálogo con la memoria y la cuestiona. A veces obtenemos la imagen de una memoria recipiente: una "cajita de milagros", "nido de trampas", "jarrón de

---

[1] *El Mundo, Puerto Rico Ilustrado*, 12 de junio de 1988. Posteriormente, fue publicado un libro de memorias de Antonio Martorell con este mismo título.

inagotable crepúsculo", "bastón donde el tiempo siente la curva de su viaje". Pero, sobre todo, la memoria es un instrumento para construir el conocimiento y el futuro, es el crisol donde se consume lo prescindible:

> contigo memoria
> destruimos también a los recuerdos
> llenamos de leña el tiempo inútil.

La memoria deja de ser depósito para convertirse en arma, en fuente de acción. No es acumulación ni recipiente, sino desentrañamiento del mundo y de la creación. Con ello, Félix Córdova replantea el tema del recuerdo desde una perspectiva dialéctica, evocando su discurso a tres excelentes poetas que también lo abordan: los cubanos Eliseo Diego y José Lezama Lima y el puertorriqueño Juan Antonio Corretjer. A través de la evocación no se recurre al pasado para recobrarlo, sino para interpretarlo bajo otra luz, la del ser humano que sabe que el ser es materia perecedera porque en "la vida todo es ir". Es la luz que posee el ser humano para transitar y la necesidad que tiene de trascender sus propios límites. Así, lo que se torna dinámico es el ser que convierte la memoria en instrumento de conocimiento y construcción propios.

En la memoria depuradora se concentra la capacidad creativa porque se libera del servilismo devastador del pasado reinterpretándolo desde su íntima complejidad. Algunas instancias de ésta las constituyen tres elementos que conforman el libro: el tiempo, el conocimiento y la dialéctica del dentro y del fuera. El tiempo se define como un movimiento perpetuo en un espacio limitado: "El tiempo es un mar de olas que van y vienen / y no tiene una sola dirección / está cruzado por su propio flujo / y no es una simple flecha". Así también, el proceso de conocimiento supone el saber de las presencias y del ocultamiento, de lo que es por lo que ya ha dejado de ser. Así, en el poema "El pequeño territorio de la flor" el tránsito de los fluidos vitales en la planta depara el advenimiento de la flor. Su fulgor, la corona de su crecimiento, es evidencia de su tránsito en el tiempo, monumento de la transformación. El territorio de la flor revela su sentido: es también territorio de la vida y a ese espacio cercado, mas dinámico —como el del mar—, le urge la libertad, no la nostalgia. Su territorio sagrado es la construcción del alba para los niños. Córdova refrasea el fruto lezamiano de la memoria (que en éste es sorpresa) al decir que "el recuerdo también prepara su ramaje" y dialoga con Juan Antonio Corretjer que en *El estado del tiempo*, señala que perderíamos el sentido de la proporción si dependiéramos del regreso, si no hubiese un tiempo abocado al acabe. En la obra poética de Córdova, desatar la memoria es una forma más de construcción. Disuelto el cabo, el hilo del que cuelga y al cual se aferra como un ombligo devorador, la palabra poética, como la flor, se esparce (y se disuelve) por todas las vías.

En *Militancia contra la soledad*, el poemario más reciente del autor, el tiempo es abordado desde la perspectiva amorosa, la de un amante que entabla un diálogo con el ser amado. Mas aquí es el cuerpo el que tañe la música de la memoria. Es el amor gozoso experimentado desde la piel el que se convierte en testigo exquisito del pasado convocado. El libro es, como dice el autor, "la narración perpetua de la piel y su dictado". La piel borra y reescribe el discurso amoroso en el tiempo. En su texto, que es como su espejo, se permutan las imágenes de los amantes, la aventura de su búsqueda, sus desencuentros y sus señuelos. El diálogo que se entabla entre las mitades del mito platónico de los amantes se vierte en la paradoja: "eres tú cuando yo invento mi propia imagen" y "soy yo cuando te escurres por ti misma".

Los parámetros del libro podrían ser los siguientes: El *dónde* es la "agria jungla" de la ciudad moderna; el *qué*, "la búsqueda entre estrellas y esquinas"; los *quiénes*, "los habitantes de un tiempo que quiere multiplicaciones", el *cómo*, "las hondas militancias cargadas de siglos en época de las grandes transiciones" y su *tema*, "el alma y el cuerpo aunados", "la revolución del amor". Aquí el recuerdo integra y funda mundos y la mujer es brújula de la belleza y de la libertad, como surge del poema "Afiliado a tu imagen

doy mis pasos". Aquí la mujer es norte, y el proceso que conduce
a la voz poética hacia ella lo crea, lo bautiza, lo torna inocente.
Paradójicamente, es el clamor del poeta ante su ausencia, lo que
le permite ser. Ella es la maga, la poesía, la mujer de carne y hueso que lo ata a su condición: "soy el forastero de una leyenda tuya
y he seguido tus huellas por la tarde ¿no lo sabes? nunca la soledad estuvo tan vacía / cuando sólo quedaste convertida en memoria". Y más adelante:

> he vuelto a mi voz
> a mis palabras
> donde he buscado tu cuerpo
> y tú no llegas
> donde he buscado hablarte y tú no oyes
> donde miro tus ojos y tu mirada no existe
> y mi olvido te absorbe
> y te rodea.

La piel ardida convertida en memoria, como la reflexión que del
libro se desprende ("somos tan feroces como inocentes") inscribe el discurso poético de Córdova en la generación de los setenta, heredera de algunas de las preocupaciones ético-sociales de
Guajana, mas atravesada su poesía por una corriente de lirismo
puro tangente con el discurso que sobre el cuerpo se inicia a partir de *La sílaba en la piel*, de José María Lima. Se trata, en fin, de
un discurso sobre el tiempo en que se impreca a la memoria
como instrumento y se construye un mundo que parte de la piel
para construir la promesa del amor, que prevalece sobre la hosti-
lidad y la deshumanización en la ciudad moderna.

El imperio de la desesperanza[1]

Cuarenta y ocho años han transcurrido desde que las letras hispanoamericanas se ataviaron con la prosa parsimoniosa, precisa y ponderada de Juan Carlos Onetti en su breve novela *El pozo* (1939), estremecedor relato en el cual la miseria, la desesperanza y el abrumador fracaso de su protagonista retratan una generación lastrada por la angustia vital que produce una guerra. Quien conozca a Onetti sabe que, similar a otro fundador de la narrativa nuestra —Juan Rulfo—, su geografía vital y narrativa incide a lo largo de su trayectoria como escritor en unos mismos lugares y actitudes que lo marcan, tornando reconocible su prosa desde la primera oración de cada uno de sus textos.

Cuando entonces (1987), la más reciente *nouvelle* de Onetti, retoma esas constantes perpetuas de la narrativa onettiana, como son el prostíbulo, la conversación infinita e inconclusa de sus personajes, el hastío existencial, el callado pero palpable duelo que se entabla entre las miradas, los ruidos de fondo de los animales humanos (las toses, las voces, el llanto, pero pocas veces la risa) y el esquema del cuento truncado de un narrador implicado por lo que cuenta, para configurar la biografía de dos fracasados: Magda, la prostituta y Lamas, el novelista frustrado.

Al igual que en *Para una tumba sin nombre* (1959), partimos de un esquema conocido: el cuento o la historia que construyen varios personajes en torno a un sujeto. Y similar a *El pozo*, el relato confesional es lo que provee carne a su narración. El ambiente también evoca el de otras novelas situadas en el prostíbulo onettiano, a saber, *El astillero* (1961) y *Juntacadáveres* (1964); mas

---

[1] *El Mundo, Puerto Rico Ilustrado*, 8 de mayo de 1988.

aquí destaca un decorado en falsete kitsch y ambiguo. Lo que distingue esta narración es la factura, entre folletinesca y trágica, de una mujer abocada a una muerte infructuosa. Lleva consigo, al igual que Lamas, la reticencia implacable de los seres con esa íntima desesperanza que si no se confesara los quemaría impiadosamente, faltos del consuelo de dejar, al menos, tristes historias tan tristes como ellos.

Por eso, el acto de hablar o de comunicar adquiere en los tres narradores la dimensión de una confesión. Decir es expiar un crimen: el del amor prohibido (ella), el del olvido (Lamas), el de la indiferencia (Pastor de la Peña). Hablar, confesarse, entregarse, irradian acciones y verbos paralelos: comunicar, excitarse, entregarse carnalmente. Decir equivale a salir fuera de sí, fuera del claustro de la palabra construida, como la poesía, para la entrega amorosa. Dice Lamas de su conversación con Magda: "Yo estaba alegre, deseoso pero muy contenido, con la defensa de una gran curiosidad que me obligaba a escuchar provocando, con movimientos afirmativos de la cabeza, más palabras, más confesión, y disfrutando con todo lo que oía casi como un gozo sexual". El acto de comunicación verbal y sexual convierte su relación, el encuentro amoroso, en una metáfora alusiva más al encuentro de dos solitarios que de dos amantes: "Dos caníbales encerrados en la celda de un manicomio", dice Lamas, después de su relación.

El conocimiento verbal precede al conocimiento carnal. La confesión provoca el amor. El confeso invoca al confesor a través de un discurso erótico que produce la necesidad de un confesor como figura de autoridad. Pero no es la autoridad impuesta desde fuera, represiva y vigilante, representativa de la norma social, tan bien explicada por Michel Foucault en su *Historia de la sexualidad*. Se trata, más bien, del confesado que *exige* confesor, y lo impone en virtud de la necesidad que tiene el corazón de escucharse a sí mismo latir y desear, provocar y morir, amar y renunciar. Magda necesitaba saberse viva, como Lamas, el estilista, el hábil narrador, necesitó a los lectores, nosotros, como confidentes. Para saberse vivos nos imprecan. Lamas engrana la historia de un alma que lo convirtió a él de hombre enamorado en esclavo suplicante, y él a su vez nos torna a nosotros, los lectores, en *voyeurs* de esa tortura.

Veamos las coordenadas de ese triángulo. Lamas, un novelista frustrado convertido en periodista, cuenta la historia de su amor por Magda (o Flor de Té o Petrona García), una prostituta que, a su vez, cuenta la historia de su amor por el comandante brasileño, de perfil y etnia ambiguas, pródigo para los convites en el club nocturno y asesino de guerrilleros por vocación y oficio. A Lamas, Magda y el comandante, se reduce el triángulo fatal que se elabora en torno a la figura ambigua de Magda —entre prostituta y santa—, puntal del amor ausente del comandante y de la caza carnal del amor presente de Lamas. Obsedidos ambos —como también lo está el narrador— por el mito de la mujer fatal, que aquí es también mujer fácil y mujer frágil, su amor es incapaz de salvarla para la vida buena. Lamas decide abandonarla y deja de encontrarla, mientras que Peña —un nuevo cliente del prostíbulo— la rescata para la muerte al rechazarla. A ella, el Eterno femenino, el centro del relato.

Y Ella, la Magda lejana, es el objeto del deseo masculino. Magda es la prostituta cuyo cuento escuchamos atentos mientras ella se desborda de amor por el comandante ausente. Ella, la que desea entregarse mediante un ambiguo acto de desposesión y autoconsolación antes de inmolarse en los brazos de la otra Ella que la ronda, la Muerte. *Cuando entonces*, título que nos anuncia un futuro cierto envuelto en el aura del mito, puede leerse como el rito funerario y el panegírico de una mujer anónima enamorada de la posibilidad del amor. Es también el relato de Lamas destrozado por la ausencia del amor, el relato del recuerdo olvidado voluntariamente porque carece de futuro. Ambos son seres fracasados. Pero fracasados en el sentido con que Onetti impregna la palabra, es decir, desprovistos de esperanza. Su mundo ha sido abolido. Lamas busca exiliarse en un pueblo pequeño y Magda se suicida. Sus respectivas acciones están limitadas por lo que ellos mismos se han empeñado en ser.

Otra dimensión de la historia (no la carnal, sino la descarnada por la lectura, la estructural) hace de *Cuando entonces* una narración sobre una narración. Tras el rastro dejado por la confesión de Magda, tanto Lamas como Peña intentan repertoriar las posibilidades del recuerdo —como elemento activo de todo contar— para conjurar, execrar, imaginar ajenas historias. Conlleva ello la necesidad de olvidar lo amado o los remordimientos de una mala conciencia. De ahí que sean varios los que cuentan esta historia. La historia de Magda es la "vida" que nos cuenta la ficción de Lamas, y la ficción de Lamas trata, más bien, de la muerte de su historia —y la de Magda. El relato de Lamas constituye el recuento de su olvido, así como el relato que también hace Magda es el aviso de su propia muerte. Más. El relato fragmentado de un testigo ante el investigador del crimen o el suicidio es otra historia. Todos son ángulos de un mismo suceso. Nosotros, como lectores, deconstruimos el pequeño enigma. Las sucesivas confesiones de cada uno de los "cuentistas" nos convierten en sus descifradores. Asistimos aquí al secreto revelado por la víctima, quien nos lo revela a través de los actores sucesivos de los hechos o de sus testigos. Porque confesar es acceder a ser testigo de la propia vida.

La reticencia onettiana impacta con su desnudez: "Una vez más la historia comenzó para mí, en el día-noche de Santa Rosa. Fue entonces cuando nacieron y se fueron extendiendo, aunque truncadas, Magda y su vida". Así comienza Lamas y la novela. Su historia (la de Lamas, la de Magda) nace, se extiende y se trunca, proceso paralelo a los subtítulos de la obra en cada capítulo: Magda nombrada, amada, apartada, Magda busca a un confidente. Habla a Lamas primero, luego a Pastor de la Peña. Cuando conversa con Lamas comienza señalando que tiene una historia de múltiples sorpresas. Cuando Peña testifica subraya el hecho de que la verdad es imposible porque ésta se convoca a través del recuerdo y éste es imperfecto. Por eso, su testimonio nos fuerza a dudar.

Jorge Luis Borges o Julio Cortázar acaso hubieran tejido en

torno a este episodio de desamor una trama detectivesca que hiciera del enigma provisional con que concluye la *nouvelle* una narración cuyo centro se cifrara en el binomio "búsqueda-hallazgo". Onetti, sin embargo, lanza dos interrogantes. Una de ellas, equívoca, atañe a la lectura parcial que convierte la trama en un juego para el detective: ¿se trató de un suicidio o de un asesinato? Mas Onetti nos induce a trazar la verdadera interrogante que subyace en el relato: el sentido de esa muerte. El último narrador de la serie, la máquina de teletipo, ofrece su respuesta: lacónica, descarnada, brutal.

La voracidad lastimera con que se confiesa el sentimiento amoroso (en Magda) y el calculado olvido con que se cauteriza la llaga amorosa (en Lamas) convierten esta reciente narración de Onetti en una instancia más donde se exhibe un imperio de desesperanza. La interrogante indirecta que formula se vuelca sobre su propio rostro forzándonos a cuestionar ahora y aquí (no en el entonces ni en el futuro cuándo de su título) no sólo si de algo sirvió la muerte, sino para qué sirve la vida. Otros ojos y otras voces —los nuestros, los del confesor abusado por las voces de la confesión del dúo lastimero— podrán dar su respuesta.

El otro sentido de la carne[1]

Aquellos que hayan disfrutado los descomunales murales en movimiento del cine de Federico Fellini no podrán olvidar de su *Satiricón* la enigmática y hermosa cara del adolescente Gitón, objeto del deseo de quien narra. Su piel brilla como las uvas y su torso promete poseer la agilidad felina de un tigre, pero sus ojos y su sonrisa revelan que su cuerpo es un manjar para quien pague. Practicar la prostitución en la Roma decadente que relata Petronio carece de las connotaciones abyectas de su equivalente en la sociedad moderna. Al protagonista de *La carne de René*, del escritor cubano Virgilio Piñera (1912-1979), se le exige el sacrificio del cuerpo en aras de la sociedad. Su carne no se destina al consumo hedónico como en el caso de Gitón, sino al sádico. Desde niño está destinado a ser víctima, el *pharmacos* de una sociedad donde la norma es la transgresión constante de ese recinto sagrado que es el cuerpo humano. La violencia que se ejerce contra éste evoca las torturas de muchos perseguidos políticos en Suramérica y es evidencia de los excesos subhumanos en que incurre el poder para abolir el derecho fundamental a la inviolabilidad del ser.

La mutilación y la muerte son temas prevalecientes en los *Cuentos fríos* (1944) de Piñera, y uno de ellos, "La carne", es el germen de esta novela. Allí la población opta por cortar pedazos de su propio cuerpo para sobrevivir la escasez de carne. Este autocanibalismo adquiere visos macabros en la novela al representarse en ella a un sacrificado que sirve para mantener el orden social. La insistencia alucinante de Piñera en esta situación de hambruna

---

[1] *El Mundo, Puerto Rico Ilustrado*, 26 de junio de 1988.

general, las ansias ridículas del padre de René de morir en aras
de una pseudo-revolución universal y la ironía con que se alude
al poder del chocolate convierten la obra en una pesadilla del
absurdo y en un templo sadista donde se pierde el derecho sobre
el cuerpo propio al sancionarse cualquier reflexión sobre el espíritu y al cancelarse el trabajo como opción social, dado que constituye una amenaza al orden.

La novela se desplaza entre los grises kafkianos (pienso en *El
proceso, En la colonia penitenciaria*) y los oscuros y aterciopelados
salones de la sensual protagonista de *La historia de O* (1954) de
Pauline Réage, en relación con lo que dichos textos aportan al
tema predominante en *La carne de René*, a saber, la violencia del
poder parapetado tras la autoridad: el poder del padre, el poder
ejercido por la sociedad y el poder de la educación como instrumento ideológico de docilización social. A ello se enfrenta un
héroe solitario inserto en un *bildungsroman*, cuyo fin es "la educación del dolor". René es un temperamento demasiado frágil
para enfrentar la escena con que se inicia la novela, la cual evoca
los excesos inhumanos de *El matadero*, de Esteban Echeverría.
Ante una larga fila en la carnicería, René llora, palidece y se des-
ploma ante el espectáculo de ver despellejar, trucidar o destrozar
la carne. Su carácter unívocamente delicado contrasta con el enigma planteado en estos capítulos: para qué sirve su carne y quién
es su padre son preguntas que atañen a la finalidad y origen del
ser. Para el padre, que pretende ser modelo y mentor, el cuerpo
marcado es signo de resistencia y es condecoración, por lo que la
"educación" de que proveerá al hijo consistirá en promover su
afición al dolor. Su aprendizaje sistemático debe conducir a la
auto-inmolación. Por eso, el padre recurre a una institución de
corte fascista y militar que se ocupe de educar al hijo en el auto-
castigo y que a través de la opresión física y sicológica logre abolir en él la iniciativa propia y el sentido de la identidad. No obstante, el intento fracasa. René se arriesga a *pensar* sobre su propia
carne, decisión que redunda en la expulsión del internado.

Para el protagonista, la emancipación consiste en desvincularse de la atadura dinástica y fatal de suceder al padre, proponiendo entonces el trabajo como instrumento de liberación de aquella servidumbre. "La gente que trabaja no tiene que recurrir a la carne de otro para sobrevivir", señala René. En otras palabras, quien se vale de sí mismo no necesita recurrir a la depredación del ser humano. Pero su lucidez moral no lo salva de la degradación social en que por necesidad se inserta su hacer posible. Su único logro es la huida, aplazar el destino. La novela se convierte entonces en la fuga de este acosado en cuya carne se ha cifrado un imperio; carne atada al único proceso de escapar. Su rebeldía resulta ser un mecanismo dilatorio que finalmente lo transforma en su propio antagonista: la huida promueve en René el deseo de ser lo que no deseaba. La novela puede visualizarse como un enorme recinto cerrado por la tradición y por la imposición paterna de dejar un Sucesor. El "Godot" de René es la salvación por el trabajo, no la del parasitismo destructivo propuesto por el ente social ni el modelo masoquista del padre. En este mundo de depredación, René está sentenciado a ser la *carnada*. Con su rebeldía, el hijo no hace más que confirmar, de forma paradójica, su destino: "La perdurabilidad de la Causa depende de la huida", decía el padre.

Un libro de anatomía emblematiza el conflicto. En ese se representa la figura humana, y el beneficio que aporta su conocimiento se manifiesta a través de la posibilidad de su doble lectura. Al dibujar torturas sobre un dibujo, el padre ha transformado el texto. De la misma forma, la carne del hijo posee dos destinos: la escuela del placer o la escuela del dolor; la erotización o la tortura. Ambas vías encubren la misma insensibilidad en la medida en que pretenden privilegiar el cuerpo. Dos fuerzas se disputan la carne de René: la fuerza hedonista fascinada ante la belleza del joven y la fuerza sádica obsedida con la mutilación. Sobre su carne, como superficie a escribirse, cualquier tinta puede poetizar.

La sublevación de René, su ruptura con este orden, estriba en explorar el otro sentido de la carne: el reflexionar sobre sí mismo, es decir, el nutrirla de espíritu. Ello le permite desplazarse fuera de lo puramente instintivo e instalarse plenamente en lo humano. Sin embargo, su temor al dolor convierte su terror en expectativa de dolor, y el proyecto de emancipación sucumbe ante el deseo de violencia. El cuerpo social, el mercado donde la carne se reparte, hace del individuo René la víctima propiciatoria de un rito cruel.

Virgilio Piñera describe este mundo insensato con la misma impiedad delirante, tremebunda y fría de un Roberto Arlt, la rabia antiburguesa de un Genet y la desesperanza congénita del Céline del *Voyage au bout de la nuit*. Podemos afirmar que la novela, tanto como sus *Cuentos fríos*, exploran hiperbólicamente el absurdo humano, la reducción de la persona a cuerpo y la mutilación del espíritu a través del cuerpo. Esta novela fue publicada originalmente en el año de 1952 en la Argentina, durante el exilio voluntario del autor entre los años de 1946 a 1958. A raíz de la Revolución Cubana, Piñera regresa a Cuba donde posteriormente se publican las novelas *Pequeñas maniobras* y *Presiones y diamantes*, además de sus obras de teatro. Ganador del premio Casa de las Américas, Piñera constituye, junto a Alejo Carpentier, José Lezama Lima, Guillermo Cabrera Infante y Severo Sarduy, uno de los puntales de la narrativa cubana.

La carne de René es una gran alegoría sobre el poder, la violencia y la soledad en el mundo moderno. La mayor transgresión que puede ejercerse contra la integridad humana consiste, según esta novela, en suprimir el espíritu al erigir la carne en absoluto. Aquí el consumo del cuerpo deviene orgía, y la ruptura con la violencia institucionalizada reclama un castigo: el ser sacrificado. La depredación de la persona es el recurso de quien no es.

Daniel Santos es Daniel Santos
es Daniel Santos...[1]

*El autor de novela-testimonio debe decir junto con
su protagonista: "Yo soy la época".*

¿Fabulación, testimonio, biografía, autobiografía? Los métodos de exploración de la figura nombrada a la saciedad y a la saciedad desnombrada es Daniel Santos, verdad inventada, fulcro
magnético de la imaginación, "embuste narrativo", como diría
Cervantes. Este personaje, demasiado esclarecido a través de las
voces que lo evocan y paradójicamente enigmático por lo que deja
de decir, se convierte en manos de Luis Rafael Sánchez en una
materia moldeada febrilmente por la palabra nombradora. Gesto nostálgico de Luis Rafael Sánchez que lo emblematiza para
consumo de la América Hispana. Gestos de Daniel Santos perdidos para esta generación que no quiere recobrarlo. Gesto funeral
de Luis Rafael Sánchez que intenta describir su perfil, armar y
desarmar el mito, borrar al hombre, leerlo y reescribirlo en el
contexto de un Caribe bullanguero y melodramático, un Caribe
suprimido casi, una ontología caribeña intencionalmente estereo-
tipada.

La importancia de llamarse Daniel Santos es la elaboración de
un mito, modelo para armar de una clase social, totem para el
autor que lo idolatra. Es, además, una prolongada exclamación
en torno al recorrido que de América Latina hizo Daniel Santos

---

[1] *El Mundo, Puerto Rico Ilustrado*, 30 de octubre de 1988.

a través de sus mujeres, abyecto y despreciable ejemplar masculino, rufián de la canción. La obra que lo apostrofa y describe es
una epopeya fragmentada, vocalizada por una red de testigos no
confiables: mujeres, en su mayoría, presas de la hipnosis que sobre ellas ejerció este fauno. Pero sus testigos son los que convocó
y seleccionó la imaginación de Sánchez que desea sondearlo como
mercancía erótica, como simulacro del sentimiento: "Porque su
voz enumeraba las tempestades del vivir en varón. Que son las
que cuento. Primero, sufrirse la felicidad. Segundo, disfrutarse el
infortunio. Tercero, amar con conocimiento de causa. Cuarto,
llorar pero copiosamente. Quinto, precaverse de que "la vida es
el momento". Conducta que apunta al hedonismo presentista, al
consumismo fácil, a la indiferencia de valores de ciertos sectores
del pueblo puertorriqueño, única forma de amar del lumpen,
unívoca forma de vivir del desahuciado.

Daniel Santos es un pretexto para explorar una de las coordenadas del ser latinoamericano. Su fabulador, Luis Rafael
Sánchez, también recorre Latinoamérica en busca de sus pistas, y
en torno a su figura, en la que podrían leerse rasgos de aquello
que Alejo Carpentier llamaba la crónica de lo real maravilloso
americano, emprende Sánchez una pesquisa entre fascinado y
reprobador del mito y sus significaciones. Así como Carpentier
recorre el mundo para hallar las marcas ineludibles de lo latinoamericano, así mismo recorre Luis Rafael Sánchez la América
amarga, falsifica toda una geografía y unas voces dialectales pros-
tibularias y cafetinescas en pos de su fantasía abismándose como
un narciso criollo en las aguas del mito cimarrón, despojándose
de su yo para auscultarse en el otro, identificándose y distancián-
dose de este oscuro objeto de la fabulación.

La movilidad vertiginosa del oído de Sánchez, la ubicuidad
de su verbal malabarismo, el voyeurismo gozoso que recoge su
escritura, son rasgos definidores de la aventura. Dice de las voces:
"Inventan para vivir y viven para inventar. Mas yo los invento a
todos". Y dice de su escritura: "Yo escucho sus talantes confian-
zudos —dios que lee, en voz alta, el escarceo de sus existencias y

las doblega. Yo usufructúo la tartamudez y la riada de palabras que crecen a la mención solitaria de su nombre". Asistimos a la versión narrativa del otro fabulador, el Papá Morrison de *Quíntuples*, que insistía en reflejar la figura de su autor: "El cuento no es el cuento. El cuento es quien lo cuenta". La movilidad emana del oído. Daniel Santos, la figura invocada, es puro hieratismo, ídolo de la imaginación y el deseo, pretexto también del público que lo escucha: "Sueño público, mito hechizador: Canta Daniel Santos y la vida acaba por parecer un libreto eficaz, el guión que potencia una representación digna". Malditismo degradado y apocalíptico de un sector desahuciado por la historia. Luis Rafael Sánchez imanta este sector a Daniel Santos, quien parece vigorizar el destino trágico de aquellos, su "pasión de historia", su devastadora y nihilista iconoclastia, su histrionismo sustitutivo.

Veamos las razones de la inmovilidad. Gertrude Stein, la importante escritora norteamericana autoexiliada en París, señalaba que la poesía fatigaba preferentemente el vocablo del sustantivo. El nombre y nada más que el nombre. ¿Qué es este *divertimento* de Luis Rafael Sánchez sino un perturbador juego de luces en torno a un nombre y lo que éste convoca? La célebre frase de Gertrude Stein, "a rose is a rose is a rose", galimatías aparente, repetitivo y tautológico, intentaba transmitir el carmín fulgurante de la rosa. Antes de esa frase nunca la rosa había sido más roja, decía la escritora. ¿Qué es la poesía sino una tautología lúcida, la recurrencia del nombre, la exploración de sus secretos íntimos? O bien, ¿qué es sino la imposibilidad de pronunciar el nombre, como en el trance místico de San Juan de la Cruz ("Amado, las montañas"), una obsesión con sus equivalencias, la elipsis de su significación última, "un no sé qué que queda balbuciendo?" Si, como menciona Gertrude Stein, "a la poesía le concierne el uso, el abuso, la pérdida, el deseo, la negación, la elusión, la adoración, la sustitución del nombre", esta fabulación parte de los parámetros del género poético más que de la secuencia narrativa peculiar a la prosa. Su inmovilidad, a la poesía se debe, sus reiteraciones y análisis evocan los estudios de la pintura cubista, la vocalización de la aventura amorosa con la esfinge (Daniel Santos), apuntalan el efecto. Entre el perfume de la rosa shakesperiana (la huella del nombrado) y la inexpresividad casi mística de la frase borgiana "detrás del nombre está lo que no se nombra", transita el mito de su biografía, el mito del mito, la nada.

Hablado por los otros, interpretado por ellos, recreado por sus necesidades, Daniel Santos es silencio puro, voz del melodramón, significante y no significado. Daniel Santos es el centro devorado de la narración. Con él se empieza y concluye, pero en ninguna parte de la nada está. Daniel Santos es el histrión por antonomasia, la ausencia pura, la invitación al desplazamiento: lugar común que deviene lugar privado, variaciones diversas de los soñadores. Daniel Santos no tiene otro nombre que su voz, que su sexo, que su marginalidad. Daniel Santos es un espectáculo para ser consumido. Daniel Santos no habla. Daniel Santos no existe.

Como un Morelli cualquiera, el escritor ficticio que utiliza Cortázar para orientar al lector de su *Rayuela*, Sánchez interviene en la obra, sintetiza, prolonga, anuncia y agradece a las fuentes su intervención testimonial. Pese a su conocimiento exhaustivo de toda la tradición literaria que reclama una parte significativa del espacio de esta fabulación, su proyecto intenta validar un espacio que él denomina marginal, pero que los vanguardismos y posvanguardismos de la literatura caribeña, principalmente de la narrativa cubana, ya han validado durante las últimas dos décadas. En principio, la marginalidad se explora desde tres dimensiones: la lengua ("*grafitti* oral"), el tema ("el mito raso y sato") y el género (relato "híbrido y fronterizo"). El bolero como *leitmotiv* ha sido tratado en la obra del dominicano Pedro Vergés (*Sólo cenizas hallarás*), y por los cubanos Severo Sarduy (*De dónde son los cantantes*), Guillermo Cabrera Infante (*Tres tristres tigres*) y Lisandro Otero (*Bolero*), entre otros. A ello habría que añadir el estudio que de la sensibilidad cancioneril hizo el maestro de toda la generación narrativa de los setenta en *La Guaracha del macho Camacho*, Luis Rafael Sánchez. La cultura popular ha incidido en lo que de nostalgia tiene en algunos poetas de esa generación, a saber, Jorge Morales, José Luis Vega, Manuel Martínez Maldonado y Angelamaría Dávila. Pedro Malavet Vega lo hizo crónica y Lucecita Benítez lo recobró.

El elogio que se desprende del libro respecto a una concepción de la cultura popular, el asumirse desde la marginalidad antiheroica, la exploración del mestizaje desde el punto de vista de los géneros literarios, me parece apuntar hacia una versión apocalíptica de la modernidad. Luis Rafael Sánchez se apalabra a la figura histrionizada de Daniel Santos. Su textualización es un homenaje. Como señalaba antes, el narciso criollo se abisma en el mito cimarrón y la reflexión a la que nos invita halla una síntesis en el único pasaje solemne donde se decide criticar el machismo devastador: "Parecer varón es, pues, tristemente, fracasadamente, desgraciadamente, pagar los resplandores de la hombría de bien para carbonizarse en la sordidez de un machismo que es enfermedad terminal, un machismo que indecora, bestializa". Durante el resto de la obra, sin embargo, se exalta la figura de este hombre, se lo erige en modelo.

Nos toca evaluar, pues, el homenaje que Sánchez le rinde a este antihéroe. Nos dice: "Lo que se venera es su cumplimiento en el exceso, su inclinación abierta a las tres bes: boleros, borracheras, barraganas". "Lo que se venera es la agresión y la discrepancia de su modernidad" y se le atribuye una "modernidad áspera y dura, discrepante y agresiva". ¿Es esta una subversión válida? ¿Qué alcance tiene una disidencia histriónica, cínica y lumpenizada como la representada por Daniel Santos? ¿Qué significa traducir la conducta rufianesca de este hombre como norma de gesto trascendente y de naturaleza transgresora y rebelde?

¿Fabulación, testimonio, biografía, autobiografía? Asumirse en la marginalidad y a partir de ella. Evocar las voces que definen, mitifican, usufructúan el signo de su nombre. Girar en torno a un centro fugaz, elusivo, inexistente. Registrar la aparente movilidad de su nombre. Explorar, desde el marco sociológico, el tema del melodramón, la angustiante América amarga, la or-

318 ÁUREA MARÍA SOTOMAYOR

todoxia machista. *La importancia de llamarse Daniel Santos* es, sobre todo, la falsificación de una búsqueda, la representación histriónica de un Caribe tergiversado en su unitematismo, el relato de una ontología caribeña calcada sobre el estereotipo norteamericano de lo exótico. Es la socarrona carcajada de Luis Rafael Sánchez tornándonos en parodia, tornándose a su vez en la materia maleable del sujeto que lo seduce, convirtiendo su inteligente, reflexivo y deslumbrante discurso en instrumento de una materia apocalíptica y superflua. Arte mimético que no necesita de anagnórisis, pues su escritura es muestra del descubrimiento, del autodescubrimiento trágico. Es esta "pasión abstracta", como dijera Octavio Paz del modernismo, este instante paralítico de la lucidez, diría yo, este retrato (autorretrato, seudorretrato) de ese otro y posible ser caribeño, la otra crónica, desilusionada y pesimista, la otra cara del descubrimiento, de la anagnórisis.